Das Buch

Immer mehr Menschen ordnen die Rangfolge ihrer Werte neu. Sie spüren: Gier frißt Freiheit und Werte. Gier macht nicht satt, sondern süchtig.
Die Genesung der Wohlstandskranken läuft als leise Revolution. Während die Überbetreuer aus Wirtschaft und Politik noch um ihre Machtpositionen kämpfen, entdecken immer mehr Menschen die Lust auf weniger. Der Markt ist schneller als die Politik. Schon spielen die Verführer von gestern mit den entlaufenen Beutetieren ein neues Spiel: Der Kunde führt. Luxus ist nun das Unterlaufen der Standards; das Einfache triumphiert. Gesundheit und Bewegung, Askese und Leistungslust öffnen den Himmel hinter den Produkten. Im Lande jenseits der Gier entdecken wir wieder, was die Natur uns lehrt: daß Teilen Wachstum bringt – jede Zelle beweist das. Und wir beginnen endlich wieder zu teilen, was beim Teilen mehr wird: Verläßlichkeit, Vertrauen und Wahrhaftigkeit.

Die Autorin

Prof. Dr. Gertrud Höhler ist Professorin für Literaturwissenschaft, Publizistin und Beraterin für Wirtschaft und Politik. Sie sitzt im Board der Schweizer Unternehmen CIBA Speciality Chemicals, Bâloise Insurance und Georg Fischer. Von 1987 bis 1990 war sie Beraterin für Öffentlichkeitsarbeit von Dr. Alfred Herrhausen, Sprecher der Deutschen Bank. Außerdem war sie Beiratsmitglied unter anderem im Verteidigungsministerium, im Ministerium für Wissenschaft und Forschung sowie bei Volkswagen. Sie wurde mehrfach ausgezeichnet, zuletzt mit dem Bundesverdienstorden und dem Deutschen Fairneßpreis.

In unserem Hause sind von Gertrud Höhler bereits erschienen:

Die Sinn-Macher
Herzschlag der Sieger
Spielregeln des Glücks
Spielregeln für Sieger
Warum Vertrauen siegt
Wettspiele der Macht
Wölfin unter Wölfen

Gertrud Höhler

Jenseits der Gier

Vom Luxus des Teilens

Ullstein

Besuchen Sie uns im Internet:
www.ullstein-taschenbuch.de

Ich danke dem Zeichner Klaus Menzel und dem Graphiker Joachim Biehne für ihre kreative Mitarbeit.

Umwelthinweis:
Dieses Buch wurde auf chlor- und säurefreiem Papier gedruckt.

Ungekürzte Ausgabe im Ullstein Taschenbuch
1. Auflage März 2007

Zeichnungen: Klaus Menzel, Meerbusch
Graphik: Joachim Biehne, Visuelle Kommunikation, Düsseldorf
Umschlaggestaltung: Büro Hamburg
Titelabbildung: Benno Kraehahn
Satz: LVD GmbH, Berlin
Gesetzt aus der Sabon und Syntax
Druck und Bindearbeiten: Ebner & Spiegel, Ulm
Printed in Germany
ISBN 978-3-548-36909-9

Für Euch, denen die Zukunft gehört:

Abel
Luna
Daniela

INHALT

Präludium:

DIE FEUERPROBE

Wenn die Wächter der Werte schlafen

Als *homo sapiens* aufbrach, war es sein kluger Kopf, der ihn rettete vor den Waffen der starken Säugetiere: Seine *Brainpower* machte ihn zum Jäger, nachdem er lange auf der Flucht gewesen war. Sein Gehirn wuchs rasant. Nicht mehr lauf- und kletterstark, wurde er kopfstark – und zum Sieger der Evolution.

Er war stolz auf seinen Ehrentitel, *homo sapiens,* der ihn von den instinktgesteuerten Tieren unterschied.

Heute wünschen wir uns einige dieser Steuerungsprogramme zurück, weil die Weisheit des *homo sapiens* zu wünschen übrig läßt. Sie ist kein Bollwerk gegen Süchte, kein Schutz gegen Maßlosigkeit – so erfahren wir, seit die Natur uns nicht mehr ihr Maß aufzwingt. Es war an der Schwelle zur Industriekultur, als *homo sapiens* noch optimistisch von seinem Ehrentitel Abschied nahm: *homo oeconomicus* wollte er nun heißen, weil er sich als Rechner, Konsument und Profiteur angemessener beschrieben fand. Die große Beschleunigung erfaßte alles, was sein Leben bestimmte, selbst seinen Geist. Er war schneller unterwegs von nun an, weil er sich Beschleuniger baute, die auch seine Visionen beflügelten. Undenkbares wurde denkbar, die Reichweite von Gedanken und Taten schien unendlich. Sein Gehirn, so ahnte er bereits am Anfang der Maschinenzeit, würde eines Tages Intelligenzverstärker zur Seite haben, die ihn selbst beherrschen und völlig verändern würden.

Die rasche Vermehrung aller Güter versprach nie gesehenen

Komfort und nie genossene Konsumfreuden. Überfluß an Optionen und Waren stand als Normalfall am Horizont.

Die Wohlstandsphase stellte den Sieger vor eine schwere Belastungsprobe – die zu verstehen ihm die Zeit fehlte. Sie zu bestehen, konnte deshalb auch nicht gelingen. Heute haben wir die Zeit, zu begreifen, warum unser Scheitern im Wohlstand unvermeidlich war.

Der Preis für den Sieg über alle Kreaturen wurde jetzt erst fällig. Zunächst in kleiner Münze, über Jahrzehnte verteilt und kaum spürbar. Der Sieg war nur zu haben gewesen um den Preis der Entkoppelung aus den Lebensprogrammen der höheren Säugetiere. *Homo sapiens* handelte ein: die Freiheit zur Selbstbeschädigung. Zum schädlichen Umgang mit seinen persönlichen Ressourcen. Solange Mangel den Alltagskampf bestimmt, wird das Defizit nicht spürbar. Erst der Überfluß bringt es an den Tag.

Die Wohlstands-*Driver* sind Konsumlust und Konsumlokkung, in die sich Kunden und Anbieter teilen. Bedürfnisweckung, Neugier – und schließlich die Gier bestimmen das Marktgeschehen. *Homo sapiens* hat wenig Abwehrkräfte gegen die Versuchungen im lustbetonten Circus Maximus von Erwerb und Konsum. Was hätte er denn? Seit er sich selbst über die Warenwelt, ›ökonomisch‹ versteht, als Rechner, Raffer, Schlucker und Fresser, werden die Gegenstimmen immer leiser. Wohlstand frißt Werte, wissen wir heute. Der Materialismus wirft alles raus, was ›sich nicht rechnet‹. Werte ›rechnen‹ sich nur bedingt; die Bedingung: wenn man sie der Warenwelt einverleibt. ›Denk an deine Lieben‹ heißt dann in Wahrheit: Her mit dem Geld. ›Ruf mal an‹ hat denselben Subtext. ›Sag es mit Blumen‹ folgt dem gleichen Muster.

Und die Wächter der Werte schlafen. ›Werte schaffen‹, so finden sie nach einigen Jahrzehnten Wohlstandstraining, sei ein ökonomisches Prinzip.

Homo sapiens ist in dieser Feuerprobe sehr allein. Er hat sich schnell verliebt ins Konsumieren, und sein Freiheitskonzept erlaubt es ihm, seine Sättigungsgrenze beliebig zu verschieben. Seine Witterung fürs ›Genug‹ versagt. Sie versagt nicht nur beim Essen und Trinken, sondern ebenso im Wett-

Die Feuerprobe:

Homo sapiens scheitert, wenn er sich nur noch als Konsument versteht.

Wohlstand frißt Werte – wenn die Wächter der Werte schlafen.

Homo oeconomicus verschiebt seine Sättigungsgrenze und wird nie mehr satt.
Er vergißt den Hunger auf Erkenntnis
und Verstehen,
auf Wahrheit und Werte.

bewerb um alle beweglichen Güter. Wer in den Wohlstandsnationen die zahllosen lebendigen Zeugen der Gier sieht, die ihre entgleiste Körperlichkeit bewohnen, der begreift, was die Gier auch im nicht sichtbaren Bereich anrichtet. Sie ist nicht einfach ein beliebiges ›*Mindset*‹, sondern sie ist ein Selbstzerstörungsprozeß. So verstanden, ist die Gier als Leitmotiv reicher Gesellschaften eine lebensbedrohliche Erkrankung. Wo die Verschiebung der Sättigungsgrenze zum Volkssport wird und Begehrlichkeit zum Karrierehebel, da entwickelt die kollektive Absprache zur Maßlosigkeit einen Sog, dem nur die Eigensinnigsten widerstehen. Jene, die es aushalten, als Mitspieler auszuscheiden. Auch unter ihnen sind Hungrige, deren Hunger unstillbar ist, aber es ist der Hunger nach Erkenntnis, nach Verstehen, nach Wahrheit und Werten, die zuverlässiger sind als die Waren im Markt. Vorerst sammeln sich hier nur die Mutigsten.

Ihrer wachsenden Zahl gilt dieses Buch, und die äußeren Bedingungen kommen ihrer Lebensphilosophie entgegen. Die Rangfolge der Werte ändert sich. Wo weniger zu verteilen ist, nimmt die Gier nur kurzfristig zu. Dann macht sich Erleichterung breit, die wir heute schon schmecken können. Der Druck läßt nach. Die Dogmen des Wohlstands greifen nicht mehr. Die Konsumverführer können sich nicht mehr auf die Gedankenlosigkeit und Erwerbslust des Kunden verlassen. Er taucht unter ihren Labels durch und in Shops wieder auf, die er früher nie betreten hätte. Endlich Neuland unter den Füßen! Ganze Jahrzehnte taucht er zurück und kommt hoch in den Siebzigern; ›Retro‹ nennen die fixen Vermarkter den Sehnsuchtsstil, der sich in dürftigere Jahrzehnte zurücktastet. So fängt die Genesung an – naturgemäß mit Experimenten in der Warenwelt, weil hier die Krankheit begann. Nach diesen ersten Versuchen, simpler zu leben, eine Art Inkognito zu entwickeln, das leise von den Sklavenfarmen der Gier wegführt, öffnen sich weite Glückslandschaften, in denen die neue Rangordnung der Werte erprobt wird: Wer herrschen will, muß geben; hier herrscht der Luxus des Teilens; hier darf kein Kopf mehr sein Herz unterwerfen. Stärken gelten hier, nicht Schwächen. Hier gibt es jeden nur einmal. Darum ist jeder unersetzlich.

Homo oeconomicus möchte heimkehren. Er möchte weniger schmerzliche Verluste machen.

Homo sapiens steuert um:

– Er sucht die Landschaft reueloser Leidenschaften.
– Er probiert das Einfache und verliebt sich ins Teilen.
– Er konsumiert weniger, aber höherwertig.
– Er kümmert sich wieder um sich selbst.
– Er baut seine Stärken aus und vergißt die Idole der Gier.

Während die Reformer Glücksentzug verordnen, macht er sein Glück.

Homo sapiens ist ein stolzes Geschöpf. Er spricht nicht gern von seinen Selbstzweifeln. Aber genau diese geben den *cantus firmus*, den tiefen Orgelton, der die routinierte Munterkeit der Konsumära übertönt. *Homo oeconomicus* möchte heimkehren – und dabei nicht so schmerzliche Verluste machen, wie die Politik und ihre Berater ihm vorrechnen.

Und tatsächlich: Er hat schon wieder einen Vorsprung. In kleinen Trupps ist er unterwegs ins gelobte Land neuer und reueloser Leidenschaften. *Homo sapiens* steuert um. Er probiert das Einfache und verliebt sich ins Teilen. Er konsumiert weniger, aber höherwertig. Endlich kümmert er sich wieder um sich selbst: Er will sein Bestes geben und diszipliniert seine Bedürfnisse. Er baut seine Stärken aus und vergißt die falschen Idole. Während Glücksentzug das Motto der Reformer ist, macht er sein Glück. ›*Stay hungry*‹ ist sein Motto. Denn nur die Hungrigen schaffen Innovation.

I COUNTDOWN FÜR DIE GÖTTER DER GIER

Gier macht nicht satt, sondern süchtig

Gier ist entgleistes Verlangen. Entartetes Begehren. Seit wir im Wohlstand leben, sind wir von Appellen an unser Begehren umgeben. Die Zurufe der Märkte nehmen unsere kühnsten Träume auf – Anerkennung, Schönheit, Glück –, um uns klarzumachen: Der Weg zu ihrer Erfüllung führt durch die Warenwelt. Was du begehrst, kannst du kaufen. Als begehrendes Wesen bist du der Liebling der Anbieter. Sie werden dich auf Händen tragen. Wir spüren, daß derselbe Impuls, den sie bei uns wecken und steigern wollen: das Verlangen nach Mehr, auch die Anbieter steuert. Mehr Kunden, mehr Geld, mehr Erfolg. Daß Erfolg über Erwerb von Waren läuft, ist die Botschaft, die mitläuft. In besonnenen Augenblicken widersprechen wir; als Markt-Objekte laufen wir mit.

Die Gier als Grundmelodie der Wohlstandskultur ist längst aus dem Kreis der Laster ausgegliedert, weil sie alle verbindet. Gier ist die Norm, wenn alle das Maß verlieren, weil die Aufforderung zur Maßlosigkeit den Alltag durchzieht. Gier wird zum legitimen Antrieb geadelt, wenn ›Erfolg‹ nur noch materiell definiert wird. Begehrliche Subjekte auf beiden Seiten steigern die wechselseitige Gier nach Geld und Waren, nach Aufmerksamkeit und Geltung, die nur über Geld und Waren zu haben sind. So wird die Gier zum selbstverstärkenden Prinzip.

Dieser Siegeszug der Begehrlichkeit ist erst möglich, seit der *homo sapiens*, der schwächliche, aber intelligente Sieger der Evolution, auf seine ökonomische Kompetenz reduzierte:

homo oeconomicus hat die traditionellen Fesseln abgeworfen, die der Unersättlichkeit Grenzen setzen konnten. Seine Kathedralen sind die Umschlagstätten von Massenware, seine Hohenpriester die Jongleure im Zirkus Maximus der Geldvermehrung.

Die ›Wohlstandsgesellschaft‹ spricht ja nicht vom Seelenheil ihrer Mitglieder, sondern von deren Sachausstattung. *Homo oeconomicus* hat seine Gefährdung durch die Gier unterschätzt, wie er überhaupt seine Abhängigkeit von Handicaps gern übergeht. Die Entgleisung des Verlangens, ›satt‹ zu werden, unterscheidet den Menschen von seinen Vorfahren in der Welt der Säugetiere, die instinktgesichert konsumieren, ohne zum Nimmersatt zu werden wie ihr erfolgreicher Bruder Mensch.

Die Anhäufung von Waren und Angeboten, in der *homo oeconomicus* gierig und ruhelos unterwegs ist, belauert von gierigen Profiteuren seiner Sehnsüchte, beweist nicht, was sie vortäuscht: alle Wohlstandsbürger seien warensüchtig. Die Warenberge beweisen, daß die Teilnehmer des Spiels es immer noch nicht aufgegeben haben, mittels Waren zum Ziel ihrer Sehnsüchte, dem Glück, vorzustoßen. Der Austausch von Geld und Waren ist ein hochemotionales Spiel, in dem jeder inkognito seine heimlichsten Wünsche versteckt: souverän und anerkannt, geachtet und begehrt zu sein. So begehrt wie die Waren, um die es vordergründig geht.

Wir spüren, daß starke Impulse das Marktgeschehen in Gang halten, die sich der Vernunft entziehen. ›Raubtierkapitalismus‹, ›Guerilla-Marketing‹ nennen wir das Kräftemessen von Jägern und Gejagten, um uns als Beobachter zu qualifizieren, während wir Verstrickte sind. Wir geben zu, daß wir es mit Kräften zu tun haben, die wir nicht beherrschen können.

Gier ist Knechtschaft, das spüren wir. Gier ist nicht einfach entgleiste Konsumlust, sondern sie trägt alle Züge einer Suchterkrankung. Natürlich weiß jeder von uns, daß man Anerkennung nicht kaufen kann, daß Wertschätzung nicht in Geldbeträgen kalkuliert wird. Wirklich nicht?

Natürlich liefert Reichtum Status, und ganz ohne Zweifel

Sachwerte statt Seelenheil: Im Reich der Gier herrscht entgleistes Verlangen.

Der Unersättliche steigt auf. Die Gier räumt ab. Unter Insidern ist globale Gier nicht Laster, sondern Erfolgsmelodie.

Balance wird zur Langweiler-Option.

Der Gierige ist immer unterwegs und kommt niemals an. Er ist das Beutetier, das Jäger spielt.

Die Gier frißt Freiheit, sie frißt Werte. Gier macht nicht satt, sondern süchtig.

bringt materieller Erfolg Anerkennung; ›Wert-Schätzung‹ lagert sich natürlich dort an, wo ›Werte‹, ökonomisch taxiert, sich sammeln. Wer die Ökonomie zur Leitidee erklärt, verteilt auch Spitzenplätze nach ökonomischen Kriterien. Harmlos, möchte man meinen. Aber nach diesem Modell wird der Gierige, sofern er nicht durch Delikte auffällt, eher Anerkennung erreichen als der Maßvolle. Das Laster schlägt die Tugend.

Brachte in den ersten Wohlstandsjahrzehnten der Besitz den Aufstieg in der Rangordnung, so geht die Gier-*Community* noch einen Schritt weiter:

Der Unersättliche steigt auf, weil er nicht haltmacht, sondern sein Begehren grenzenlos steigert: Es gibt keine Erfüllung mehr, keine Ankunft, kein Ziel. Die Gier als Dauerzustand wird zum anerkannten Verhaltensmerkmal. Der Gierige ist die Heldenfigur der globalen Ökonomie. ›Globale Gier‹ ist unter Insidern nicht Laster, sondern Erfolgsgarantie.

Mit solchen Wertvorstellungen lebt man gefährlich. Die Gier wirft Maßstäbe über den Haufen und legt Grenzen nieder. Globale Akteure wissen das Szenario der entgleisten Begehrlichkeiten zu verharmlosen: Wer jetzt nicht lerne, ›groß zu denken‹, sei schon morgen nicht mehr dabei. Es geht aber weniger ums Denken als ums große Fressen – ein weltumspannendes Fest der globalen Gier. Daß es die Reichen reicher und die Armen ärmer macht, ist nur ein Nebeneffekt, der in den Debatten um Gagen für Topmanager wie ein fernes Echo aus der weiten Welt der neuen globalen Helden nachklingt.

Die Gier räumt ab. Sie macht Balance zur Langweiler-Option. Ihre virtuellen, kaum noch ihre realen Widersacher sind die Kardinaltugenden in voller Vierzahl: Vernunft, Gerechtigkeit, Mut, Maß. Sie alle sind die geborenen Gegner der Gier. Sie alle wissen von ihr und benennen die Bataillone, die vor ihr schützen – Umsicht und Vorsicht, Rücksicht, Nachsicht und Einsicht. Als Begleiter der Gier würden sie wohl nicht lange geduldet. Der tägliche Dreischritt ›Abwägen, Urteilen, Entscheiden‹, der die Alltagsklugheit des Managers ausmachen sollte, hat in der Gier keinen guten Ratgeber.

Die Gier ist ein natürlicher Feind der Empathie, jener Markttugend, die Vertrauen sichert, weil sie den Platz des andern einnimmt, um sein Marktinteresse zu verstehen. Aufmerksamkeit und Rücksichtnahme müssen sterben, wo die Göttin der Gier das Regiment führt. Alles wird abgetastet unter dem Motto der Begehrlichkeit.

In einer Gesellschaft, die Durchsetzungswillen belohnt, ist es leicht, als Nimmersatt erfolgreich zu sein. Wer kompromißlos seinen Vorteil sucht, gilt als stark und überlegen. Rücksichtslosigkeit beeindruckt all jene, die sich den Regeln fügen und dabei von Verlierergefühlen geplagt sind. Was sie nicht gleich erkennen: Der Gierige ist zwar immer unterwegs, kommt aber niemals an. Er ist ein Beutetier, das Jäger spielt. Er hat kein Ziel außer Hyperkonsum – von Waren, Gelegenheiten, Menschen. Er ist ein Getriebener ohne Vision.

Gier täuscht ihre Beobachter durch Aktionismus, hohe motorische Unruhe, die Gestaltungskraft vortäuscht. Der Unersättliche wirkt als Kraftpaket mit unstillbaren Gelüsten – so als sei der Riesenappetit eine Gewähr für die besten Beutestücke.

In Wahrheit ist der Gierige einer, der die Witterung für alles verloren hat, was ihm guttut. Das ›*Bigger and more*‹-Gelände, in dem er unterwegs ist, hat keinen Horizont. Verirrt im Lande Nimmersatt, kann der Gierige auch bald keine Rückwege mehr erkennen.

Von ›*bigger and more*‹ zum ›*smaller and less*‹ ist ein weiter Weg. Er öffnet sich plötzlich vor dem Gefangenen, der mit der Verschiebung seiner Obsession Schluß macht: Die Gierigen, das sind immer die andern, hat er früher gesagt. Und die andern haben es auch gesagt. Der Fluchtweg öffnet sich, wenn das Gefängnis als Gefängnis erkannt wird. Die Kinder der Gier, das sind wir. Plötzlich zeigt sich die große Gelegenheit auszubrechen. Die Gefangenen der Gier entdecken die Freiheit am anderen Ufer. Aber das Ufer ist weit. Alles, so spüren die Kinder der Gier, muß sich ändern. Alles, nicht nur ein wenig. Vor allem ihr innerer Text muß umgeschrieben werden. Anfangs eine Mutprobe gegen den Geist der Zeit. Dann eine große Verlockung: auszuwählen, was man weglassen will. Der erste Abschiedsgedanke im Lande der Gier ist die Geburtsstunde der ›Lust auf weniger‹. Sie ist dem ›Hunger auf mehr‹ überlegen, weil sie ein Kind der Freiheit ist. Gier frißt Freiheit. Gier frißt Werte. Gier macht nicht satt, sondern süchtig.

Die Gier ist eine ansteckende Krankheit. Während die Bürger sich vorsichtiger im Markt bewegen, ihre Wunschlisten zusammenstreichen und nach Schuldigen für ihr Unbehagen suchen, wechselt die Gier die Maske.

Sie befällt das Führungspersonal. Topmanager, Behördenchefs, Mandatsträger in der Politik sind die Süchtigen der Spätphase. Die Wohlstandsgötterdämmerung erlaubt ihnen ein makabres Doppelspiel: Als Weiße Ritter versprechen sie, die Gier der Massen zu heilen. Zugleich bedienen sie sich besonders hemmungslos, da sie den – vielleicht zutreffenden – Eindruck haben, im letzten Akt eines Stückes mitzuspielen, das anschließend für sehr lange vom Programm abgesetzt wird: das Stück vom Selbstbedienungsladen Wohlstand.

Auch beim exklusiven Personal der *happy few* folgt die Gier dem Gesetz der visionslosen Begehrlichkeit. Und die Prestigelieferungen stimmen immer noch. Da ist er, der Rastlose, Unersättliche. Wir nennen ihn antriebsstark, er macht weiter, wenn andere in den Seilen hängen. Niemand sagt: Es ist die nackte Gier, die ihn treibt. Die Gier nach Ruhm, Macht, Grenzüberschreitung. Nur die Gierigen sind erfolgreich, heißt das geheime Credo.

Der Getriebene entspricht einem Idealbild der Tempogesellschaft: schneller sein, überall dabei sein. Zufallstreffer landen. – Auswählen? Die Maßstäbe von morgen sind noch nicht bekannt, sagt der Gierige. Also halte ich mich damit nicht auf. Dabeisein ist alles. Der Gierige versucht nicht mehr, das Wichtige vom Unwichtigen zu unterscheiden. Er glaubt nicht an den Vorteil der Auswahl.

Lieber verschlingt er wahllos Termine und Events, um die eine Unruhe durch die andere zu beschwichtigen. Nicht dabeisein schafft Unruhe, dabeisein auch. Aber das zweite erhöht die Siegchancen – glaubt der Gierige.

Und tatsächlich scheinen viele Spitzenkarrieren von diesem Treibsatz befeuert: der Gier nach Geld, der Gier nach Geltung. Alle Kinderwünsche werden diesem Antrieb geopfert. Karriereprinzip Unersättlichkeit: Wäre nicht die Rückmel-

Gier ist eine ansteckende Krankheit.

Während die Bürger sich befreien, wechselt sie die Maske. Sie befällt das Führungspersonal. Topmanager, Behördenchefs, Mandatsträger sind die Gierigen der Spätphase.

Die Wohlstandsgötterdämmerung erlaubt ein makabres Doppelspiel: Als Weiße Ritter versprechen sie, die Gier der Massen zu heilen.

Visionslose Begehrlichkeit treibt sie. Gier nach Geld und Geltung. Und der unstillbare Erfolgsappetit wird prämiert. Selbst der Staat nimmt sich ein Monopol auf Gier.

dung, die der Nimmersatt erhält, so positiv, dann fehlte ihm der öffentliche Ansporn. Das würde ihn mäßigen. Wer die Weltbörsen und das globale Business beobachtet, entdeckt die Selbstüberschätzung als Motor für maßlose Wünsche. Es geht nicht um Lebensglück, sondern um Ersatzbefriedigungen, die den Hunger nach Glück beschwichtigen, statt ihn zu stillen. Die Gier verschiebt ihre Ziele immer weiter nach vorn. Es geht nicht ums Ankommen, sondern um den Sieg über andere. Schneller sein als sie, schlauer sein und risikobereit, wo andere im Mittelfeld aufgeben.

Der unstillbare Erfolgsappetit wird prämiert. Sind Topkarrieren überhaupt möglich ohne Gier? Offenbar nicht ohne die totale Okkupation durch den Aufstiegswillen, aber sie gehen durchaus ohne dessen Entartung in die alles niederwalzende Begehrlichkeit.

Daß man aber auch mit dieser Obsession nach oben kommt, die das Führungsethos wegsprengt und die Achtung vor anderen einschmilzt, ist der eigentlich beunruhigende Befund. Denn wen die Gier nach oben getrieben hat, der wird nicht satt, sondern süchtig. Nun schwinden die Maßstäbe für das Angemessene. Wer sich maßlos nach oben durchgeschlagen hat, ist auch mit maßlosen Entschädigungen für die Geschichte seiner Gier einverstanden. Schließlich hat er sich mehr abverlangt als andere; jetzt verlangt er den andern mehr ab. Das Bild verkehrt sich: der Süchtige als Märtyrer seiner Sucht. Endlich versteht man die unbefangenen Millionen-Empfänger. Wir kennen diese subjektive Sicht der eigenen ›Karriere‹ von Rauschgiftsüchtigen. Schließlich sind sie Gefangene ihrer Sucht, und dafür entschädigen sie sich selbst durch Lizenzen, die ihnen die *Community* der Suchtfreien nicht freiwillig gibt: Sie setzen Regeln außer Kraft, die Unversehrtheit und Würde aller vor allen schützen sollen. Mediziner wissen: Im Gehirn des Suchtkranken zerbröseln zuallererst die Alltagswerte, die Übereinkünfte über Privatsphäre, Eigentum und Selbstbestimmung sichern. Sie lagern in den jüngsten Schichten des Gehirns, zuoberst sozusagen, und werden deshalb zuerst weggeschwemmt, wenn die Sucht die Macht ergreift.

Die Gier ist eine mächtige Verführerin – vor allem dort, wo

Reichweite und Wirkungsradius die Versuchung verstärken, Maßlosigkeit als Herrschertugend zu kostümieren. Die spektakulären Abstürze der letzten Jahre tragen fast alle dasselbe Merkmal. Hier stürzen Lehrlinge und Meister über das Laster der Gier. Ein anerkanntes Laster, das mit hohen Gagen belohnt wird und durch Schweigegebote gesichert ist. Wer in falscher Gesellschaft unterwegs ist, provoziert Verräter. Einmal verraten, wird er sofort fallengelassen. Die Schau-Ethik für die Außenwelt funktioniert ohne Zuruf, alle beherrschen sie. Wer stürzt, wird liegengelassen – so das bittere Fazit eines Managers, den die Gier-*Community* ausspie.

Wohlstand als Komplott der Gierigen: Natürlich hielt man sich auch ein paar Sonderlinge, die über die Gefahr nachdachten, die von der Steigerung des Wohlstandsappetits durch Politik und Wirtschaft ausging. ›Wachstum‹ aufs Materielle zu verkürzen schädigt die Seele der Konsumgesellschaft – die erst jetzt wieder zu entdecken wäre, unter dem höhnischen Gelächter der Gierigen vorerst. Da der Gier das Futter ausgeht, werden die Unersättlichen sich bald im Zentrum jener neuen *Community* einfinden, die Entlastung von der Sucht sucht – in der Lust auf Weniger. Unsere Wohlstandsgeschichte ist voll von Appellen aus Wirtschaft und Politik, nicht das Mögliche, sondern das Mehr zu fordern. Daß damit nicht ein Mehr an Besonnenheit, an Augenmaß oder Wachsamkeit gemeint war, verstand sich von selbst. Wir waren Aufstiegskinder, die der Hunger reich gemacht hatte. Also setzten wir weiter auf den Hunger – schließlich in der dritten Dimension, wo ›mein Auto, mein Haus, mein Boot‹ zu Synonymen für das unerreichbare Glück werden – und keiner fragt, ob man es auch ›in echt‹ haben könne, das Glück. Lieber Raubtier sein, oder Marktguerillero. Sind Raubtiere glücklich?

Ist die Wohlstandsmelodie am Ende überhaupt eine Anleitung zur ungebremsten Gier? – Zumal, wenn man gleichzeitig alle überlieferten Bremsmechanismen dem freien Spiel der Kräfte ausliefert? Dieses freie Spiel wird gern ›Markt‹ genannt und ist der Gott des ökonomischen Zeitalters. Das Marketing setzte auf Waren, die gierige Kunden gieriger machten, und das schien legitim. Askese wurde als Produkt erst in der neuen

Schwächephase kreiert, die wir durchwandern. Vorher schworen die Anbieter, niemand werde das ›Weniger‹ kaufen, während das Mehr erreichbar sei. Auch Askese macht süchtig, so wissen wir inzwischen. Und die *Community* der Adepten des teuren Weniger wächst stürmisch. Von einer Sucht in die andere zu pendeln ist leichter, als die Balance im Mittelfeld zu finden. Alle mittleren Werte, so haben wir verinnerlicht, kündigen den Langweiler oder *Loser* an. Es ist nicht leicht, eine verlockende Welt jenseits der Gier zu finden.

Wenn die Führenden die Verführer zur Gier waren, dann verwundert es niemanden mehr, daß sie als Askese-Botschafter unglaubwürdig sind. Vielmehr haben die Menschen den Eindruck, daß ein Monopol auf Gier bei den Mächtigen entstanden ist. Während alle weniger haben, müssen die Firmenlenker und ihr Edelsklavenheer mehr verdienen als je zuvor – wegen des globalen Wettbewerbs, so erfährt der Bürger. Mit wenigen Hyperleistungsträgern und immer weniger Mitarbeitern werde man der höchsten Verantwortung gerecht: jener gegenüber den Aktionären. Man plündert also ungeniert die Wertereserven des Kunden, um ihn matt zu setzen: ›Verantwortung‹, lieber Mitarbeiter, kostet deinen Platz.

Das Monopol auf Gier nimmt auch der Staat in Anspruch. Er wechselt auf unheimliche Weise sein Gesicht, während seine Repräsentanten an der neuen Existenzbedrohung des Bürgers nicht teilhaben.

Die Beziehung zwischen Bürger und Staat ist nicht nur gestört, seit die materiellen Mittel knapper werden, sie ist zerrüttet. Über Jahrzehnte hat die staatliche Führung vor allem eines organisiert: Nähe zum Bürger, eine Nähe auf Rufweite, die Wahlen zu gewinnen erlaubt. In der Konsumlandschaft der Nachkriegsjahrzehnte schob der Staat sich als Wohltäter immer näher an seine Bürger heran. Überbetreuung und ›erlernte Hilflosigkeit‹, wie die Wissenschaft das Ergebnis nennt, entwöhnten die Bürger Schritt für Schritt ihrer Verantwortung für das eigene Leben.

Wenn heute die staatliche Führung ihre matt gesetzten Bürger anprangert, so tut sie das wider besseres Wissen – und in Panik: Plötzlich paßt der hilflose Bürger nicht mehr ins Konzept. Quasi über Nacht soll er, mit dahinschwindenden Mitteln, zum Souverän seines eigenen Schicksals werden – während der Staat in nie gekannter kühler Distanz über des Bürgers Sicherheitsbedürfnisse hinweggeht, die er selbst erzeugt hat. Aus der Perspektive der Bürger hat der Staat die Maske gewechselt wie ein Betrüger. Er ist vom Betreuer zum Verfolger geworden, ohne den Menschen die frühere Zuwendung wenigstens teilweise zu erhalten. Wieder ist Nähe das Prinzip, und das heißt Enge für den Bürger als Entscheider, obwohl er genau dies angeblich nun werden soll. Die Zahl seiner Optionen schrumpft dramatisch, und die Aufforderung, von nun an für sich selbst zu sorgen, erscheint ihm wie blanker Hohn.

Der Staat, so nehmen die Bürger wahr, greift ihnen nun gierig in die Taschen. Er praktiziert ein Monopol auf grenzenlose Gier, die jeden Tag neue Überraschungen bringt. Die staatliche Macht wird vom Freiheitsgaranten zum Freiheitsvernichter, so fühlen die Menschen. Ob sie dafür gute oder bessere Gründe vorträgt, ist ohne Belang; das neue Verhältnis ist von Bedrohungsgefühlen gekennzeichnet.

Wer sich im letzten Wohlstandskapitel als erfolgreicher Jäger im Markt begriffen hat, der erlebt sich jetzt als wehrlose Beute. Der Staat ist der Jäger. Er hat jene zu Fahndungszielen erklärt, die er noch gestern auf Schritt und Tritt mit seinen Wohltaten überhäufte. Der Staat hat mit diesem Wechsel der Masken versagt. Daß er aus Panik rücksichtslos mit seinen Bürgern verfährt, schmälert nicht seine Verantwortung. Diese Verantwortung gilt, und sie wird versäumt gegenüber einer Bürgergesellschaft, die gründlich entmündigt in die Krise geriet. Das Monopol auf Gier, das ihr Staat beansprucht, können betrogene Bürger nicht akzeptieren. Die Politik wird zuerst einmal begreifen müssen: Ihr Partner stimmt dem Rollenwechsel nicht zu. Partner der panischen Reformpolitik ist eine völlig verstörte Gesellschaft. Weder unter dieser noch unter einer ähnlich mitleidlosen Führung wird Deutschland sich aus seinem Schrecken über sein Scheitern befreien können. Der *compassionate conservatism* in den USA zeigt die Richtung: Nur eine ›mitfühlende Demokratie‹ wird den Bürger als Bündnisgenossen zurückgewinnen.

Willkommen im Reich der Gier. Hier gilt entgleistes Verlangen.

Als begehrendes Wesen bist du begehrt. Deine Sehnsucht nach Schönheit, Anerkennung und Glück wird durch Waren gelindert – erfüllt wird sie nicht.

›Globale Gier‹ ist bei Insidern kein Laster. Sie ist die Erfolgsgarantie. Die Gier räumt ab. Aufmerksamkeit und Rücksicht müssen sterben, wo die Göttin der Gier das Regiment führt.
Der Gierige ist immer unterwegs. Er kommt niemals an. Er hat die Witterung verloren für das, was ihm guttut.

Vom *bigger and more* zum *smaller and less* ist ein weiter Weg, wenn nur der unstillbare Erfolgsappetit belohnt wird.
Weil sie Wachstum aufs Materielle verkürzt, nimmt die Konsumgesellschaft Schaden an ihrer Seele.

Nun, da der Gier das Futter ausgeht, holt sich der Staat ein Monopol auf Gier. Er durchsucht die Taschen seiner Bürger nach den Geschenken von gestern. Wer als Jäger im Markt unterwegs war, wird zur wehrlosen Beute.

Die Wohlstandsgötterdämmerung ist die große Gelegenheit zum Ausbruch aus dem Gefängnis der Gier.

Vortrupps erkennen die Freiheit am anderen Ufer. Aber das Ufer ist weit. Fast alles, so spüren die Kinder der Gier, müssen sie ändern. Die Gier frißt Freiheit. Sie frißt Werte. Gier macht nicht satt, sondern süchtig.

Zeit für den Ausbruch aus dem Lande der Gier.

Die Ketten der Feigheit sprengen

Raus aus der *Loser*-Rolle: Das wollen die meisten, aber nicht um jeden Preis. Die Landschaft soll sich ändern, damit der Mut wiederkommt.

In Wahrheit ist es aber umgekehrt: Der Mut muß wiederkommen, damit die Landschaft sich ändert.

Alle Innovationen, wenn sie gelingen sollen, starten als innere Bilder. Alle Maßnahmen brauchen den Treibsatz der Vision. Das Auge des Spähers, der vom erhöhten Platz aus, diszipliniert und ohne Unruhe, das ferne Ziel fixiert, kann nichts, was es sieht, bewerten, wenn die inneren Bilder fehlen. Das ›gelobte Land‹ entsteht in den Köpfen. Es zur realen Landschaft zu formen, in die alle gehen wollen, gelingt erst, wenn die inneren Bilder verlockend und einfach genug sind, um in vielen Köpfen Wurzeln zu schlagen.

Der Mut, die neue Lebenslandschaft aufzubauen, hat zwei Quellen.

Die erste: der Zorn über das entgleiste Glück.

Die zweite: die Sehnsucht, in zuverlässigen Glückslandschaften zu leben.

Die meisten Menschen spüren inzwischen: Es werden nicht die Komfortlandschaften von gestern sein; auch deshalb entwickeln ›Reformen‹ keinen Glanz. Die Innovationsdebatten lenken ab, weil sie vortäuschen, es ginge um Umbauten am einstürzenden Wohlstandsbau statt in den Köpfen.

Nicht die Hardware, die *Brainware* muß neu entworfen werden. Gelingt dies nicht, wird vor unseren Augen nicht gelingen, was »hinter den Augen«, im Kopf, an inneren Bildern gefehlt hat.

Weil es um Landschaften geht, in denen wir noch nicht waren, ›gelobtes Land‹, in dem sich keiner von uns auskennt, deshalb ist der Mut unentbehrlich. Wer sich an ›Erprobtes‹ klammert, wird diesen Mut niemals fassen. Kühn zu denken erfordert Mut. Wer sich im Gefängnis durchschnittlicher Gedanken eingerichtet hat, ist zu feige für mutige Gedanken. Das Haftsyndrom der Wohlstandskultur hat längst die Mehrheit der Deutschen infiziert: ›Lieber sicher als frei‹ ist die neue Melodie, die es den Abbrucharbeitern aus der Politik leichtmacht, Verfassungswerte zu plündern. In kleinen Dosen, aber konsequent. Auch sie handeln nicht aus Mut, sondern aus Feigheit. Ihnen ist der Zorn fremd, der den Mutigen stark macht. Zuerst bei ihnen stirbt die Sehnsucht nach Glück den Rauschtod der Süchtigen.

Die Rauschdrogen der Mächtigen – Macht und Einfluß – kosten Mut und Glücksverlangen. Ihr gestörtes Verhältnis zur Wahrheit der Gegenwart schwächt auch ihre visionären Interessen.

Wo Höhenrausch sich mit Höhenangst mischt, werden feige Reformen (Motiv: wählbar bleiben) den Platz der kühnen Innovationen besetzen.*

Wenn Politiker wenig Chancen haben, mutig und visionär zu handeln, wo soll dann der Sprung ins nie betretene Neuland geplant und mit welchen Verbündeten soll er durchgesetzt werden, um alle mitzunehmen – auch die Politiker?

Der Mut wird ein knappes Gut in hohen Ämtern – obwohl dort doch alle Vollmachten für mutiges Handeln gegeben sind. Festigkeit und Entschlossenheit sollen die Führenden auszeichnen, sagt Aristoteles; weder bedrohliche Umstände noch persönliche Nachteile sollen sie von klugen und gerechten Entscheidungen abbringen. Nicht der tollkühne *risktaker* kann die Heldenrolle beanspruchen; wer die Furcht besiegt und Leichtsinn vermeidet, kann ein mutiger Entscheider werden – selbst wenn er von feigen Anpassern umgeben ist. Ohne Ausdauer ist Mut wertlos. Ohne die Kraft zur Auseinandersetzung und einen scharfen Realitätssinn stirbt jeder mutige Entschluß. Der Kopf bleibt kühl, das Herz brennt: Darum gelingt es dem Mutigen, andere zu entzünden und mitzunehmen. Jede Erfolgsgeschichte beginnt mit mutigen Entscheidern. Weil sie unabhängig denken und große Träume zulassen, folgen ihnen die Menschen. Ihr Erfolg läuft nicht gegen die Menschen, sondern mit ihnen.

Die Krisenpolitiker haben sich von dem Ethos, die Menschen zu gewinnen, verabschiedet. Sie nutzen ihre Machtposition gegen ihre Mandatsgeber, die Menschen im Land, statt unerschrocken zu vertreten, was sie nach bester Einsicht und bestem Gewissen als richtig erkannt haben.

Für unerschrocken hielt sich sicher der Krisenkanzler; aber er hat sich die notwendige Mutprobe erspart, die Menschen zu gewinnen. Er blieb mit seinen Anhängern, deren Ämter tatsächlich an ihm hängen, in seinem Boot allein. Darum nimmt es keine Fahrt auf: die Ruderer fehlen. Er hat ihren Kopf mit kühlen Machtprogrammen erschreckt, und er konnte ihr Herz nicht wärmen, weil sein eigenes Herz im kal-

---

* Siehe dazu Kapitel »Kühner träumen, mutiger handeln«, S. 127.

ten Takt der Macht schlägt. So sieht Dominanz als Technik des Nehmens aus. Erfolg hat nur eine Dominanz des Gebens. Aber die Phantasie der Mächtigen ist vom Materialismus gelähmt: ihnen fallen nur materielle Geschenke ein – doch die sind nicht mehr vorrätig. Mehr als das Materielle fällt nur den Visionären ein – und den Bürgern, als Traum vom Glück. Politiker haben ihre Agenda. Da steht bei ›Mut‹: Vorsicht, Risiko. Und bei ›Menschen gewinnen‹: Später mal wieder. Doch dann ist der Abstand schon zu groß geworden.

Mut ist der schmale Grat zwischen Tollkühnheit und Feigheit. Das heißt für unsere Wirklichkeit:

Die tollkühnen Visionäre, die übermütigen Träumer und unvernünftigen Querköpfe müssen sich mit den Zauderern und Opportunisten, den angepaßten Schmeichlern verbünden. Ein explosives Gemisch, das Erfolg hat, wenn alle es wollen. Schnell werden die kontrovers agierenden Typen erkennen, daß ihr Ziel dasselbe ist: nach oben, ins Licht durchbrechen, dahin, wo das Leben leicht, der Beifall reichlich, die Aufmerksamkeit gesichert und damit der eigene Stolz genährt, das Selbstvertrauen gestärkt wird.

Um zu kooperieren, müssen die Kontrahenten, die einander im Business, in der Wissenschaft und im Berufsleben überall unversöhnlich bekämpfen, zugeben, was sie längst erkennen: daß sie beide mit Handicap unterwegs sind. Der Aufstieg, das hüten sie als ihr persönliches Geheimwissen, ist ihnen keineswegs sicher, weil sie ihre Defizite nicht allein heilen können. Sich zu verbünden fehlt die Essenz, von der wir reden: der Mut.

Den tollkühnen Visionären fehlt das Maß; niemand hört ihnen lange zu, weil sie keine Lust haben, ihre hochfliegenden Ideen mit der Wirklichkeit zu versöhnen.

Die übermütigen Träumer sind zu abgelenkt, um ihre Träume zu transportieren; sie wollen nicht aufwachen.

Die unvernünftigen Querköpfe amüsieren durch Verweigerung; sie sind nicht alltagstauglich, das Durchschnittliche langweilt sie.

Der Zauderer: Er könnte einen Schuß tollkühne Vision, einen Schluck Übermut gut gebrauchen.

Der Opportunist: Mit dem Übermut des Träumers beschenkt, würde ihm klar, daß er als Gefangener fremder Entscheidungen lebt, die ihn benutzen, statt ihn zu befördern. Sich querstellen, begreift er plötzlich an der Seite des trotzigen Unvernünftigen, bringt Aufmerksamkeit.

Der Schmeichler: Nirgends als in Gesellschaft der munteren Querköpfe im Lager der Visionäre wird ihm klar, wie dürftig und abhängig sein Rang ist. Ein feiger Anpasser will er nicht länger sein, wenn er einmal die Luft der Risikofreunde geatmet hat.

So wird Mut planbar: Wenn die Feigen sich ihr Feindbild, die Tollkühnen, aus der Nähe ansehen.

Wenn die Risikosüchtigen sich den Risikoverweigerern nähern. Beide Typen leben in der Übertreibung, weil sie die geheime Sehnsucht, gegenläufig zu agieren, nicht zu befriedigen wagen – mangels Mut.

Gemeinsam können sie ihre Fesseln abwerfen. Der schmale Grat lockt – weil er nicht die bequeme, sondern die glanzvolle Lösung ist. Wer Mut hat, füttert seine Selbstachtung.

Das Mutkonzept ist für jedes Team erfolgsentscheidend.

Es ist für jede Gesellschaft, die in die Krise geraten ist, die einzige Rettung. Wenn den Führungsgruppen der Mut fehlt, weil sie durch Gefallsucht blockiert und der Versuchung der alltäglichen Lüge erlegen sind, dann schleppt sich das Gemeinwesen mit »Reformen« zwischen Scheinerfolgen und Enttäuschungen dahin.

Mut der Führenden heißt: Beherrsche deine Abenteuerlust und zwinge dich und deine Leute, dem Zauderer zuzuhören. Stelle deine Zweifel ins Feuer eures Visionärs. Laß den kühnen Träumer hemmungslos von seinen Wachträumen erzählen – und laß den Opportunisten ohne Spott das Lager wechseln. Jeder feige Schmeichler wird sein anderes Ego in sich entdecken: den Visionär, der die Welt verändert.

Weniger ist es ja nicht, was die Wohlstandskranken sich vornehmen müssen: ihre Welt verändern. Ohne Mut kann das nicht gelingen.

Wenn der Zorn, wie Aristoteles sagt, dabei ein guter Berater ist, dann weil er die wütende Entschlossenheit liefert, nicht

Keine Zukunft ohne klare Vision. Nichts wird sich ändern, wenn der Mut fehlt. Mut: der schmale Grat zwischen Tollkühnheit und Feigheit.

Wer sprengt die Ketten der Feigheit? Der Zorn über das entgleiste Glück. Die Entschlossenheit, das Verlorene zurückzugewinnen: Selbstachtung und Stolz.

Die Konsensgesellschaft ist ein Programm zur Erstickung des Zorns. Die mutlose Gesellschaft verliert ihre Vision vom gemeinsamen Glück.

länger »unter Wert« gehandelt zu werden. Nicht länger den Absturz aus der erkämpften *bel étage* auf sich beruhen zu lassen. Zorn auch, der sich gegen die eigene Verlustangst richtet. Es muß uns zornig machen, nicht ärgerlich oder wehleidig, daß wir dabei sind, die Früchte unseres früheren Mutes zu verspielen. Aristoteles hat den Zorn einen großen Beweger genannt, der die Selbstachtung schützt. Der die Seelen der Verlierer nach Demütigungen zu ihrem Stolz zurückführt. Damit ist der Philosoph der griechischen Antike über die Jahrtausende ganz nahe bei den Evolutionsbiologen des 20. Jahrhunderts, die den Zorn zu den Kern-Emotionen zählen, die weltweit das Überleben der Menschen in Bedrohungen sichern. Wer nicht zornig werden kann, wird sich nicht befreien können – auch nicht aus selbst verursachten Katastrophen. Wer niemals Angst hat, wird den richtigen Augenblick für Kampf oder Flucht verpassen.

Und wer das Glück vorüberziehen läßt, ohne es zu feiern, verpaßt die Energielieferung für die nächste Etappe. Wer in Verlust und Niederlage nicht trauert, erkrankt an seiner Seele. Hier regt er sich, der Zorn, zum Verlierer zu werden. Hier meldet sie sich, die Vision, wieder oben dabeizusein, aber anders als gestern. Nicht mehr konsumsüchtig und trendhörig, sondern in einem ganz neuen Spiel.

Die »Konsensgesellschaft« ist ein Programm zur Erstickung des Zorns. Sie lähmt damit Handlungskräfte. Auch die Debattentexte werden umgesteuert. Daß es um einen Abwehrkampf gegen das eigene Versagen geht, der mit dem Zorn über die Fehler und Entgleisungen befeuert wird, kann niemand mehr verstehen, wenn statt der Entfesselung der Abwehrkräfte die Fesselung der Ideen und der Tatenlust den Spielplan bestimmen. Mutlose Mächtige legen ihre Bürger an die Kette.

Visionslose Führung fürchtet die Träume ihrer Untertanen, als wären sie Sprengstoff. Also lautet die Tagesordnung: entschärfen, kontrollieren, überregulieren.

Immer weniger Bürger kämpfen voller Zorn um ihre Selbstachtung. Der kollektive Mutpegel steht mangels kollektiven

Zorns und mangels Visionen bei Null. Die Politik ist täglich damit beschäftigt, das dramatische Defizit an Selbstachtung und Stolz zu überspielen, das die Bürger lähmt.

Nur auf Spitzenplätzen läßt es sich eine Weile durch die Rauschdroge Macht überspielen.

Eine Gesellschaft, die nicht mehr zornig werden kann, verliert bald auch ihre Vision vom gemeinsamen Glück. Wenn beides fehlt, stirbt mit dem Mut das Selbstvertrauen.

Zorn, sagt Aristoteles, ist der Ansporn zur Tüchtigkeit. Gefahrenabwehr und Aufbau des Neuen brauchen die zornige Gewißheit, die nie von außen, sondern immer von innen kommt: »Das steht uns zu. Wir werden es uns beschaffen.« Seit Jahren hören die Menschen in Deutschland nur noch, was ihnen nicht mehr zusteht, angeblich. Warum sollen sie ihren Führungsgruppen in Wirtschaft und Politik überhaupt noch helfen, neue Ufer zu erreichen, wenn dort absolut nichts Verlockendes leuchtet? Der Zorn richtet sich gegen die Mächtigen. Er verkocht vor den Mauern, hinter denen diese sich dem Zugriff der Menschen entziehen. Der Bürger lebt als verhinderter Mitstreiter der politischen Führung. Die politische Führung erlebt ihn als Behinderer ihrer glanzlosen Planung und fürchtet seinen Zorn. Deshalb engt sie seine Bewegungsspielräume immer mehr ein.

Der Irrtum ist folgenschwer: Eine beispiellose Umkehr wie die geforderte ist ohne den koordinierten Aufbruchsmut der gesamten Bevölkerung und ihrer Führenden nicht möglich. Seit Jahren lesen wir in der Kette der Beweise. Der Führung fehlt die Vision, die Zorn und Mut beflügeln könnte. Die Konsenskultur hat ihre Bürger entwaffnet. Die »Friedensmacht« Deutschland kann nicht einmal mehr mit sich selbst Frieden machen.

Das ›Gelobte Land‹ entsteht in den Köpfen. Sein Treibsatz: die Vision. Der Traum vom Glück.

Der Aufbruch braucht Mut. Kraftquelle für den Mut ist der Zorn über das entgleiste Leben und das entglittene Glück.

Die Rauschdrogen der Mächtigen, Macht und Einfluß, verzehren den Mut und ersticken das Glücksverlangen. Wer keine Macht hat, hält die Sehnsucht nach dem gelobten Land lebendig.

Nur Visionäre überspringen das Materielle. Sie sind die Tänzer auf dem Hochseil zwischen Tollkühnheit und Feigheit – den beiden Todfeinden des Mutes.

Ohne Mut gibt es keine Rettung für die mutlose Gesellschaft. Unsere Ziele müssen groß sein, damit wir die kleineren erreichen.

Der Zorn über das Mißlingen muß wachsen. Wir brauchen die wütende Entschlossenheit, nicht länger unter Wert gehandelt zu werden; nicht länger unter Wert zu handeln. Zorn ist ein großer Beweger. Er rettet die Selbstachtung. Wer nicht zornig werden kann, wird sich nicht befreien.

Die Konsensgesellschaft ist ein Programm zur Erstickung des Zorns. Visionslose Führung fürchtet die Träume ihrer Untertanen, weil sie Sprengstoff sind.

Eine Gesellschaft, die nicht mehr zornig werden kann, verliert ihre Vision vom gemeinsamen Glück.

II NICHT WENIGER LUST, ABER LUST AUF WENIGER

Endlich mehr als Konsum: Virtuosen des Weglassens

Die Todesstunde der Gier ist die Geburtsstunde der Lust auf weniger. Vom *bigger and more* zum *smaller and less*. Die Lust auf weniger ist Lust auf Klarheit und Übersichtlichkeit – im Denken, Wünschen und Handeln. Was will ich? Was tut mir gut?

Nicht mehr das »Mitnehmen« von Waren und Erlebnissen, sondern das Auslassen verschafft Genuß. Wählen, was zu mir paßt, beschert eben nicht »verpaßte« Gelegenheiten, sondern passende – und damit eine neue Kultur der eigenen Wünsche. Die Kultur der »*musts*« war eine Kultur der fremden Wünsche.

Was Werbeversprechen uns immer schon vorspiegelten – ein Versprechen, das täglich gebrochen wurde –, das wird nun Realität: Wir selbst entscheiden.

Das Ich wird stärker, weil der Zwang, wie andere zu agieren, aussetzt. Feindselige Gefühle im Wettbewerb mit andern Konsumvirtuosen verstummen.

Die neue Kultur der Bedürfnisse schafft Entspannung. Nicht mehr Konsumzwänge treiben uns, sondern auswählende Lust. Wie eine exotische Insel, die wir nie betreten haben, wird er in der Ferne sichtbar: der Luxus durch weniger.

Virtuosen des Weglassens werden attraktiv, weil sie souverän agieren: So möchten wir sein.

Das Leben in der Lust auf weniger wird übersichtlicher. Der Druck, dabeisein zu müssen, läßt nach. Wo ich dabeibin, bestimme ich. Falsch verbrachte Stunden werden seltener. Orte, wo der »Me too«-Streß aufkommt, verlasse ich augenblicklich. Denn jede Stunde meines Lebens gibt es nur einmal.

Das »Me too«-Syndrom verschluckt Originalität. Sein Gegner ist der kreative Mut. Innovation erstickt, wo die »Me toos« sich gegenseitig bestätigen. Was sie sich bestätigen, ist ihre Verwechselbarkeit. Was sie feiern, ist die stille Verabredung, daß niemand durch Ideen auffällt. »Me too« ist ein Leistungskiller. Ein Zukunftsfresser. Nur die Gier-Community kann sich damit einrichten: daß ihre Befreiungsenergie aufgefressen wird von einer Ideologie der Gleichschaltung, die nichts anderes als eine Ideologie der Feigheit ist.

Von Moden, auch Denk- und Meinungsmoden, gegängelt, stehen die »Me toos« zusammen bei ihren Palavern, die sie »Meetings« nennen oder »Events«. Der große Gleichschalter Gruppendruck streßt sie und hält sie beieinander.

Wenn immer alle machen, was alle machen, wenn immer alle sind, wo alle sind, wenn immer alle hingehen, wo alle hingehen, dann entsteht nichts Neues mehr. Insgeheim wünschen sich auch alle, daß nichts Neues geschieht, deshalb werden ihre Fesseln, die aus Komfort und Überbetreuung gewirkt sind, immer enger. Der Innovationsverlust ergibt sich aus dieser Abwehr des Neuen. Innovation ist immer Abweichung. Wo Abweichung nicht mehr belohnt wird, wandern die abweichenden Köpfe aus.

Aber es gibt doch Abweichungen, die von der Gier-Community belohnt werden: Es sind die Abweichungen nach unten, in Süchte, ins Obszöne und Perverse. Der Lohn ist gierkonform, er heißt Publicity, Beachtung. Die Kehrseite dessen, was sie vergeblich ersehnen: Reputation, Aufmerksamkeit, erringen die Abweichler nach unten durch ihre Entgleisung. Ihnen ist die Solidarität nicht der Mitleidigen, sondern der ebenfalls Entgleisten sicher, weil sie Stellvertreter sind. Stellvertreter als Beute von Versuchungen, die die andern aus Feigheit meiden.

Abweichungen nach oben werden schon deshalb nicht belohnt, weil sie negative Gefühle wecken, die unbequem sind: Neid, Versäumnisangst – die schmerzhafte Ahnung, daß man sein Leben verschwendet. Himmelsstürmer wecken die Wahrheit auf, deshalb sind sie nicht gefragt. Höllenfahrer schon eher. Im Lande *smaller and less* bewegen wir uns frei. Wir wissen ganz genau, daß wir nichts versäumen, wenn wir nicht überall dabeisind. Wir beginnen zu begreifen, daß »Me too« im Lande Nimmersatt die ständige Aufforderung ist, uns selbst zu versäumen.

Die Lust auf weniger ist Lust auf Abstand. Es ist der Abstand des Spähers, des Beobachters, des Freien. Wer immer mit allen in alles involviert ist, hat nicht mehr die Energie, sich selbst wahrzunehmen – sich zu unterscheiden. Es sind aber die Unterschiede, die uns füreinander interessant und nützlich machen. Wer in lauter Kopien der eigenen Befindlichkeit schaut, wird nicht nur träge; er wird mutlos und traurig. Wir wollen nicht immer nur uns selbst begegnen. Wir wollen nicht dauernd Leute treffen, die »genauso drauf sind« wie wir selbst. Jeder von uns braucht, um sich selbst zu verstehen, die andern. Aber nicht als angepaßte Aufpasser, die jede Abweichung bestrafen, sondern als Partner für Abstand und Achtung, damit wir uns selbst nicht verlorengehen. Nur so begreifen wir uns als Abweichung, von der alle profitieren. Als Unikat.

Die Lust auf weniger Anpassung ist in Wahrheit die Startbahn für Innovation – im Denken, Fühlen und Handeln.

Nicht weniger Lust, aber Lust auf weniger. Davon waren wir weit entfernt, als wir von »Konsumterror« sprachen – ehe der Terror uns zeigte, wie leichtfertig die Vokabel gewählt war. »Konsumterror«, das war ein Wort von Mitspielern für Mitspieler, eine genüßliche Übertreibung, augenzwinkernd ausgetauscht unter Leuten, die unbedingt dabeisein, aber auch Überlegenheit demonstrieren wollten.

Es war nicht die Lust auf weniger, die diese frohgemuten Kritiker zu so bedrohlichen Beschreibungen ihrer Alltagswelt greifen ließ. Es war die Entschlossenheit, andere schuldig zu sprechen für das eigene Konsumverhalten. »Konsumterroristen« zu finden, die an der Entgleisung der eigenen Bedürfnisse in pure Unersättlichkeit schuld wären: Das wäre die nächste Stufe der Distanzierung von jeder Eigenverantwortung gewesen. Terrorismus der todernsten Art gab es bereits in den achtziger Jahren als globales Schrecknis; wahrscheinlich blieb deshalb die Laune, Anbieter als Konsumterroristen zu verklagen, auf der Strecke.

»Konsumtiger« war auch so ein Wort, das für andere reserviert war. Niemand in der Community der Unersättlichen hätte sich selbst bei diesen reißenden Ungeheuern plaziert. Konsumtiger im Konsumterror – zwei Begriffe, die von der Verlegenheit Zeugnis geben, die sich breitmacht, wenn alle mitspielen, aber mit schlechtem Gewissen und halben Herzens. Daß ausgerechnet der Tiger, ein aussterbendes prachtvolles Tier mit intakten Instinkten, solange sein Lebensraum stimmt, seinen Namen geben muß, um Suchtverhalten zu beschreiben, überführt die Ankläger. Sie sind es, von denen die Rede ist, und sie täuschen sich selbst durch Begriffe, die nicht treffen. Unersättlichkeit ist kein Ergebnis von Terror; und das entgleiste Begehren hat mit dem Hunger des Tigers nichts zu tun.

»Hunger« wird bei entgleistem Appetit nicht nur ein Fremdwort; er wird ein Sehnsuchtswort.* In die Kindheit zurück führt es die Älteren; in eine nie betretene unwirkliche Landschaft die Jüngeren. Wie muß ein Schluck Wasser schmecken, wenn man wirklich Durst hat? Gibt es eine Welt der Erfüllungen, in die man als Wohlstandskind überhaupt nicht hineinkann? Zum Beispiel Wasser auf Durst – oder ein Stück Brot auf wirklichen Hunger. Gibt es denn Hunger und Durst, die sich anders anfühlen als das, was die Jungen gelegentlich so bezeichnen, wenn nicht gleich die passenden Mittel zur Stelle sind? Entgehen ihnen da stärkere Gefühle, an beiden Enden der Skala, und wie können sie ausprobieren, was ihnen da entgeht?

Und die Älteren: Sie treten als Erzähler auf, gelegentlich, wenn halbgeleerte Becher lustvoll weggeschüttet, angebissene Schokoriegel weggeworfen werden. Daß ein Stück Schwarzbrot ohne Butter, dünn mit Marmelade bestrichen, tausendmal besser schmeckte als jeder Schokoriegel, hören die Jun-

---

* Siehe dazu Kapitel »Glück als Powerplay«, S. 251.

Nicht weniger Lust, aber Lust auf weniger.
Vom *bigger and more* zum *smaller and less*.

Die Todesstunde der Gier ist die Geburtsstunde der Lust auf weniger. Nicht mehr die verpaßten, sondern die passenden Gelegenheiten zählen.

Lust auf weniger ist Lust auf Abstand.
Lust auf Unterscheidung.
Lust auf die andern, weil sie anders sind:
Partner für Achtung und Würde, für Stolz und Verbundenheit.

gen mit bemühter Geduld. Dennoch beschleicht sie der Gedanke, daß es Genüsse gibt, die mangelabhängig sind, und daß der Wohlstand, der sie ihr Kinderleben lang begleitet hat, sie deshalb so oft mit Überdruß erfüllt, weil sie spüren: Der Überfluß erstickt starke Gefühle im gleichen Zuge, mit dem er Mängel ausradiert. Der atemlose Konsum läßt keinen durchschlagenden Genuß zu. Hochgefühle sind schwer zu haben. Man muß schon mächtig gegen die Trends anrudern, um Ausnahmegefühle zu erleben. Meist muß man Regeln verletzen, um dranzukommen, an die riesengroßen Augenblicke. Hunger und Durst, die samt Erfüllungsglück schon rein äußerlich praktisch unerreichbar sind, sind ja auch im übertragenen Sinne nicht im Programm der rastlosen Mitmach-Aufforderungen. Ablenkung reißt sie alle immer wieder aus ihren Träumen; Zerstreuung bringt ihre himmelstürmenden Wünsche zum Absturz.

Die Älteren sind näher dran, weil sie schon mal dort waren: in der Dürftigkeit, wo Schwarzbrot schmeckt und Wasser süß ist. Aber sie machen sich nicht die Mühe, den Jungen mit liebevoll gewählten Worten dabei zu helfen, die Gunst der Stunde zu begreifen: Jetzt, da es nach oben ohnehin nicht mehr weitergeht, können wir den ganzen Amüsierladen unterlaufen und das Beste, was in uns steckt, wieder kultivieren. »Wir waren dort!« müssen die Erwachsenen den Jungen sagen. Alles, was fehlte, wenn Ihr von heute aus schaut, wurde durch so vieles aufgewogen, daß es sich lohnt, die Lust auf weniger ernst zu nehmen. Das Beste, was in uns steckt, ist viel mehr als der Wohlstandsgehorsam, der den gefügigen Konsumenten macht. Die Appetitanreger im Lager der Wohlstandskranken haben auf unsere Schwächen gesetzt. Die Lust auf weniger ist nichts anderes als die längst fällige Rebellion unserer Stärken. Der Konsumstop unter dem Motto »Geiz ist geil« war das erste, von allen Politikern mißverstandene Zeichen dieser Rebellion. Auf Gier folgt Geiz, das war so folgerichtig, daß die Begriffsstutzigkeit der Führungsgruppen nur als Beweis ihrer Verweigerung gelten kann. Die Gier, als fremdverschuldete Krankheit erkannt, wird vom Patienten hunderttausendfach mit einer Waffe gleichen Kalibers bekämpft:

Laster gegen Laster, Geiz rächt Gier. Erst nach und nach werden die Menschen gelassener. Sie begreifen, daß ihre Flucht aus dem Schlaraffenland ohne die gewohnte, entmündigende Führung ablaufen muß. Und sie brechen auf; ohne auf ihre Führungsmannschaft aus Wirtschaft und Politik zu warten.

Es wird höchste Zeit. Denn die Lust auf weniger mediale Fertigkost ohne Nährwert öffnet die Sinne für Abenteuer einer neuen Qualität. Nicht mehr vorgefertigt und fremdgesteuert, sondern selbstgeträumt und eigensinnig durchgesetzt. Dabei helfen Vorträumer, die im operativen Geschäft der Konsumsklavenhaltung nur als Zwischenrufer bekannt wurden. Vorbilder für Standfestigkeit auf scheinbar verlorenem Posten, wie Papst Johannes Paul II., der die Globalisierung der Ehrfurcht in die Welt brachte, während er die Welt verließ. Er bewies, daß Loyalität und Bewunderung keineswegs den angepaßten, trendkonformen Botschaften folgen, wie Politiker meinen. Johannes Paul lieferte sechsundzwanzig Jahre lang Botschaften, die besonders den Wohlstandskatholiken nicht zeitgemäß erschienen. Seine Reputation, das höchste Gut, wie auch das Weltbusiness entdeckt hat, blieb davon merkwürdig unberührt. Die Gefolgschaft der Gläubigen und Ungläubigen, der Zweifelnden und Nachdenklichen galt nicht seinen Geboten, sondern seiner Standfestigkeit. Da war einer, den man immer, ausnahmslos immer wiederfand bei seinen Überzeugungen. »Ich bin der ich bin«, sagt der Gott der christlichen Kirche. Jeder Auftritt des Papstes Karol Woityla war von dieser mitlaufenden Nachricht durchdrungen: Ich bin der ich bin. Und ich bin es nicht aus eigenem Recht, sondern im Namen dessen, der mich führt. Darum führe ich Euch, als ein Stellvertreter.

In den Sterbetagen dieses Papstes in Rom fiel beides wie selbstverständlich zusammen: die Lust auf weniger, die in den asketischen Lebensbedingungen der Millionen Reisenden triumphierte, und das metaphysische »Mehr«, mit dem kein Konsumangebot von den Märkten draußen konkurrieren kann. Ja, die Märkte waren »draußen«; ihre angeblich weltumspannende Macht war abgeschaltet. Keiner der von Massenpsychologen als unausweichlich bezeichneten Effekte trat ein: kein Straßenkampf um die vorderen Plätze, keine Panik, kein Lärm, kein wilder Protest von den Hunderttausenden, die das Bronzetor nicht erreichten.

Es war dieselbe Masse wie jene, von der uns die Medienmächtigen und die Politiker immer berichten, sie sei wankelmütig, unterhaltungssüchtig und kurzatmig. Anspruchsvolle Kost vertreibe sie. Das »Alles jetzt« sei ihr Gesetz. Die Schadenfreude ihr einziger Zugang zum Lachen. So reden Anbieter, die ihre Kunden verachten.

Als »Kunden« des Papstes waren die Millionen Menschen aus vielen Nationen nicht gekommen. Aber sie hatten Geld ausgegeben für ihre Reise, das ihnen in ihrer Konsumentenrolle nun fehlen würde. Sie hatten es ebenso entschieden und sicher nach Rom gelenkt statt in die Shops ihrer Heimatorte, wie die Millionen Menschen nach der Tsunami-Katastrophe.

Das Lehrstück von Rom wird, was die Mächtigen in Medien und Politik angeht, nicht gelernt werden. Die Medien, die so hingebungsvoll berichtet haben, werden für ihre eigenen Angebote nicht die Konsequenz ziehen, die Sehnsucht der Menschen nach hochklassigen Vorbildern höher zu achten und zu bedienen. Und die Politiker werden fortfahren, die Menschen zu unterschätzen. Sie arbeiten damit parteiübergreifend und Seite an Seite mit den Medien an einem Großprojekt zur Absenkung des Niveaus. Instanzen wie den Papst, das wissen sie, müssen sie dabei nicht fürchten, denn er hat keine operative Macht. Aber sie fürchten sich doch. Zumindest ein paar Stunden lang, die sie in nie gekannter Vollzähligkeit beim Begräbnis dieses machtlosen Rebellen verbringen, beschleicht sie die Furcht vor dem, was ihm gelingt und ihnen nie gelingen wird – außer mit gefährlichen Entgleisungen in Aufstand, Panik oder Widerstand, der sie mit hinwegfegt: Frieden zu stiften in Millionen Köpfen – Frieden, der die Begehrlichkeit der Märkte, auch der politischen Märkte, zum Schweigen bringt. Es ist der Frieden, »der höher ist als alle Vernunft«, wie es Paulus (Phil. 4,7) sagt, der ihrer Macht nie verfügbar werden wird.

Aber den Machtlosen aller Kontinente hat dieser Rebell eine Anleitung zur Machtergreifung gegeben. Die General-

Laster schlägt Laster: Geiz rächt Gier.

Dann endlich: die Flucht aus dem Schlaraffenland. Lust auf Abenteuer einer neuen Qualität: nicht mehr vorgenormt und fremdgesteuert.

Das Lehrstück von Rom: die Globalisierung der Ehrfurcht. Die geflohenen Sklaven der Gier beweisen, daß sie eine bessere politische Führung verdienen.

Die Lust auf weniger ist der Anspruch auf mehr: mehr Freude, mehr Ernst. Steile Forderungen, gültige Versprechen.

probe im Rom des Vorfrühlings 2005 wird sicher zunächst wie ein Solitär in der Geschichte der reichen Völker stehenbleiben. Aber die Sklaven der Gier, die die Mehrzahl der Romreisenden stellten, haben sich und, so diese Augen und Ohren hätten, ihren Herrschenden bewiesen, daß sie eine bessere Führung verdienen. Sie haben den Papst nicht gefeiert wegen seiner Machtlosigkeit; sie haben die Zeit in Rom nicht als Auszeit von ihrer Konsumvita verstanden, sondern als »eigentliche« Zeit, in der eine andere Macht als die ihrer Staatsmänner und Marktpartner Regie führte. Die Stille der Besucher, gegen alle Prognosen der »Experten«, war die Rebellion gegen alles, was man denselben Menschen im Alltag unterstellt: kochende Stadien, tabuzertrümmernde Medienprogramme seien die Welt, die sie sich wünschen. Die stille Völkerversammlung in Rom war »*best practice*«, konkurrenzlos gelungen ohne Drill und ohne Spielregeln. Der Stil wurde vom Schwächsten diktiert, mit dem alle die stärksten Erfahrungen hatten.

Was daraus zu lernen wäre: Die Lust auf weniger ist, im geistigen Sinne, natürlich ein endlich durchgesetzter Anspruch auf »mehr«. Mehr vom Richtigen, mehr vom Dauerhaften, das trägt, statt dumpf zu sättigen. Mehr Ernst und weniger seichter Spaß – genau das also, was Medienmacher so gern bestreiten. Mit dem Bescheidenen, von dem es im Testament lapidar heißt, »er hinterläßt keinerlei Eigentum«, wurde jeder respektvoll bescheiden. Wie lange das währt, ist eine Frage an die Führung, der sich kaum ein Politiker stellt. Die wichtigste Nachricht lautet: Erfolgsgier führt zur Unterforderung der Bürger. Wer die steilste Forderung liefert, unerbittliche Lehre plus unerschütterliche Positionsmeldung, der führt alle zusammen. Wiedererkennbarkeit, von der die Firmen reden, hat dieser Papst praktiziert wie kein weltlicher Machthaber. Ob man sich, in Wirtschaft und Politik, davon nicht doch ein wenig mehr leisten könnte, ist die Frage, die bleibt.

Endlich ankommen: nicht mehr im Land der verpaßten, sondern der passenden Gelegenheiten. Falsch verbrachte Stunden werden seltener.

Die ›*Me too*‹-Gesellschaft ist ein Leistungskiller und Zukunftsfresser. Wenn immer alle machen, was alle machen, und immer alle sind, wo alle sind, dann stirbt die Innovation. Wo Abweichung nicht mehr belohnt wird, wandern die abweichenden Köpfe aus.

Die Lust auf weniger ist Lust auf Abstand. Es ist der Abstand des Beobachters, des Spähers, des Freien.

Nicht weniger Lust, aber Lust auf weniger. Konsumterror: Wer waren die Terroristen? Wir alle.

Der atemlose Konsum verschluckt den Genuß gleich mit.

Man muß die Regeln verletzen, um dranzukommen: an die riesengroßen Augenblicke. Sterne im Laub. Federwolken. Die Amsel am Morgen.

Die Trainer der Begehrlichkeit haben auf unsere Schwächen gesetzt. Die Lust auf weniger ist die längst fällige Rebellion unserer Stärken. Geiz gegen Gier: Das war gleiches Kaliber. Laster gegen Laster.

Aber die Genesung der Wohlstandskranken schreitet fort. Das metaphysische ›Mehr‹, das im Frühjahr 2005 Millionen Menschen nach Rom lockte, war kein Konsumversprechen. Für unzählige Reisende war es nur durch Konsumverzicht erreichbar.

Die Lust auf weniger ist, im geistigen Sinne, ein endlich durchgesetzter Anspruch auf mehr. Mehr Glaubwürdigkeit, mehr Verläßlichkeit. Mehr Achtung, mehr Würde, mehr Stolz. Mehr Verbundenheit. Ohne alles dieses können wir die Zukunft nicht gewinnen.

Mitfühlende Anbieter spielen im Team mit den Beutetieren von gestern

Nach der Gier kam der Geiz. Geiz war der Racheakt der Konsumenten für den Entzug der Zuwendung seitens der Politik. Ein Laster provoziert das nächste – Gier provoziert Geiz. Der Teufel wird ausgetrieben durch Beelzebub, sagt das Sprichwort. Der Geiz traf gleich beide Feinde, die Wirtschaft und die Politik. Er traf vor allem die Stimmung der als ›Verbraucher‹ gedemütigten Menschen im Markt. Um starke Gefühle auszutreiben, braucht es starke Gefühle. Sucht gegen Sucht, Geiz gegen Gier. Die aggressive Grundstimmung konnte so gehalten werden, der Absturz abgefedert. Genugtuung, ja Schadenfreude begleitete den Verweigerungsaufstand der Kunden. Gestern noch verläßlich in der antrainierten Begehrlichkeit, gehorsam unersättlich, liefen sie nun mit zugenähten Taschen durch die Shops. Mit ihnen war plötzlich nicht mehr zu rechnen.

Die zornige Enttäuschung der Betreuer von ehedem fiel noch einmal als Selbstentlarvung aus: »Konsumiert«, rief der Kanzler in den Markt, während seine Minister unter seinem Kommando den Bürgern die Geldbörsen leerten. Ein dreister Belagerer, der Vormund von gestern. Die Geizattacke war kein verabredeter Aufstand. Sie war der marktfüllende Ausdruck einer Stimmung, die alle erfaßte, die jetzt erst ihre Opferrolle im Zirkus der Gier begriffen. Einmal mächtig sein wie nie, einmal zeigen, wer der Souverän im Markt ist – nur ein einziges Mal brutal beweisen, daß ohne die Folgsamkeit der Kunden kein Hersteller und kein Händler überleben kann. Einmal nicht der dumme Dackel sein, den die marktbeherrschenden Anbieter an der Leine führen, sondern umgekehrt: Der Kunde führt die stolzen Herren seiner Süchte an der kurzen Leine.

Und das bleibt nicht folgenlos. Bald bestimmt er die Preise, die ihm eben noch diktiert wurden. Schon heute ist die Macht des Kunden, verglichen mit gestern, ins Unermeßliche gewachsen. Siebzig Prozent Nachlässe finden sein geneigtes Interesse; ob er kauft, hängt von seiner Stimmung ab. Das Geiztraining hat ihm eine unschätzbare Entdeckung beschert: Er braucht längst nicht alles, was er früher haben mußte. Die Bestrafung seiner Verführer von gestern hat ihn gelassener gemacht. Die Hektik ist weg, Prestige-Bedürfnisse ordnen sich neu auf einer höheren Ebene. Doppelt schmerzlich für die Jäger im Markt: Wer gestern leichte Beute war, ist heute mit neuer Immunität unterwegs. Er unterläuft die Standards, experimentiert mit Billig-Labels, die sein Selbstbewußtsein doppelt so gut bedienen wie die Prestigelieferanten aus den oberen Etagen, die er gestern brauchte, um sich trendkonform zu fühlen. Nach seinem Verweigerungsfeldzug weiß er: Er ist noch mächtiger, als er dachte. Jetzt mischt er die Rangfolge der Marken auf, straft Spitzenlabels mit letzten Plätzen ab und kauft stapelweise unspektakuläre Baumwoll-T-Shirts in Läden, die er früher nie betreten hätte. Nicht aus Not und längst nicht mehr aus Geiz, sondern aus neugewonnenem Selbstbewußtsein. Er muß es nicht mehr kaufen, das Selbstbewußtsein. Der Sklave ist frei.

Auf einen ›Verbraucher‹, Raffer, Schlucker und Fresser wird man ihn nicht mehr so leicht reduzieren können. Nur am Rande spielt dabei sein schmaleres Budget eine Rolle. Auch dies lernt er soeben als Entlastung zu empfinden. Sein neuer Hang zur Dürftigkeit macht das begehrende Wesen früherer Jahre zum schwierigen Fall für seine Verführer. Die Sensibelsten von ihnen haben aber die Spur schon aufgenommen. Sie werden zu Mitgestaltern einer neuen Konsumentenvita, die mit weniger Hektik und mehr Vernunft beginnt. Nachdem sie ihre Macht zurückgeholt haben, entwickeln die Menschen im Markt genau das, was ihnen die Rundumbetreuer aus der Politik plötzlich entzogen haben: Fürsorglichkeit für sich selbst. Jetzt kümmere ich mich selbst darum, daß es mir gutgeht, sagt der gewandelte Konsument. Und trifft Maßnahmen, die seine Verfolger überraschen und herausfordern.

Er geht besser mit sich um. Seine Marktpartner, die von seiner Konsumlust gelebt haben, möchten diese Bobachtung nicht spontan teilen. Wer als erster begreift, wohin die Selbsttherapie der Gierigen von gestern führt, der macht jetzt – gute Geschäfte. Und diese ›mitfühlenden‹ Anbieter gibt es natürlich. Sie spielen im Team mit den geläuterten Beutetieren von gestern. Die neue Romantik der Dürftigkeit durchtränkt bald alle Lebensbereiche. Essen und Trinken, Bewegung und Mode, Business und Reisen – alles atmet einen neuen, asketischen Charme.

Wer Kunden unersättlich mag, der braucht noch Zeit, um die neue augenzwinkernde Partnerschaft zu akzeptieren. Der

Konsumtigerhalter von gestern, dem die Raubtiere von der Leine gelaufen sind, sieht nur kleinliche

kragen durch seine Läden streifen. Sie schnüffeln, kaufen aber nicht. Es sei denn, man hätte die neue Klarheit bereits an Bord. Vor allem in den Köpfen der Angestellten. Die müssen eine neue Melodie lernen, mit dem Refrain: ›Brauche ich das eigentlich? Nein!‹ Wer diesem Selbstgespräch einer Kundin nicht zustimmt, hat schon verloren. Die Kundin braucht etwas unterhalb ihres bisherigen Standards, etwas bestrickend Sparsames, vielleicht ein Retro-Stück, das in die siebziger Jahre zurückführt, von denen vor allem die später Geborenen eine sehr klare, sehr positive Vorstellung haben. Was man jetzt kauft, muß nicht primär gut **sein,** sondern **guttun.**

Produkteigenschaften sind out. Was das Produkt bei diesem, nicht bei einem anderen Käufer bewirkt, das entscheidet. Damit haben die Kunden selbst einen Weg aus der Gleichschaltung gefunden, den ihnen kein Hersteller oder Händler gezeigt hat: Sie stellen ihren Umgang mit der Ware in den Vordergrund. »Egal, ob Sie mit diesem Auto fahren wollen: Es eignet sich auch dafür! Aber machen Sie damit, was Sie wollen – Sie entscheiden.« Solche Werbetexte kann man heute wagen. Sie bestätigen dem Kunden seine Souveränität. Längst haben wir begonnen, uns die Alltagsprodukte auf verschiedenen Preisniveaus zusammenzukaufen. Länger schon genießen wir das spezielle Vergnügen, im Coffeeshop drei Ecken von unserem früheren Kaffee-Mekka entfernt, den ausgesprochen exotischen Geschmack einer Kaffeesorte zu inhalieren, die zwanzig Cent weniger kostet als die ›Premium‹-Marke gleich neben dem Büro. Viele sind inzwischen hier, die früher drüben waren. Manche pendeln, Virtuosen wechselnder Reize. Wir freuen uns derweil auf den Wechsel zurück, der die Geschmacksnerven neu stimulieren wird.

Keiner diktiert uns mehr Menüfolgen, niemand drängt uns ein Package auf, wo wir nur ein Stück statt drei wollen. Der Kunde räumt auf, und seine Konsequenz verlangt Gehorsam.

Mit Geiz hat diese neue Lust auf weniger nichts zu tun. Die neue Position der Stärke, mit der wir als Kunden unterwegs sind, hat vorher niemand beschrieben; daher buchstabieren

Entdeckungen jenseits der Gier: das neue Selbstbewußtsein.

Als Kunde ist der Bürger nun noch mächtiger, als er dachte. Der Konsumsklave von gestern ist frei.

Nie mehr wird man ihn auf den Schlucker, Fresser und Raffer reduzieren können. Endlich hat er selbst die Chance, besser mit sich umzugehen.

Der Kunde räumt auf, und seine Konsequenz zwingt die Verführer von gestern als Betreuer an seine Seite.

Beobachter und Anbieter sie mit gemischten Gefühlen. Befremdet die einen, alarmiert die andern. Aber die neuen Mitspieler im innovativen Spiel sind bereits an der Seite des Kunden. Marktführer von morgen werden sie sein, in der Welt der neuen Genüsse. Hier wird belohnt werden, wer früh genug versteht, daß die Geizphase nur ein Übergang ist. Ressentiments bei Händlern und Herstellern aus dieser Zeit der Verweigerung sind die Feinde des neuen Bündnisses, das nun geschlossen werden muß.

Der Kunde führt. Er ist mit seinem Wohl beschäftigt, das er neu beschreibt: nicht mehr als aufmerksamer Schüler der Überredungskünste, die aus allen Supermarktregalen in sein Gehirn drängen und jedes eigene Konzept zuschaufeln, sondern als Souverän, der endlich genau weiß, was gut für ihn ist: weniger vom Alten, mehr vom Neuen. Seine Auswahl in den Supermärkten wird dadurch erleichtert, daß es immer noch viel mehr vom Alten gibt. Er blendet aus, er hat so vieles endlich und blitzschnell verstanden, weil er aus einem Wechselbad kommt: Die Jahre als Konsumsklave in den Ketten der Gier waren ja nicht frei von Zweifeln; aber die Ohnmacht war stärker – wie die eines Kindes, das mit ständig vollen Backen nicht mehr sagen kann: genug! Dann die plötzliche Verlassenheit, als gleich beide Autoritäten des Schlaraffenlebens, Politik und Wirtschaft, die streichelnde Hand zurückzogen. Ein Abgrund tat sich auf; statt Zuspruch gab es nur noch Drohungen. Die beiden Betreuer zerstritten sich und beschuldigten sich gegenseitig; das steigerte die Angst, mit weniger Spielraum und geringer Übung im Selbertun aus dem Überfluß in den Mangel gestoßen zu werden. Was Betrachter von außen ›Geiz‹ nannten, war die panische Revanche von Menschen, die sich geprellt fühlten. Wieder Streß, wieder viele negative Gefühle. Der Zorn, schon wieder unter dem eigenen Wert behandelt zu werden, jedenfalls schon wieder behandelt statt freigesetzt zum Handeln, dieser Zorn stieß die Tür auf, durch die zunächst die willensstarken Kunden hinausströmen, die keine Lust mehr haben, Opfer zu sein.

Die hellhörigsten Produzenten sind schon an ihrer Seite. Während besorgte Armutsdebatten die Republik in Atem hal-

Der Kunde als Souverän: Es herrscht der gewandelte Konsument. Die hellhörigsten Produzenten sind schon an seiner Seite.

Die Umwertung aller Werte der Konsumkultur ist das gemeinsame Projekt. ›Arm‹ und ›reduziert‹ sind die Zauberworte der neuen Nahrungswelt. Gesundheit, Schönheit und Kennerschaft sind die neuen Konsumziele.

Der Hang zur Dürftigkeit beflügelt neue Partnerschaften: Weniger für mehr heißt die Formel, die sensible Gewissen mit satten Profiten zusammenbringt.

ten, entwickelt das Stichwort ›arm‹ in der Produktwelt einen Charme, der die Marketing-Gurus aller großen Nahrungsmittelproduzenten um den Schlaf bringen müßte. Es ist nichts weniger als eine Umwertung der Werte der Konsumkultur, was sich da anbahnt. Werbung im Lande der Gier folgte dem Reichtumsmuster: Produkte mußten ›reich an‹ was auch immer sein, aber auf jeden Fall reich, nicht arm. Der Kunde war dressiert aufs ›Mehr‹, und genau das wurde ihm zugesagt. Mehr für weniger, mehr Produkt für weniger Geld. Geläutert drängt er nun seine Anbieter, sein neues Selbstkonzept zu bedienen: weniger für mehr. Arm an Fett, arm an Kalorien müssen die Produkte sein, die ihn faszinieren. Für dieses Weniger zahlt er ohne Zögern mehr. Ob weniger Fett, weniger Chemie, weniger Kalorien auch den Hersteller weniger kosten, fragt der Kunde nicht. Er hat nämlich ein neues Motiv in sein Genußkonzept aufgenommen, und das heißt ›Gesundheit‹.

Nicht, weil sie den notleidenden Großkonzern ›Gesundheit‹ sanieren wollen, präsentieren die ›Verbraucher‹ von früher diese neue Mischung von Kaufmotiven, sondern weil sie die Regie über ihr eigenes Leben übernommen haben, die den öffentlichen Regisseuren entglitten ist. Es wird sich aber zeigen, daß hier tatsächlich dieser Effekt entsteht – Ernährung und Bewegung, beides Schlüsselgrößen für Gesundheit, sind zu Genußzonen eines Vortrupps von Menschen geworden, die das Leben unter der Regie von verfehlter Politik und suchtfördernden Anreizen der Vermarkter für gescheitert halten.

Schon heftet sich Prestige, also positive Geltung und Aufmerksamkeit, an den neuen Stil des Umgangs mit Ernährung. Wer die Geschichte der Verführung zur Gier am eigenen Leibe herumträgt, hat ein zusätzliches, starkes Motiv, sich für die neue Selbstbehauptung im Konsumalltag zu entscheiden.

Immer mehr Menschen erleben, wie überlegen das neue Weniger dem alten Mehr ist, das obendrein so eindimensional materiell dominiert war. ›Nimm weniger‹ löst das alte Begehrlichkeitsmuster ›Nimm zwei‹ ab, das der Anbieter sicher längst revidieren möchte. Niemand aus der neuen Lust-auf-weniger-Community beschwert sich, daß Wasser inzwischen auch preislich auf ihre exklusiven Wünsche reagiert und sich vor den

Wein schiebt. Es kostet ein bißchen mehr, besser mit sich umzugehen. Es kostet mehr, an den alten Fleischtöpfen vorüberzugehen und die Genüsse aufzusuchen, die keine Reue brauchen. Positive Gefühle, ein reines Gewissen und eine früher nie gekannte Fitness sind der Lohn. Hätten wir feinfühlige Meßgeräte, so könnten wir bald auch die steigende Qualität der Lösungen messen, die diese klaren Köpfe produzieren.

Zur neuen Präzision bei Nahrungsmitteln tritt in der »*New leadership*«-Gruppe das Vergnügen, Gesundheit und Schönheit nicht mehr zähneknirschend zu Höchstpreisen in Kultshops des Gier-Zeitalters einzukaufen. Apothekenkosmetik boomt. Das komplette Konzept der Lust auf weniger umfaßt nahezu alle Branchen, die den Kunden als gefügigen Sklaven ihrer Zumutungen kannten – und ihn nun schnellstens neu kennenlernen sollten. Niemand wird Not leiden im Markt der im Weniger schwelgenden Kunden – außer jenen, die immer noch nach dem gierigen Raffer suchen. Selbst Krümelmonster hat sich umgestellt: Sein langgezogener Suchtschrei ›Keeekse‹, der schon die heute Vierzigjährigen amüsierte, wurde zusammen mit den ungesunden Keksen entsorgt. Krümelmonster knabbert jetzt Mohrrüben. Vielleicht nur in Deutschland, denn im Mutterland der ›Sesamstraße‹, den USA, würde das Monster, auch zur Freude der Kinder, sicher lieber zur Carb-Smart-Eiscreme greifen, kohlehydratreduziert, wie es noch ziemlich linkisch heißt, bis ein schickes Marketing-Kürzel gefunden ist. Die Eiscreme der Firma Breyer's schwimmt mit in einem gewaltigen neuen Mainstream von Produkten für die Welt der Weniger-Liebhaber. 137 Millionen US-Dollar spielte diese wunderbare Erfindung in den ersten zwölf Monaten ein.

»Essen, als äße man nicht«, das ist für die globale Community der Übergewichtigen die unwiderstehliche Botschaft. In den USA, wo inzwischen achtzig Prozent der Bevölkerung mit Übergewicht unterwegs sind, ist ein geradezu stürmisches Interesse an kalorienarmen Nahrungsmitteln ausgebrochen. Die Begeisterung gilt vor allem jenen ›unwiderstehlichen‹ Produkten, deren fettsüßen Vorläufern viele Fettleibige ihren Zustand verdanken: süßen Limonaden und eben jenem Marktsieger, der Eiscreme von Carb Smart.

Der Umstieg der Gierigen in den Geiz erzürnte die Politik.
Sie hat bis heute die Enttäuschung ihrer überbetreuten und nun ausgeraubten Bürger nicht begriffen.

Was die fröstelnden Verstoßenen inszenieren, ist die Rache des Konsumenten. Endlich zeigt er seine Macht. Er führt die einst stolzen Herren seiner Süchte an der kurzen Leine. Ihm gehört die Macht im Markt. Auf einen ›Verbraucher‹, Raffer, Schlucker und Fresser wird man ihn nie mehr reduzieren können.

Sein neuer Hang zur Dürftigkeit macht das begehrende Wesen von gestern zum schwierigen Fall für seine Verführer.

Und schon entstehen augenzwinkernd neue Partnerschaften. Wer begreift, daß es gar nicht mehr um Produkte geht, sondern nur noch um Kundensouveränität, der schließt jetzt neue Bündnisse mit exzentrischen Vagabunden im Markt.

Der Kunde führt. Er ist mit seinem Wohl beschäftigt, das er neu beschreibt: weniger vom Alten, mehr vom Neuen. Während die ganze Republik über neue Armut diskutiert, entwickelte das Armuts-Label in der Produktwelt einen Charme, der nicht weniger verspricht als die Umwertung aller Werte der Konsumkultur. Nicht mehr ›reich‹, sondern ›arm‹ müssen die Produkte sein, die der geläuterte Kunde einpackt. ›Kalorienarm‹ beladen, verläßt er den Supermarkt. Meist zahlt er für diese ›reduzierte‹ Kost ein bißchen mehr.

Und schon sind die Anbieter an seiner Seite, die verstanden haben. Sie machen steigende Umsätze und satte Profite, weil sie die neue Lust zum Weniger als erste verstanden haben. Eine übergewichtige Gesellschaft wirft den Wohlstandsballast ab. Sie verschiebt ihre Konsumlust auf ›magere‹ Felder und ist damit ihren Stichwortgebern von gestern weit voraus.

Der Himmel hinter der Ware: Die neue Kultur der Wünsche

Wer den nicht mehr kontrollierbaren Appetit bedient, ohne die Eßsüchtigen anzuklagen, der wird mit Sympathie und Konsum belohnt: Endlich anerkannt zu sein mit den eigenen, ausufernden Vorlieben, ja mehr: Objekt der Fürsorge und Zuwendung zu werden bei Anbietern, die nicht Suchttherapie, sondern, ins Produkt gepackt, die Vollbremsung für die Suchtfolgen offerieren, das bringt Kundenbindung einer neuen Qualität. Nicht der Appell, weniger vom begehrten Süßfutter zu konsumieren, eine für Konsumkranke unerfüllbare Forderung, sondern das Angebot, die Produkte so zu kreieren, daß gleiche Mengen weniger Schaden anrichten, ist der Schlüssel zu einer neuen, tragfähigen Beziehung. Dieser Schachzug nützt allen: Herstellern, Händlern und Kunden. Auf Platz zwei der kometenhaft nach oben geschossenen ›Weniger‹-Marken sprang in den USA die Limonade Pepsi Vanilla (125 Mio. Dollar in 12 Monaten), dicht gefolgt von Diät Coke mit Limonengeschmack (119 Mio. US-Dollar).

Das ›Weniger‹ für Abhängige, die ihr Eßverhalten nicht ändern können, wandert in die Angebote. Süß schmeckt's noch immer, die Glückshormone liefern jene Zufriedenheit, die der auf ›süß‹ gepolte Konsument sucht. Aber ihre Botschaft ist nicht mehr trügerisch; sie täuschen ihn nicht mehr über die Folgen seiner Genüsse. Das steigert das Vergnügen – und vielleicht auch die konsumierte Menge der ›folgenlosen‹ Snacks und Drinks. Was als Therapie daherkommt, könnte also am Ende allein den Produzenten und ihren Händlern mehr Profit bringen – den Konsumkranken dagegen nur eine neue Selbsttäuschung.

Die Gefahr bleibt überschaubar, wenn der Trend, den Ernährungsforscher erkennen, immer mehr Produkte erfaßt. ›Weniger schlechtes Fett und mehr Ballaststoffe‹ gelten als die Erfolgsrezeptur für morgen. Heute schon quellen die Regale über von Produkten, die genau dieses Signal an den Kunden geben: besseres – pflanzliches – Fett, weniger Fett, das sich mit verlockenden Ziffern empfiehlt, nullkommaeins, nullkommazwei heißen hier die Versprechen, bei denen das Herz der Konsum-Asketen höher schlägt. So besorgt sie ähnliche Zahlen für die deutsche Konjunktur in den Zeitungen lesen: Hier sind sie pure frohe Botschaft. Nahe an Null soll alles gehen, was die Kriegseltern noch als nützliche Reserve für Notzeiten priesen: eine moderate Fettschicht auf den Rippen, ein wärmendes Polster auf dem Bauch. Wir, die Bewohner jener neuen Notzeit am Anfang des dritten Jahrtausends, bearbeiten unseren Wohlstandsschaden mit ganz anderen Rezepten: weniger von allem, was uns die Regie über die eigenen Bedürfnisse aus der Hand nimmt, also weniger Gier. Und mehr von allem, was der immobile Berufsalltag der Kopfarbeiter ausblendet – Bewegung, körperliche Belastung.*

Europa darf eine Verstärkung des Trends zu ›armen‹ Nahrungsmitteln erwarten, weil die Großen, Unilever, Procter & Gamble, den amerikanischen Boom in die europäischen Bedürfnisse einspielen werden. Die Marktforscher in den USA – für Europa gibt es solche Studien einstweilen nicht – sehen den Verbraucher selbst als Trendsetter; seine Forderungen seien es, denen die Nahrungsmittelhersteller gehorchen. Jedenfalls sorgen die Konsumenten für eine neue Harmonie der Konsum-Motive, denen sich verschiedene Branchen eifrig fügen: Nahrung, Schönheit und Gesundheit, Bewegung und Fitness gehören für immer mehr Kunden zusammen. Was man kauft, muß zu allen diesen Zielen passen; Widersprüche – wenn ich dies kaufe, weil mich ein Konsumversprechen lockt, dann schade ich einem andern meiner Ziele – werden nicht mehr, wie im Wohlstandssog üblich, ausgeblendet.

So werden die Anbieter zu einer Verwischung der Grenzen ermuntert, die Drogerie und Apotheke, Supermarkt und *Fashion* zu einer Abstimmung ihrer Angebote auffordern. Das ›Weniger‹ meint in erster Linie weniger vom Überflüssigen, und das bedeutet: weniger Fehlentscheidungen. Flops bei Einkäufen gehören nicht mehr ins Konzept; wo man früher die Schultern zuckte, würde man sich heute eine Entgleisung nicht verzeihen. Also findet sie nicht statt.

Natürlich wußten wir das schon eine Weile: daß wir als Kunden etwas suchen, was ›hinter der Ware‹ liegt, was sie übertrifft und spiritualisiert. Wir möchten über den materiellen Erwerb in immaterielle Zonen vorstoßen, wo nicht mehr der vordergründige Konsum oder Besitzerstolz zählt, sondern die Befreiung vom Sog der Waren. Luxus, so begreifen immer mehr wählerische Menschen, hat mit dem Einsatz materieller Mittel nur

---

* Siehe dazu Kapitel »Geh gut mit dir um«, S. 235.

am Rande zu tun. Die Luxussegmente der spezialisierten Konzerne laufen störungsfrei, so hört man regelmäßig, obwohl auch dort Verwerfungen für Unruhe sorgen, weil die guruartigen Leitfiguren viel häufiger die Plätze wechseln als ehedem. Die Lust auf weniger schafft eine neue Kultur der Wünsche, in der als ›Luxus‹ auch das Weglassen aller Statusmerkmale auftauchen kann, die man noch gestern unter den zwingenden ›*Musts*‹ verbucht hat. Nicht weil der ›ärmer‹ werdende Marktbewohner sich von den hochklassigen Designern von Lebensstil abgewandt hätte, sondern weil er begonnen hat, sie produktunabhängig zu studieren, leistet er sich eine Anpassung seiner Lebensphilosophie an Botschaften, die früher niemand für sich zu reklamieren wagte, der nicht in der Welt der unermeßlich Reichen – oder in der Welt der absolut Bedürfnislosen – lebte. Für die unermeßlich Reichen, so dachte man im Zeitalter der Gier, ist es leicht, die Romantik der Dürftigkeit zu pflegen – um jederzeit zu den goldenen Bechern mit Champagner zurückzukehren. Heute wissen die Pioniere der Lust auf weniger, daß es im Reichtum viel schwerer ist, in den Weltraum hinter den Waren vorzustoßen, wo kein Produkt mehr den Himmel verstellt. Der Himmel? Ja, sagt ein ›Erlöster‹ aus den Gärten der Gier, der Himmel, das sind meine eigenen, freifliegenden Gedanken, die ich nirgends kaufe und nie verkaufen werde. Das sind meine Gefühle, aus denen endlich die marktüblichen Bilder ausgetrieben wurden und in denen die Bilder meiner Kindheit, die Träume meines Lebens wieder auftauchen. Weniger Dutzendware fürs Fühlen und Denken, das ist die neue Dimension, die immer mehr Menschen entdecken.

Wer als Anbieter an dieser Welt der Bedürfnisse nach weniger Ballast mitwirken möchte, der muß die ›offenen Stellen‹ in seinen Produkten pflegen, wo der Kunde seine Spur zeichnen kann. Verhindert, daß der Kunde endgültig im Produkt ›landet‹, muß man den Herstellern und Händlern zurufen. Schafft Raum für Erlebnisse, die der Kunde einblenden möchte – und noch wichtiger: Liefert ›Produktüberschreitung‹ durch Mythen! Geht als Produktfreaks ruhig davon aus, daß zugespitzt der Satz gilt: Weniger Produkt bitte; Produkte stören.

Dafür mehr Anlaß zu Mythen und persönlicher Überschreitung. Das Produkt als Durchlaß zum Wesentlichen. Was man früher ›Produktnutzen‹ nannte, das wird erneut überschritten in eine Richtung, die mit ›Mythos‹ deshalb zutreffend beschrieben ist, weil er das Verlangen nach Verklärung der Alltagswelt stillt.

Im Wohlstandsstreß war kein Raum für diese Verklärung. Da Menschen nur als Kunden interessant waren, galt ein ganz anderer Versuch – die Ware als Lösung darzustellen, hinter der nichts mehr zum Vorschein kommt. So konnte es gelingen, Menschen an den Konsum zu fesseln. Sie konsumierten süchtig, weil sie von einem Kauf zum andern weitersuchten nach etwas, was ihnen niemand versprach, was sie aber nie entbehren wollen: den Raum hinter der Ware, wo das Begehren schweigt, weil sich der Himmel eigener Träume und Gedanken auftut. Gefesselt an die Produktwelt, haben viele Menschen nur die schattenhafte Erinnerung an diese Welt gerettet, in der alles möglich erscheint, was die Tempelwächter der Gier verschweigen. Erst nach dem Wohlstand konnten wir diese neue Welt betreten, in der die Waren ungestört auf Werte zeigen, die ihren Materialwert weit überschreiten. Der Glanz dieser Werte fällt im besten Falle auf die Waren zurück und veredelt sie. So sehen Kaufanlässe in der Welt des Weniger aus.

›Wohlstand‹ nicht mehr als Gefängnis zwischen Warenbergen, sondern als wohlgelungene Balance von psychischem Wohlbefinden, emotionaler Fitness und materiellem Komfort: In dieser neuen Welt dürfen Produkte sich nicht mehr auf materielle Merkmale beschränken. Wenn sie tatsächlich durch Mythentransfer Wettbewerbsvorteile erreichen, dann fallen Profite des Anbieters und kühne Visionen des neu aufgestellten Kunden ideal zusammen. Das wäre, immerhin, die Erfüllung eines schönen Traums, den die unbelehrbaren Idealisten in dieser Gesellschaft seit Jahrzehnten träumen.

Einer der mächtigsten Mythen unserer Wohlstandsgeschichte ist die Marlboro-Story, die von allem erzählt, was Menschen wehmütig-glücklich und sehnsüchtig macht: wilde, unberührte Landschaft, das Bündnis mit der Kreatur, Abend- und

Endlich öffnet er sich wieder: der Himmel hinter der Ware.

Der Kunde als begehrendes Wesen ist ein Opfer von gestern, das als Täter seine Gunst neu verteilt: an Partner, die bei der Genesung helfen.

Der Nahrungsmittelkonzern wird zum Sucht-Therapeuten. Kundenbindung wird zur Wissenspartnerschaft. Nahrungsmittel müssen sich medizinisch ausweisen.

Der ›Verbraucher‹ von gestern wird zum Trendsetter: Er möchte mehr als nur Produkte. Seine Lust auf weniger schafft neue Statusmerkmale: ›Wohlstand neu‹ ist das Unterlaufen und Überfliegen der alten Standards. Nie mehr Punktlandung im Produkt! Weiter fliegen, klüger konsumieren.

Morgensonne, Flußläufe, Berge im Dunst, Weite und das ungezähmte Versprechen auf Abenteuer, die zusammenschweißen. – Ein Mythos, zu dem bis heute das passende Produkt fehlt. Denn alle diese Botschaften stammen eben nicht aus der Zwangswelt der Süchtigen, die den starken Duft dieser betörenden Landschaften schon gar nicht mehr schmecken können. Der Marlboro-Mythos muß deshalb so unwiderstehliche Sehnsuchtsbilder einsetzen, um den Schrecken zu vertreiben, der uns bei dem dramatischen Mißverhältnis zwischen Warenversprechen und Suchtschicksal überfällt.

Mythen können Produkte verstecken – unschädlich machen können sie sie nicht.

Mythen verklären nicht nur; sie fassen zusammen, was wir über uns wissen und was uns hilft, in ähnlichen Lagen alte Muster wiederzuerkennen. Mythen können uns helfen, Entscheidungen richtig zu treffen, die uns nie gelingen würden, wenn wir ›nur‹ verstrickt wären in der vermeintlichen Erstmaligkeit unserer Lage.

Wegen dieser grundsätzlichen Bedeutung greift jeder, der unsern Verstand besiegen und unser Herz gewinnen will, nach Mythen. Die Welt der Verführung und der Bedarfswekkung über den Bedarf hinaus, aus der wir uns soeben befreien, hat uns mit allen Mythen unserer Geschichte in ihren Bann gezogen: Groß hilft Klein; Klein muß sich nur anvertrauen; ergreife den Augenblick, er ist flüchtig; genieße jetzt, später könnte dich jemand daran hindern; suche deinen Vorteil, ehe er der Vorteil eines andern wird; bleibe wachsam gegenüber allen Versprechungen – außer den unsrigen. Das ist nicht nur die Welt der mythisch verdichteten Daseinserfahrung, es ist, so weiß der Wohlstandsgeschädigte, die Welt der Werbung. Werbung arbeitet mit Anklängen an das, was wir schon wußten, um uns ein Vorsprungserlebnis – ›Wußt ich doch!‹ – zu bescheren, und sie dreht, was wir wissen, spielend um, ohne daß wir Widerstand leisten. Liebe deinen Nächsten nur ein wenig, ruft sie uns zu, vergiss dich selbst nicht dabei. Laß nicht andere ran, wenn es um deinen Vorteil geht. Verschwende deine Kraft nicht an Schwache, du wirst selbst schwach dabei. Setz dich durch; jeder muß sich um sich selbst kümmern. –

Endlich kommen die Mythen wieder. Liefern Sie Produktüberschreitung durch Mythen! Das Produkt wird der Durchlaß zum Wesentlichen.

Mythen im Markt: Was das Wohlstandsmarketing ›Produktnutzen‹ nannte, hat seine metaphysische Dimension im Produktmythos. Er stillt das Verlangen nach Verklärung der Alltagswelt.

Wohlstand ist nicht mehr Gefängnis im Warenlager, sondern wird zum transparenten Freiheitsraum für Wünsche und Träume, die weit über die Ware hinausreichen.

Mehr Odysseus und mehr Franz von Assisi, mehr Orpheus: Der Kunde möchte endlich wieder überschätzt werden.

Alle diese Appelle schmeicheln nicht unserem besseren, sondern unserem schlechteren Ich. Sie schüren unsere Eitelkeit und Eigensucht; sie preisen den Egoismus, den wir als Versuchung in Schach halten wollten.

Die Mythen der Konsumgesellschaft stimulieren unsere Schwächen statt unserer Stärken. Nachdem wir den Garten der Begehrlichkeiten verlassen haben, werden unsere Sinne wieder sicherer: Nun fallen uns die überlegenen Mythen wieder ein, die beim Kampf mit Verlockungen und Irrtümern ermutigende Beispiele liefern: Odysseus auf den Weltmeeren, der sich nach den Sternen des Himmels richtet. Odysseus, der sich nicht zur Überschätzung seiner Stärke hinreißen läßt, der die Verantwortung für seine Kameraden nie aus den Augen verliert; ein Abenteurer und Suchender wie jeder von uns, freilich einer, der herausragt, deshalb kennen wir seine Geschichte. Die Vitalität solcher Mythen zeigt, daß Menschen große Geschichten brauchen, um Halt zu finden. Daß sie Überlegenheit wünschen, um zu bewundern und Mut zu fassen; daß sie dem durch Entschlossenheit Überlegenen nicht mit Neid, sondern mit Loyalität begegnen, wenn man sie selbst entscheiden läßt.

Nachdem wir die Wohlstandserkrankung mit ihren Folgen Gier, Geiz und Neid überstanden haben, werden wir wieder frei sein für Loyalität gegenüber den Überlegenen, die herausragen und, für viele sichtbar, Lust auf Zuordnung und entschlossene Gestaltung machen. Wir können uns nicht mehr mit der Opferrolle entschuldigen, wenn wir frei sind. Wir können uns nicht mehr in Ressentiments retten, weil die Qualität der Führungsgruppen davon keine Impulse erhält. Was aus uns wird, ist unsere Sache. Wir können uns auch nicht mehr hinter Demokratieritualen verstecken, die immer Drittklassige auf die ersten Plätze bringen. Wir müssen die ›schlanken‹ Konsumideale, die wir entwickelt haben, auf die verfetteten Institutionen und Behörden übertragen: schlank heißt kostengünstig, schnell und transparent. Niemand von uns hat gar keinen Einfluß. Jeder, der etwas verstanden hat, fühlt, wie klein sein Radius ist. Würde aber jeder den seinigen ausfüllen, hätten wir ein anderes Deutschland. Heute schon. Schaffen wir es morgen?

Wer mit den Augen des Kunden hinschaut, hat schnell begriffen. Schon wandert das ›Weniger‹ ins Produkt; der Verführer von gestern betritt geläutert die Bühne, auf der seine Kunden ihr Weniger lustvoll zusammensuchen. Was gestern süß war, klingt noch heute süß, aber es liefert die süße Täuschung, die der süßgepolte Kunde braucht: Pepsi Vanilla und Diet Coke schmecken sogar noch süßer als früher, aber sie machen nicht mehr fett.

Die Konsumenten sorgen für eine neue Harmonie der Konsum-Motive, und die Anbieter fügen sich eifrig. Nahrung und Schönheit, Gesundheit, Bewegung und Fitness gehören zusammen, so lehrt der Kunde. Die Lust auf weniger schafft eine neue Kultur der Wünsche. Luxus fängt da an, wo man Statusmerkmale wegläßt.

Im Reichtum ist es sehr schwer, in die lockende Welt hinter den Waren vorzustoßen, das wissen die Kinder der Gier.

Wer mit seinen Produkten Erfolg haben will, muß die ›offenen Stellen‹ in den Produkten pflegen. Hier zeichnet der Kunde seine Spur. Für Anbieter heißt das: Liefert ›Produktüberschreitung‹ durch Mythen! Zugespitzt gilt: Weniger Produkt bitte; Produkte stören. Das Produkt ist nur der Durchlaß zum Wesentlichen. Wer diese Durchlässigkeit bietet, wird Bündnisse einer neuen Qualität mit seinen Kunden schließen.

Immuntraining: Weniger Streß

Die Lust auf weniger ist auch Lust auf weniger Streß. Streß, sagen die Psychiater, ist Kontrollverlust. Gier ist nichts anderes: Kontrollverlust. Und die *Community* der Gierigen, die ihren Appetit nicht mehr kontrollieren können, hat den Kontrollverlust zum Normalzustand erklärt. Die Begehrlichkeit als Grundmelodie liefert nicht Entspannung, sondern Streß. Konsumdruck ist nichts anderes als Freiheitsberaubung, diese Knechtschaft ist Streß.

Die Herzen der Gier-*Community* schlagen immer ein bisschen zu schnell; sie werden verschlissen von den Kopf-Kommandos der Unersättlichen, die den Markt zum Schlachtfeld erklärt haben. Hier gibt es nur Feinde, keine Wettbewerber. Wo Fairness gelten sollte, herrscht Feindseligkeit. Wenn solche Kopfprogramme das Herz der Gesellschaft verschleißen, sagen die Mediziner, dann lebt dieses Gemeinwesen im Dauerstreß.

Dauerstreß weckt Feindseligkeit; jeder ist für jeden ein Angreifer auf sein Wohlbefinden. Alle umklammern, was sie erreicht haben – und gegen alle andern verteidigen müssen. Loslassen ist lebensgefährlich, so die allgemeine Überzeugung. Alle sind sich in allem einig, was sie trennt. Ein Klima der angestrengten Abgrenzung macht die habgierige Gesellschaft zu einem so ungemütlichen Ort.

›Weniger Streß‹ ist der Wunsch, der alle verbindet – und den fast alle für unerfüllbar halten. Wer mitspielen will in der materialistischen Jagdgesellschaft, hat sich schon für Streß entschieden, sagen die streßerprobten Angestellten, die immer noch auf die Gratifikation für ihre Leidensbereitschaft warten – irgendwo weit hinten, am Ende des Tunnels. Männer sind gehorsamere Streßopfer als Frauen. Viele männerdominierte Meetings verlaufen wie Verabredungen zur Steigerung von Streß: zu früh am Morgen nach langen Nächten, mit maßlos gefüllter Tagesordnung, ebenso maßlosen Kalorienlieferungen in der hektischen Lunchpause, und natürlich mit *open end,* weil niemand ein Leben jenseits dieser Meetings hat. Diese Verabredungen zur Streßsteigerung werden als Rituale unter Helden erlebt; Schlafentzug und Bewegungsverbot, Verachtung aller natürlichen Bedürfnisse gehören ebenso dazu wie die Übermüdung nach Konferenzschluß, die Männer als sicheres Zeichen für den Sieg verstehen. Schwer gestreßt und hochzufrieden wie Folteropfer, die den Folterknechten die Arbeit abgenommen haben, verlassen sie den Kampfplatz. Ob der ritualisierte Streß den Gegenständen der Verhandlung genutzt hat, fragt niemand.

Lust auf weniger Streß: Es scheint gar nicht so einfach zu sein, sie bei denen zu wecken, die ihr Streßbudget selbst beschließen und wie eine Probe auf ihre Tapferkeit absolvieren.

Was die raubbaufreudigen Manager da vorführen, ist nichts anderes als eine spezielle Variante der Wohlstandserkrankung. So wird Streß zum selbstinszenierten Laster, dem man gar nicht mehr entkommen will, weil das Selbstwertgefühl sich an den Mißbrauch der eigenen körperlichen und geistigen Ressourcen heftet. Auch unter Politikern gilt der maßlose Umgang mit den eigenen Ressourcen als Qualitätsmerkmal. Man bestärkt sich gegenseitig bei der Selbstausbeutung und läßt keine Nachfrage zu, ob weniger Mißbrauch der Kraftreserven die Ergebnisse begünstigen würde.

Wer Aristoteles' oder Thomas von Aquins schlichte Forderungen für das Entscheidungsklima im Alltag liest, der findet dort nicht die Anweisung, ein Streßklima zu erzeugen, sondern den simplen Dreischritt: abwägen, urteilen, entscheiden. Streß schadet allem: dem Abwägen ebenso wie der Urteilsfindung wie auch der besonnenen Entscheidung. Wer weiterliest bei Aristoteles, der findet die Helfer der Alltagsklugheit, die allesamt keine Streßsklaven sind: Erfahrung und Einsicht, Offenheit für Ratschläge und Phantasie für die Folgenabschätzung, Umsicht und Vorsicht. Sie alle nehmen Schaden, wenn Streß den Takt angibt.

Die Streßregie übernehmen häufig diejenigen, die sich später als Opfer bezeichnen. Das verwundert uns nicht mehr, wenn wir verstehen, daß Streß alle Züge einer Sucht tragen kann – ein Privileg der führenden Schichten, wie die Beispiele zeigen.

Der Wunsch nach weniger Streß entspräche also einer Chance auf Heilung dieser Sucht, sich selbst und andere maßlos zu überfordern.

Nun versteht sich auch mühelos, daß vielen Spitzenpolitikern nicht nur ihr Arbeitsvolumen, sondern auch ihr leiblicher Umfang aus dem Ruder läuft. Die Ursache ist ein verhängnisvoller Irrtum: als seien Erfolg und Reputation von der Selbstbeschädigung abhängig. Als erwarteten Mandatsgeber und Öffentlichkeit eine öffentliche Selbstzerstörung von ihren Vertretern. Die wenigen gelasseneren Amtsträger sollten sich die Mühe machen, ihre Kollegen von diesem Irrtum zu befreien.

Im Business ist die Selbstbeschädigung limitiert durch verbindliche Idealbilder für die äußere Erscheinung, der die meisten Manager zu entsprechen versuchen: möglichst kein sichtbares Übergewicht und zumindest die Vortäuschung sportlicher Aktivitäten gehören dazu. Segensreich wäre eine Ausdehnung dieser ungeschriebenen Vorschrift auf die Kaste der Politiker – eben weil es sich dabei nicht nur um Äußerlichkeiten handelt, sondern um Gesundheitsfaktoren.

Weniger Streß: Das entschlossene Signal geht, wie so viele andere Vorspiele zur Innovation unserer Lebensmaximen, von den Jungen aus. Auch die Frauen könnten Beschleuniger sein; sie kämpfen aber noch mit dem Nachahmungsdruck, den mehr sie selbst als die Männer erzeugen: ›Geh schlecht mit dir um, wie die Männer, dann darfst du bei den Männern mitspielen.‹ Das ist schon deshalb kein Lieblingsgedanke der Männer, weil es Frauen sichtbar schlecht bekommt, wenn sie so übel mit sich umgehen, wie ehrgeizige Männer dies mit sich tun. Obendrein brauchen Männer die neuen Frauen, die bei ihnen mitmischen, als Korrektiv für ihren Hang zur Selbstausbeutung. Frauen dürfen gerade diese Spielregeln der männlichen Heldenvita ungestraft verletzen und verbessern: mehr frische Luft, ab und zu eine Pause, Abschied aus dem Meeting gegen Mitternacht, vitaminreiches *food* auf dem Lunchbuffet. Frauen dürfen noch mehr für die Streß-Erlösung der Männer tun, ohne einen Karriereschaden zu erleiden: ein leises freundliches Lächeln plazieren, wo sich die Debatte seit einer Stunde im Kreise dreht. Plötzlich hellen sich die Gesichter auf, die Wende ist geschafft.

Weniger Streß: Ist das wirklich ein gutes Ziel? Viele von uns glauben ja, daß die Atmosphäre von Folter und Mißbrauch, die Vernachlässigung der eigenen Bedürfnisse und der gewollte Dauerschmerz von Schlafentzug, Entspannungsverweigerung und konsequentem Festkrallen am Problem, dazu ein demütigendes Zeitkonzept – eben: das Laster Streß – den Überflieger machen, der mit seinen Streßkomplizen die Sterne abräumt, statt im Staub zu kriechen.

Was in dieser planvollen Zwangslage systematisch verfehlt wird, ist sozusagen dicht nebenan zu haben, wenn man ein paar, aber entscheidende Faktoren ändert.

Zu den Sternen fliegen: dafür muß man leicht sein. Leicht

Lust auf weniger: auch auf weniger Streß. Streß ist Kontrollverlust.

Die *Community* der Gierigen erklärt Streß zum Normalzustand. Die Herzen der Gier-*Community* schlagen immer ein bißchen zu schnell.

Männer sind gehorsamere Streß-Opfer als Frauen. Rituale zur Streß-Steigerung: Verabredungen für Helden.

Weniger Streß!, wünschen die Jungen. Sie fühlen: für entgleiste Lebensläufe stehen keine Belohnungen mehr bereit.

Streß als Statusmerkmal verdampft in der Lust auf weniger.

sein heißt: Visionen zulassen. Visionen kommen zu denen, die erwartungsvoll gestimmt sind. Visionen sind ja die Bilder in den Köpfen, zu denen noch ein paar Puzzlesteine fehlen. Sie entwickeln traumgestützt ihre Treibkraft. Wilde Träume, die der intelligente Alltagsmensch ächtet, müssen hier freies Geleit haben. Die Kindheit in den Gehirnen der Mitspieler wird freigelassen; sie liefert die kühnsten Bilder, auf denen schon die Schule die ersten Verbotsschilder hinterlassen hat. So rehabilitiert in ihren kostbarsten Ressourcen, werden die Teamgefährten nicht um ihren erwachsenen Verstand gebracht; der wird vielmehr angereichert durch die Entschlossenheit, das Unmögliche möglich zu machen. Nur so entsteht Innovation. Leistet sich eine Runde von Entscheidern diese Lizenzen zur freien Assoziation der Traumideen mit der trainierten Intelligenz, dann wird sie immun gegen Streß. Zugleich darf sie auf unerwartete und erstklassige Lösungen hoffen. Sie sind der Lohn für den Mut, sich den Verabredungen zur Selbstbeschädigung zu entziehen.

Wer einmal begriffen hat, daß diese Verabredung nur drittklassige Ergebnisse zuläßt, der wird sich befreien müssen.

Die Lust auf weniger Streß ist längst unterwegs in der alternden Gesellschaft. Sie kommt nicht von den müden Alten, wie mancher folgern möchte, sondern von den Jungen, die zu begreifen beginnen, daß für entgleiste Lebensläufe unter dem Motto der Selbstbeschädigung keine Belohnungen mehr bereitstehen. Mehr auf sich selbst gestellt als ihre Eltern, planen sie nicht nur den eigenen Karriereweg gründlicher, sondern das eigene Wohlergehen, zu dem niemand mehr Geschenke beisteuern will. Die Politik droht mit Entzug der traditionellen Sicherheiten; überbetreute Bürger müssen sie also gar nicht erst werden, das ist eine klare Entlastung von Anfang an. Konsumgier ist soeben von der Tagesordnung abgesetzt. Geiz strengt an, er macht mindestens soviel Streß, wie den Eltern der Konsum zugemutet hat. Möglichst wenig negative Gefühle zulassen, so lautet das Credo vieler junger Menschen. Besser mit sich selbst umgehen als die Vorgänger, das ist der verschwiegene Gedanke, den sie nicht lauthals verkünden wollen.

Wo die negativen Signale von außen überwiegen, hört der

Luxus negativer Gefühle auf, so finden die Jungen. Das Leben ist gefährlich geworden; man kann alles verlieren, ehe man irgend etwas in der Hand hat. Nur wenige junge Menschen kapitulieren bei dieser Entdeckung.

Die meisten wissen, daß ihnen trotzdem die Zukunft gehört; vielleicht sogar um so sicherer, wenn die Erwachsenen die *Loser*-Rolle geben.

Solange die Älteren Streß machen, verschließen sich die Jungen. Ein stärkeres Argument gegen das Laster Streß kann es kaum geben: Wir vertreiben die Jungen, unsere wichtigsten Verbündeten, wenn wir weiter auf Streß als Statusmerkmal setzen. Die Nähe der Jungen suchen: beste Streßtherapie, wenn wir uns beim Senden und Empfangen abwechseln. Nur so beruhigt sich der ›Streßgeplagte‹, der in Wahrheit seinen Streß inszeniert, um eben geplagt dazustehen. Jugend reagiert nicht auf diese Heldenmuster. Darum tut sie den Erwachsenen gut. Urteile aufschieben heißt das erste Kapitel im Prozess der Selbstheilung. Empathie das zweite. Schlüpf in ihre Haut, in die Haut der Jungen, denen wir, wie alle Eltern, Lehrer, Ausbilder und Chefs, viel mehr Sorgfalt schulden, als die meisten von uns ihnen geben.

Streß ist Kontrollverlust. Ein getarnter Killer. Gier ist nichts anderes: Kontrollverlust. Und die *Community* der Gierigen, die ihren Appetit nicht mehr kontrollieren kann, hat den Kontrollverlust zum Normalfall erklärt.

Die Herzen der Gier-*Community* schlagen immer ein bisschen zu schnell. Sie werden verschlissen von den Kommandos der Unersättlichen, die den Markt zum Schlachtfeld erklären:
überall nur Feinde, keine Wettbewerber.

›Weniger Streß‹: der unerfüllte Wunsch, der alle verbindet. Männer sind gefügigere Streßopfer als Frauen. Sie halten Streß für das unerläßliche Opfer, hinter dem die Belohnung, der Sieg, auftaucht. Das Licht am Ende des Tunnels. Streßsklaven treiben sich gegenseitig.

Weniger Streß: Das Signal geht, wie so viele Innovationsimpulse, von den Jungen aus. Auch von den Frauen, die endlich begreifen:

Das Einlaßticket hat nicht die Aufschrift ›Geh schlecht mit dir um, dann darfst du bei den Männern mitspielen‹.
Frauen verbessern die Spielregeln, indem sie sie verletzen. Visionen kommen nicht zu den Streßgeplagten. Sie fliehen die Hektik, sie lassen sich bei den Leichtfüßigen nieder – und verleihen ihnen Flügel. Die Lust auf weniger Streß ist längst unterwegs in unserer mutlosen Gesellschaft. Wo die negativen Signale von außen überwiegen, hört der Luxus negativer Gefühle auf.

Das stärkste Argument gegen den Streß als anerkanntes Laster: Wir vertreiben die Jungen, unsere wichtigsten Verbündeten, wenn wir weiter auf Streß als Statusmerkmal setzen.

III DIE DEN BLICK NICHT ABWENDEN: IM RAUBTIERGEHEGE DER DOMINANZ

Die schillernden Profile der Alphatiere

Wer herrscht im Lande jenseits der Gier? Sind es die gezähmten Raubtiere aus dem Konsumdschungel? Braucht eine Gesellschaft, die sich von der Unersättlichkeit befreit hat, keine Alphatiere mehr?

Oder werden die Gesetze der Rangordnung, in der Menschen freiwillig ihren Platz suchen und finden, erst jetzt zu Erlebnissen der Gerechtigkeit? Feiert die Dominanz, als Schutzmacht der Schwachen und als Vorbild für die Sieger von morgen, erst jetzt Triumphe, die Bewunderung statt Unterlegenheitsgefühle wecken?

Schon in den ersten Krisenjahren meldete sich die Versuchung, die uns seit dem Zweiten Weltkrieg regelmäßig heimsucht. Einmal kommt sie von links, dann aus alternativ-ökologischen Clubs, dann wieder von Sozialromantikern aus dem konservativen Lager. Ihr Text, in vielen Variationen vorgetragen, lautet: Mißtraue allen Alphatieren. Dominante Mitspieler stören. Sie reißen die Macht an sich und wollen die Spielregeln allein bestimmen. Sie wecken Unterlegenheitsgefühle. Man fühlt sich dumm und unzulänglich, wo immer sie auftreten. Weil sie andere entmutigen, müssen sie verschwinden. Weil sie alle andern degradieren, schaden sie der Gemeinschaft.

Die Haupttrends der Nachkriegsjahrzehnte sind seit den siebziger Jahren mit diesem Subtext unterlegt worden: Überlegene, antriebsstarke einzelne werfen einen unzulässig langen Schatten. Das Mittelmaß fühlt sich eingeschüchtert und pocht auf seine Mehrheitsrechte. Bald wird es zum bildungspolitischen Prinzip, daß es den Überfliegern nicht mehr gelingen soll, die weniger Flugfähigen einzuschüchtern. Anspornende Wirkungen der *Highflyer* werden nicht in Betracht gezogen. Runterholen lautet das Motto. Der Irrtum im Kern folgt der simplen Melodie: Die Starken schwach machen, damit die Schwachen sich stark fühlen.

Nur im Wirtschaftsleben konnten sich mächtige Alphatiere aufrichten, weil die Begehrlichkeit die Kritikbereitschaft übertraf. Konsum und Besitzstandsmehrung im Materiellen waren verlockend genug, um berechtigte und irrige Zwischenrufe im Warenstrom zu ertränken. Reicher werden ja, Klügeren Spitzenplätze gönnen nein, so lautete jahrzehntelang der Refrain für die ungestörte Verwandlung des Landes Nimmersatt in ein bittersüßes Schlaraffenland – von dessen Hängematten man nur unter Strafandrohung sprechen durfte.

Auch Schlaraffen werden nicht gern eingeschüchtert. Im Schutze der Verbrauchergier, die sie selbst kreiert hatten, teilten die Konsum-Alphas ihre Macht auf. Konsumieren um die Wette – das lief unter Führung der Profiteure einige Jahrzehnte ungestört; Lernen um die Wette glückte weniger; es blieb im ideologischen Sperrfeuer stecken. Da steckt es bis heute.

Dominanz gelingt also nebenbei, wenn das Begehren die Kontrolle einschläfert. Wer Gier weckt und beliefert, herrscht eine ganze Weile ungestört.

Werden die Lieferungen zweifelhaft, ebben sie schließlich sogar ab, meldet sich sofort das Ressentiment gegen die Mächtigen wieder. Es trifft jene, die Regie führen – die Politik –, und die Wohlstandslieferanten im Markt. Zornige Kinder erwachen aus einem schönen Traum. Ihr Zorn steigt, weil sie im Entzug durchleiden, was jeder Süchtige erleidet: Angst und Verlangen mischen sich zu feindseligen Verdächtigungen gegen die Wohltäter von gestern. Deren Dominanz scheint rückblickend plötzlich böse. Alle Herrschaft ist böse, wenn sie in Enttäuschung endet, so meinen die ernüchterten Kinder der Gier.

Wer soll nun in die nächste Etappe führen? Gibt es Dominanz einer ganz anderen Spielart, die keine Suchtgefangenen macht?

Gibt es die gute Dominanz, die ihr Ansehen von denen bezieht, die ihr freiwillig folgen? Dominanz, die nicht gleichschaltet, sondern die Verschiedenen sammelt? Unersättlichkeit ist Gleichschaltung, auch darum der Zornesausbruch der endlich erwachten Kinder der Gier.

Warum entwickeln sich überall Rangordnungen, wo Menschen – und auch dort, wo höher entwickelte Säugetiere miteinander leben? Dominanz als ein biologisches Faktum beschäftigt die Wissenschaft erst seit hundert Jahren. Sie hat viele Gesichter.

Unter Menschen sind diese Gesichter der Dominanz nur selten auf den ersten Blick lesbar. Die Massengesellschaft fordert Tarnungen heraus, mit denen sich der dominante *Player* vor Feinden und Neidern schützt. Er muß nur den Kleiderstil wechseln, um einer von den vielen zu sein, die zur U-Bahn strömen oder im Coffeeshop sitzen. Nur das geübte Auge erkennt ihn an seinem Habitus: Er bewegt sich anders als die andern; seine Blicke sind – eben: dominant und durchdringend statt scheu und fragend. Der Gleichgestellte wird ihn als seinesgleichen erkennen; der entschlossene Verfolger wird ihn enttarnen, weil er nichts anderes tut, als die Bewegungsmuster dominanter *Players* zu studieren.

Warum tarnt sich die Dominanz unter Menschen? Und wo sie es nicht tut, bei den Business-Auftritten derselben Männer, die eben noch inkognito unterwegs waren, weckt sie da eindeutige oder zwiespältige Gefühle? Ist der Alpha-Auftritt in der Massenkultur immer von Mißtrauen oder eher von Bewunderung begleitet?

Johannes Paul II. war ein Alphatier. Seine Auftritte haben ihm über den Tod hinaus die Bewunderung von Millionen Menschen gebracht, die über seine Botschaften ganz verschiedener Meinung waren. Die Hochschätzung, die ihm galt, ließ den Dissens über seine Lehre einfach aus. Was die Menschen überzeugte, war die Eindeutigkeit seines Handelns. Widerspruchsfrei und zuverlässig zu sein: Das ist es, was Dominanz jenseits von Inhalten erfolgreich macht.

Johannes Paul II. verkündete immerhin Lebensregeln für das Diesseits, er beschränkte sich keineswegs auf die Zuständigkeit für das Jenseits. Dennoch diese sammelnde Kraft zu entwickeln zeugt von einer ungeheuren persönlichen Ausstrahlung. Sucht man nach Parallelen, so findet man allenfalls in den Mythen solche Gestalten, die unabhängig von einzelnen Entscheidungen und Taten in ungestörtem Glanz strahlen. Sie werden Helden genannt; und mit der mythischen Verdichtung seiner Wirkung schon in der Gegenwart ohne den verklärenden Abstand der Geschichte, nimmt Papst Johannes Paul II. einen Platz unter diesen Helden ein. Seine Anhänger möchten ihn lieber einen Heiligen nennen. Die Merkmale der historischen Gestalten, die als Heilige oder Helden ins Menschheitsgedächtnis aufgenommen werden, sind aber offenbar sehr ähnlich.

Daß Dominanz so eindeutig verehrungswürdig erscheint, ist aber nicht der Regelfall. Neid und Begehrlichkeit richten sich auf die Alpha-Menschen; beide schwiegen angesichts der Unantastbarkeit des Papstes. Die Lust, den Erfolgreichen zu stürzen, ihn schwach zu sehen, schwieg ebenfalls. Sie begleitet aber zuverlässig Aufstieg und Fall unter Menschen. Wer sich groß macht, soll klein werden; auch wen die andern groß machen, den wollen sie nach einer Weile wieder klein und schwach sehen. Alphapositionen unter Menschen sind gefährliche Plätze.

Die Gesichter der Dominanz sind auch unter den hochentwickelten Säugetieren, unseren Brüdern in der Evolution, selten auf Anhieb lesbar. Das sichtbar überlegene Alphatier, das alle andern im Kampf besiegen könnte, braucht diesen Beweis der Dominanz nicht, solange keine Feinde auftauchen. Gelassen bewegt es sich zwischen den andern, die achtungsvoll Abstand halten. Unschwer erkennen wir diese Form der Dominanz unter Menschen wieder. Wir nennen den Abstand dann ›Autorität‹ und die Überlegenheit Charisma.

Auch unter Tieren gibt es das auftrumpfende, aggressive Herrentier, das den eigenen Sieg in der Niederlage der andern erleben will. Wenn die Teamgefährten scheitern, dann erst ist der Sieg vollkommen. Unter Menschen gelten solche aggres-

Schillernde Profile: Alphatiere.

Großtrend der Nachkriegszeit: Große Einzelne sollten die weniger Flugfähigen nicht einschüchtern.

Immer gleicher, wurden wir immer schwächer. Wer führt in die nächste Etappe?

Gibt es die gute Dominanz, die keine Suchtgefangenen macht?

Die Giergesellschaft will Aufstieg und Fall der Alphatiere.

Sie verschleißt ihre Besten. Sie hat es versäumt, die Idealfigur zu entwerfen und zu fördern: den *good winner*. Aber es gibt ihn. Und in der Krise wird er unentbehrlich.

siven *Winner* als antriebsstark; ein Gemisch aus Furcht und Respekt begleitet ihr Treiben. Solange sie oben sind, wagt unter Männern kaum einer offenen Widerstand. Das wird sich mit steigenden Frauenzahlen ändern.

Tier-Rudel und Horden kennen aber auch das Phänomen des ›Ansehens‹, das einem dominanten Gruppenmitglied zuteil wird. Alle schauen immer wieder aufmerksam zu diesem besonderen Teamgefährten, der sich durch Siege über Eindringlinge ihre Achtung erworben hat. Das ›Ansehen‹ in Menschenteams folgt derselben Regel: Aller Augen richten sich immer wieder auf denjenigen, der die weiterführenden Ideen und die ordnenden Konklusionen liefert. Seine Rolle, unter Menschen wie unter Tieren, enthält überhaupt keinen Anspruch, der nicht von den andern Teammitgliedern gedeckt wäre.

Eine ähnlich hohe Legitimität hat das Dominanzverhalten jener Alphatiere, die am Futterplatz die andern bewachen und als letzte fressen. Sie zeigen damit ein überlegenes Verhalten, das sie zu Brüdern der Schwächsten im Team macht, der Omegatiere, die aufgrund ihrer Unterlegenheit erst nach den anderen an die Futterstelle kommen. Hier blitzt etwas von jener ›guten Dominanz‹ auf, die sich auch durch Erfüllungsaufschub und Abwehr der Gier auszeichnet. Daß sie nicht utopisch ist, zeigt schon ihr Vorkommen in der Natur.

Auch dort gibt es natürlich das umgekehrte Beispiel, das von allen toleriert wird, weil die Rangordnung klar ist: den Chef der Gruppe, der sich immer zuerst bedient beim Futter und der sich den besten Schlafplatz aussucht. Niemand macht ihm diese Privilegien streitig, weil der dominante Platz erkämpft oder verdient wurde. Morgen schon kann es anders sein: Der Herrscher mit Alphaqualitäten ist abgelöst und fügt sich unter die Betatiere ein.

Die Herrschaftswechsel ganz oben haben oft eine blutige Vorgeschichte. Aber das dominante Herrentier zeigt keine Neigung mehr zu Aggressionen. Alphatiere pflegen sogar die Friedensstifter zu sein, wenn im Rudel Streit ausbricht.

Die Kämpfe um künftige Chefpositionen laufen im Mittelfeld ab. Beißereien um den Aufstieg in die Etagen der Macht lassen den Orang Utan oder den Leitwolf unberührt. Eines Tages wird der Abwehrkampf geführt oder der Platz kampflos geräumt. Über Fliehen oder Kämpfen wird entschieden, wenn der Tag der Entscheidung da ist. Wenn Politiker in der Menschenwelt den seltsamen Satz sagen »Ich will es noch einmal wissen«, dann meinen sie dies: Sie wollen erfahren, ob sie noch der Leitwolf sind. Freilich laufen dann kompliziertere Rituale ab als bei Menschenaffen oder Wölfen, wo tatsächlich der Vitalere und Stärkere siegt, der die Gruppe am besten schützen kann. Unter Menschen lohnen sich Manöver, die Alphaqualitäten nur vortäuschen. Hat das Publikum Lust getäuscht zu werden, oder ist es zu bequem, den Bewerber auf die Probe zu stellen, dann kann er spielend an die Spitze gelangen, ohne die Ansprüche der Position zu erfüllen. Dominanz lebt also immer auch von der latenten oder ausdrücklichen Zustimmung der Mitspieler. Ist die Gruppe ohne klare Regeln unterwegs, dann wird sie sich mittelmäßiges Führungspersonal suchen. Gibt es aber klare Ziele oder gar eine verbindende Vision, dann steigt der Anspruch an die Alphatiere entschieden.

Wie eine Gesellschaft grundsätzlich mit der Erfahrung umgeht, daß es dominante Persönlichkeiten gibt, und welche Aufgaben sie ihnen überläßt, welches Ressentiment sie auf die Ausnahme von diesen Regeln richtet, zu wieviel Bewunderung und Loyalität ihre Mitglieder bereit sind, das hängt von ihren eigenen Entscheidungen beim Verteilen der Spitzenplätze ab. Wen läßt eine demokratische Gesellschaft nach vorn? Von wem versprechen sich die Mehrheiten Entscheidungen zu ihrem Wohl? Wie verstehen diese Mehrheiten aber das, was ›ihr Wohl‹ ist?

Die wechselseitigen Verantwortungen durchdringen einander, auch wenn das niemand gern zugibt. Führende wie Geführte möchten sich den Fluchtweg offenhalten, den jeweils anderen – die Wähler, die Mitarbeiter, die Manager, die regierenden Politiker – zu beschuldigen. Dominanz: Noch bei den nahen Gefährten des Menschen, den Hunden, lesen wir das Erbe der Evolution, die das Herrentier stolz und großzügig macht, wenn ein schwächeres Tier seinen Weg kreuzt. Der mächtige Leonberger, den ich einige Jahre beobachten konnte, trug junge Frösche, die sich weit vom Wasser im hohen Gras verirrt hatten, mit weichen Lippen zum Fluß zurück. Abends stand er geduldig neben dem Igel, der ihm seine Milch wegtrank. Es war nicht der Moment für Dominanzbeweise. Wer hier der Herr war und wem alles gehörte, war so klar, daß der Überlegene es gelassen verschmähte, seine Macht zu zeigen. Unter Menschen wird dieses Phänomen seltener. In der Wildnis ist es alltäglich.

Wer das Zeitalter der Gier verlassen hat, der gewinnt bald die Überzeugung, daß auch unser Verständnis von Dominanz, ja unser Umgang mit Alpharollen, die uns oder anderen zufallen, sich ändern wird. Während wir bisher viel zu häufig vom ›*good loser*‹ reden, der wir alle sein wollen oder der andere sein sollen, sollten wir uns der Wunschfigur für gute Dominanz, dem ›*good winner*‹, zuwenden. So eindeutig wir die Rolle des *good losers* beschreiben, so engagiert wir dafür werben, daß andere – weniger wir selbst – sie annehmen, so widersprüchlich werden die Deutungen, wenn es um dominante Persönlichkeiten und *good* oder *bad winners* geht.

Dominanz ist unter Menschen eine schillernde Größe. Weder die Rollenspieler selbst, die im sicheren Besitz einer dominanten Position sind, noch ihre Beobachter können den Zwiespalt abschütteln, den Dominanz, Macht und Sieg auslösen.

Die Völkerwanderung zum gebrechlichen und sterbenden Pontifex Maximus Johannes Paul II. hat uns allen die sonst verdeckte Seite unserer Wahrnehmung von Dominanz gezeigt. Wer annehmen möchte, zu Machtpositionen gehöre zwangsläufig das gesammelte Mißtrauen der weniger Mächtigen, erkennt hier die seltene Ausnahme von der vermeintlich gültigen Regel. Nicht weil dieser Spitzenmann der Weltmacht Katholische Kirche ein Ohnmächtiger gewesen wäre, dem nur ein Sonderraum für seine Ratschläge zugestanden hätte, war die Bereitschaft, alle Zweifel zurückzustellen, so stark. Johannes Paul hat ja eine durchaus gebieterische Spur durch das letzte Vierteljahrhundert gezeichnet. Er hat gewußt, daß er nicht Meinungen, sondern die Gewissen der Menschen berührte mit seinen Geboten. Er hat Macht wahrgenommen in den empfindlichsten Zonen, die von politischen Machthabern nicht erreicht werden.

Johannes Paul hat jene Variante von Dominanz erreicht, die frei war von jedem Verdacht der persönlichen Vorteilsnahme, der Bereicherung, der Geringachtung anderer, des Hochmuts. So ungefähr würde eine stark geraffte Aufzählung der Ursachen für jenes Unbehagen aussehen, mit dem wir Alphatiere beobachten. ›Er hinterläßt keinerlei Eigentum‹, steht im Testament von Johannes Paul.

Er ging mittellos, aber in einer ungeheuren Machtfülle. So, im Idealfall, stellen sich Menschen den *good winner* vor. So soll die Dominanz durch Geben im erträumten Idealfall aussehen.

Merkwürdig genug: Daß er seinen Kirchenkindern viel zugemutet hatte, spielte am Ende keine Rolle. Die Bilanz hieß Glaubwürdigkeit. *Credibility*.

Wer Macht ausübt, ohne ihren Versuchungen zu verfallen, kann das Unbehagen zum Schweigen bringen, das die Dominanz überall unter Menschen begleitet. Wäre Dominanz nur ein unvermeidliches Übel, unausrottbar und eher schädlich als hilfreich, dann könnten wir die Suche nach dem *good winner* ebenso ad acta legen wie die Idee vom machtvollen Alphatier, das für die Gemeinschaft unentbehrlich ist – nicht nur, weil es austeilt von seinen Gaben, sondern weil es alle zu ihren besten Möglichkeiten führt.

Gehen wir ins gelobte Land ohne Alphatiere? Läßt die leise Revolution der Bürger als Regisseure ihres eigenen Lebens keine Rangordnungen mehr zu?

Menschen wollen nicht leben ohne Rangordnungen. Die Schwachen suchen Schutz bei den Starken, und die Starken müssen liefern. Erst der Wohlstandsübermut hat Lust auf das Experiment, die Starken schwach zu machen – und erkennt verspätet, daß die Schwachen davon nicht stark werden. Das Ressentiment gegen die Mächtigen ist ein Produkt des Übermuts im Überfluß. Die Krise füttert alte Vorurteile mit neuen Argumenten: Die politische Führung versagt; viele Manager scheinen erst jetzt im Lande der Gier angekommen.

Wer führt in die nächste Etappe? Gibt es Dominanz, die keine Suchtgefangenen macht? Gibt es Alphatiere, die Enttäuschung und Mißtrauen außer Kraft setzen? Johannes Paul II. war ein solches Alphatier. Unabhängig von den ungeliebten Lehren, die er vertrat, gewann er das stürmische Vertrauen von Millionen. Die Macht seines Weltkonzerns ist unstrittig; seine *Identity* war es auch. *Credibility*, Glaubwürdigkeit, ist das Geheimnis der ›guten Dominanz‹.

Glaubwürdige Dominanz braucht Ansehen. ›Ansehen‹ liefern die Betrachter; es wird verschenkt, nicht erkauft.

Dominanz lebt immer von der latenten oder ausdrücklichen Zustimmung der Mitspieler. Wir lernen in diesen Jahren eine neue Lektion. Den *good loser* kannten wir schon; den *good winner* werden wir künftig belohnen. Er ist die Zielfigur der ›guten Dominanz‹. Einer, der die Spielregeln achtet, der sein Mehr an Energie mit den andern teilt und den Schwachen Schutz bietet.

Ohne starke Alphatiere ist das Gemeinwesen verloren.
Alle wissen das.

Spielregeln für den *good winner*

Wer sich dominant verhält, erreicht Führungsrollen. Was das eigentlich ist, darüber tauschen sich Menschen aus, seit es Menschen gibt. Dominante Menschen drängen auf exponierte Plätze, wo sie nicht nur jeder sieht, sondern auch bald jeder auf ihre Weisungen oder Botschaften hören muß. Kein Zertifikat, kein Diplom ersetzt das, was die auch Alphatiere genannten starken Führungscharaktere mitbringen: eine Ausstrahlung, die sich am leichtesten zusammenfassen läßt in der Beobachtung: Wer den Blickkontakt hält, ohne die Augen abzuwenden, der zwingt andere, dies zu tun. Damit ist er der Sieger. Viele andere Beobachtungen bestätigen diese schnelle, oft stumme Entscheidung über die Vormachtstellung. Wer ausweicht, ordnet sich unter, oft in der zornigen Entschlossenheit, das nächste Mal standzuhalten.

Aber beim nächsten Mal ist es nicht dieselbe Probe, die über

Alpha- und Betarollen entscheidet. Da ist es vielleicht ein Projekt, eine Planung, an der beide gemeinsam arbeiten. Diesmal sind es nicht die Blicke, denen der damals Unterlegene nicht standhält, sondern die Argumente. Der andere ist schneller, er überzeugt durch Sicherheit und – eben: Dominanz. Mag sein, daß er zweitrangige Argumente vorträgt, aber daß er es machtvoll tut, so daß keiner einen Einspruch wagt, macht ihn zum Sieger. Das Ressentiment der Degradierten beißt sich hier fest: bei der Dosis nicht rechenbarer Überlegenheit, der Power, die nicht zu Ende erklärt werden kann – nur bewundert oder erlitten. Charisma, eine Gabe der Götter, nennen die Bewunderer die Fähigkeit, andere kampflos zu bezwingen.

So gemischt die Gefühle der Unterlegenen sind: Ihr Interesse an den überlegenen Alphatieren bleibt lebhaft. Auch die Diskussion über die notwendigen und unvermeidlichen Eigenschaften der gut sichtbaren Überflieger verstummen nie. Erwünschte und unerwünschte Qualitäten machen den Star, den Chef, den Topmanager, den Spitzenpolitiker, das ist es, was die Debatte so lebhaft in Gang hält. Das Erwünschte scheint nicht zu haben ohne das Unerwünschte. Wieviel man aber vom Negativen dulden will, um das Positive der Powertypen auch zu konsumieren, darüber läßt sich trefflich und ohne Ende streiten.

Was einer haben muß, der vorn steht und andern sagen will, wohin die Reise geht, ist leicht gesagt. Autorität, Durchsetzungswille, Belastbarkeit machen die Führungsstärke aus. Ein starkes Ego, das sich gern exponiert, wird in Kauf genommen wie ein notwendiges Übel. Abwägende Klugheit, Begeisterungsfähigkeit und strategisches Geschick wünschen sich die meisten Mitarbeiter und Bürger. Sein Handwerk soll er können, der dominante *Leader,* und Loyalität soll er gewinnen bei seinen Leuten. Wie das geht? Schon hier sind wir uns nicht ganz einig.

Ist der Chef einer, dem man nacheifert? Mit dem klaren Ziel: So will ich werden?

Oder sind Alpharollen unter Menschen so sehr auf Abstand getrimmt, daß keiner diesen kühnen Gedanken wagt, weil der Chef ihn auf seiner Stirn lesen und den potentiellen Angreifer von da an gnadenlos in Schach halten würde? Rivalen, früh erkannt, werden unschädlich gemacht, das ist Rudelgesetz. Rivalen, die unschlagbar erscheinen, kann man zu einer vernichtenden Umarmung an seine Brust ziehen. Wir brauchen nicht in ferne Zeitalter zu schauen, um Beispiele zu finden: Noch in der jüngsten Geschichte der deutschen Demokratie hat ein Kanzler die Wirksamkeit dieser Strategie bewiesen.

Das Tableau der Führungseigenschaften zählt nicht gerade Harmlosigkeiten auf; aber Dominanzrollen erfordern Kraft und haben folglich eine kraftvolle Ausstrahlung. Die gibt Halt und spendet Sicherheit.

Abstand sichern – das scheint der gemeinsame Wille von Führung und Mitarbeitern, von Politikern und Wählern zu sein. Die Rituale der Abgrenzung geben sich zwar als Maßnahmen zur Sicherheit der seltenen Geschöpfe, die in Alpharollen vorstoßen. Das Bedürfnis nach Trennung der Territorien eint aber beide Seiten. Mitarbeiter wollen erkennen, wer Chef ist – durchaus auch an Chefmanieren, wobei sie gute von schlechten unterscheiden, schlechte aber langmütig tolerieren.

Wähler wollen Politiker ebenfalls mit Sicherheitsabstand, abgedunkelten Limousinenfenstern und streng choreographierten Statusritualen: Autotüren werden nur vom Servicepersonal geöffnet und geschlossen; wer hier nicht mitspielt, fällt auf der Rangskala zurück. Alle lernen diese Lektion, selbst die, deren Parteidoktrin genau an diesem Punkt Systemkritik liefert. Die Verlockung, im Club der Alphas dabeizusein, ist unwiderstehlich. Das geht dann *step by step* mit Anschlußversuchungen genauso; wer sich ideologisch voll immunisiert fühlte, verstrickt sich am gründlichsten.

Eine Aura der Stärke ist es, die wir um die Mächtigen aufbauen. Es ist ein gemischtes Set an Fähigkeiten, die wir ihnen zuschreiben und abverlangen. Gemischt auch der raunende Assoziationenchor, der mitschwingt. Die Gefährdung, die sich mit der exponierten Position an der Spitze verbindet, scheint gewollt. Sie beschäftigt die Zuschauer nicht nur; sie fesselt und wird als unentbehrliches Element der Spannung zwischen Untergebenen und Chefs erlebt. »Einfluß und Wirkung«, so sagen Alphas gern knapp, seien für sie das Stimulans. Eine Gefährdung sehen sie nicht. Alle, die hinaufschauen, haben aber auch sie im Blick: die Absturzgefahr. Und nicht nur diese, sondern ihre eigene Mitwirkungsmöglichkeit, wie beim Aufstieg so beim Absturz des Mächtigen. Ein dominanter Spitzenmann, den niemand mit diesen gemischten Gedanken betrachtet, dürfte selten zu finden sein.

Fast immer mischt sich ein Frösteln in die Bewunderung, die ein herausragender Mensch erfährt. Zur Autorität, die er im Idealfall von seinen Gefährten und Untergebenen geschenkt bekommt, pflegen moderne Demokraten auch dann ein gespaltenes Verhältnis, wenn sie wirklich Gabe der freiwilligen Anhänger ist. Mißbrauchsverdacht, nicht einzuschläfern, hält alle wachsam.

Schon während sie bewundern, gehen viele Mitarbeiter eines starken Chefs in Lauerstellung, um rechtzeitig bei denen gewesen zu sein, die erkannt haben, daß hier einer keine Bewunderung mehr verdient. Was steckt dahinter? Einerseits sind Spitzenstellungen nur erreichbar, wenn die mitspielen, die selbst keine haben. Alpharollen sind also gewollt. Andererseits begleitet alle Alphatiere unter Menschen diese Verdachtsbereitschaft von den Rängen darunter: Korrumpiert ihn die Macht? Verschafft er sich Vorteile auf Kosten der ihm anvertrauten Leute? Nimmt sein Wille zur Gerechtigkeit Schaden? Tut er, was er sagt? Entfernt er sich von der Wirklichkeit, in der seine Mitarbeiter weiterhin leben müssen? Interessiert er sich überhaupt für Menschen?

Auch hier ist die Antwort eine Mischung: Natürlich nicht, wissen die einen. Zu wenig, meinen andere. Kann er doch gar nicht, ergänzen Dritte. Er macht die Strategie, und wenn er erfolgreich ist, sind wir morgen noch dabei. Vorbehalte gegen Chefs muß man haben, sagen die unbefangenen Mitarbeiter. Aber ohne Chefs geht gar nichts. Natürlich leben die auf einem andern Stern; aber da oben wird man so. Schulterzucken.

Natürlich gibt es sie, die bewunderten Chefs. Meist im Mittelstand, wo das Alphatier von jedem erlebt werden kann. Wo so etwas wie Nähe entsteht, auch wenn keiner dieses Wort benutzt. Chefklima ist nicht Nähe, sondern Abstand. Sind alle damit so zufrieden, weil sie sich nichts Besseres vorstellen können? Was Chefs für ihre Leute tun, das verringert ja nicht den Abstand, sagt einer, aber es beweist, daß einer ein Herz hat. Das ist schon fast der Durchbruch in eine andere Sphäre. Solche Sätze entstehen in überschaubaren Einheiten, weil nur dort solche Erlebnisse und Erfahrungen möglich sind: Der Chef hat ein schlagendes Herz. Der ›tickt‹ nicht nur irgendwie, wie es im Fluchtvokabular der fröstelnden Gesellschaft heißt, sondern da ist mehr. Mag er seine Leute am Ende sogar? Muß er sie auch noch mögen, da er sie doch braucht? fragt einer nüchtern zurück. Jeder möchte gemocht sein, das wissen alle. Geht aber nicht, denken die meisten. Jeder möchte gemocht sein? Auch der Chef? Schon wieder ein Wort aus der Welt jenseits der Dominanzverhältnisse. Ein weiches Wort. Ein Wort, das Tauprozesse in Gang setzt, Vorsicht. Da droht eine ganze Gletscherschmelze.

Warum verschanzen wir uns so? Im Großkonzern glauben ja die meisten, daß Anonymität eine Aufforderung zur Tapferkeit sei. Schau dir das an, die Alphas sind ganz weit weg, vielleicht Tausende von Kilometern, sie können dich gar nicht kennen. Und sie haben, damit der Laden läuft, anderes zu tun. Zu deinem Wohl kümmern sie sich um anderes als ausgerechnet um dich. In deiner Nähe gibt es kleinere Alphatiere, kaum stärker als du, aber eben befördert, denen solltest du dich anschließen. Die kennen die Richtung. Und sie kennen die größeren Alphas etwas näher.

Das klingt blasser als das Ziel, das wir meinen: die Einsatzfreude der Leute wecken, ihre Bereitschaft, nicht irgend etwas zu geben, sondern ihr Bestes.

Und geben Führungskräfte ihr Bestes? Geben sie es uns oder der Firma – oder eigentlich nur ihrem hungrigen Ego, das unersättlich nach Futter verlangt?

Loyalität, sagt einer in der Runde, baut sicher auf all die Vorsprünge, die das Alphaprofil auszeichnen. Aber sie stellt sich nicht ein, wenn eines fehlt: Bewunderung. Bewunderung ist mehr als Respekt. Sie sammelt neben vernünftigen Gründen auch das neidlose Staunen vor der Überlegenheit. Bewunderung gelingt nur, wenn der Neid schweigt.

Dominanz durch Geben: Spielregeln für den *good winner*. Alle wollen ihn. Alle arbeiten an seiner Aura. Und alle sind wachsam.

Er wird Vorbild, wenn er das Wichtigste gibt: sein Bestes. Er wird unschlagbar, wenn er das Geben, nicht das Fordern zu seiner Hauptaufgabe macht.

Der *good winner* widerlegt den Irrtum, daß Teilen verwundbar mache. Er teilt verschwenderisch aus: sein Wissen und Können.

Und er wird unverwundbar, mit ihm seine Mitarbeiter.

Vision und Strategie gehören allen, wenn der *good winner* alle mitnimmt in seine Gedankenwelt. Nun gibt jeder sein Bestes.

Sie ist es, die den Überlegenen zum Vorbild macht, dem man nacheifert im Wissen: Ganz so mächtig wird meine Ausstrahlung nie sein; gerade deshalb möchte ich mich in der Nähe dieser Ausstrahlung aufhalten.

Einer, der sein Bestes gibt, wird Vorbild. In den Selbstportraits der Wirtschaftsunternehmen suchen wir diese Folgerung vergebens. Wir finden den Anspruch an Führungskräfte überhaupt nirgendwo in den Führungsgrundsätzen der Wirtschaft. Sein Bestes soll allenfalls der Mitarbeiter geben. Chefs sind per definitionem das Beste für die Firma; daß sie zusätzlich noch etwas geben, vielleicht sogar etwas Außerordentliches, das ihre hohe Position rechtfertigt, ist nicht vorgesehen. Der Aufstieg an die Spitze reicht als Beweis. Hier oben in der dünnen Luft noch eine Forderung aufzustellen, der Gipfelstürmer solle sein Bestes geben, während er es vielleicht schon unterwegs verbraucht hat, dazu versteigt sich keine Leitbild-Kommission.

Überhaupt, daß die Hauptaufgabe von Führung das »Geben« sei, weil die Chefs durch ein Mehr an Antriebsenergie, ein Plus an Durchsetzungsvermögen, durch erfolgreiche Überholmanöver in jeder Etappe nach oben gekommen sind, ist nicht denküblich. Ist es aber nicht eigentlich logisch? Wer durch ein Mehr an Gaben, an Selbstvertrauen und Dominanzbeweisen nach oben kommt, dort nun gut sichtbar steht, der müßte austeilen von seinem Reichtum, wie die Großen dieser Erde dies getan haben und bis heute um die Wette tun: Bill Gates, Ted Turner, Rupert Murdoch – und ein deutscher Bundeskanzler, der sogar aus leeren Kassen Tsunami-Millionen austeilte, was so leicht niemand nachmacht, weil das nur mit Staatskassen geht. Sie alle bestreiten einen permanenten Wettbewerb, den sie selbst ausgerufen haben, unter dem offenkundigen Motto: Wer gibt am meisten, wer tut es als erster, wer strahlt mit diesen Gebermanieren am hellsten?
Wer ist der eigentliche dominante Held – durch Geben?

So werden die gigantischen Vermögen aus den Taschen der Kunden und Aktionäre wieder ausgeteilt, um vergessen zu machen, daß sie aus eben deren Taschen stammen. Die Großzügigkeit der Hyperreichen dient der Reinigung ihres Gewissens. Sie tun es nicht für die Adressaten, was sie da an Wohltätigkeit entfalten; sie benutzen die Bedürftigen, um sich vom Neid und vom Ausbeuterimage zu befreien. Sie suchen die Nähe derer, die ressentimentgeladen von ihnen abgerückt sind, weil sie sich vor der Einsamkeit der Privilegierten fürchten.

Freilich ist die Chefposition im Großkonzern nicht mit kleineren Alpharollen in Wirtschaft und Politik zu vergleichen. Aber daß die Rückmeldung vom erreichten Gipfel sich nicht in der Sicherung des erreichten Sieges erschöpfen kann, scheint zumindest unter Beta- bis Omega-Mitspielern unstrittig. Sie sind sicher, daß sie vom Sieg des Alphatiers profitieren sollten.

Sie sehen einen Stellvertreter, den sie nach oben durchgelassen haben, und sie rechnen nicht nur mit seinem Stolz über den Sieg, sondern auch mit seiner Verpflichtung ihnen gegenüber. Die meisten Wegbegleiter, die auf nachrangigen Positionen zurückbleiben, sehen sich als Königsmacher, und der ›König‹ ist gut beraten, sie spüren zu lassen, daß er sie ebenfalls so sieht. Ihnen dankt er sein Herrscheramt, dies sollte seine Botschaft selbst dann sein, wenn er sich nicht als einen Stellvertreter der längst überrundeten Mitspieler sehen will.

Die überlegene Rolle des dominanten *Winners* wird er am längsten halten können, wenn er seinen Sieg als Aufforderung zum großzügigen Geben versteht. Wenn es nicht um das Austeilen von Vorstandsmillionen geht, was kann dann damit gemeint sein, daß der dominante Leitwolf den Seinen sein Bestes geben muß?

Er muß sofort anfangen, von seinen Vorsprüngen etwas abzugeben, und zwar großzügig. Da er nicht nur durch seinen Informationsbesitz nach oben gekommen ist, sondern durch den Gebrauch, den er von Informationen gemacht hat, durch die kluge Vernetzung mit andern Nachrichten und deren Sendern, macht ihn diese Großzügigkeit im Austeilen von Informationsvorsprüngen überhaupt nicht verletzlich. Die Nachricht an sich ist meist wenig wert. Erst ihre Einbettung in neue Zusammenhänge, die nicht jene des Absenders waren, macht sie wertvoll.

Es ist dieser Irrtum, an dem die Geberfreude der meisten Topleute scheitert: als würden sie verwundbar, wenn sie Information verschwenderisch austeilten. Es ist ein Irrtum, der teure Kontrollbürokratien in Unternehmen in Gang setzt und ganze Firmen lähmt – weil Führungsverhalten, als Stellvertreterverhalten, Nachahmung herausfordert. Wer geizt und kontrolliert, erzieht informationsgeizige Kontrolleure. Wer sich einmal nur auf die Beobachtung konzentriert, was im falschen Kopf aus einer Nachricht wird, die im Alphakopf eine ganze Strategie anstößt, wer dieselbe Nachricht kollabieren, entgleisen und zerbröseln sieht, weil sie in falschen *Brain*-Kontexten landet, der wird seinem Management soviel mehr Tempo, Gelassenheit und Offenheit bescheren, daß der begleitende Kostendämpfungseffekt als Dreingabe fast übersehen wird.

Geben ist auch das Motto für die strategischen Visionen der Führungscrew: austeilen und begeistern, weil Menschen mit den Gedanken der Erfolgreichen immer lieber umgehen als nur mit den eigenen. Botschaften zur Unternehmensstrategie machen die Mitarbeiter erst dann besser, wenn diese spüren, daß die dominanten Herren in der Chefetage nicht das Beste für sich behalten. Wenn alle zum Erfolg beitragen sollen, wie es das beliebte Klischee inzwischen versöhnlich zugesteht, dann kann das nur gelingen, wenn alle die Quellen der Begeisterung schlürfen dürfen: Vision und Strategie. Mitarbeiter wollen überschätzt werden – timide kann man es auch Hochschätzung nennen, aber es geht um strategische Überschätzung. Wir können die besten Kräfte von Menschen nur wekken, wenn wir ihnen besten Proviant liefern. Mitarbeiter brauchen Führungswissen, um über sich hinauszuwachsen. Dazu gehört Projektwissen, Planungswissen – alles das, was ihrem Blick auf die Firma Weite und Tiefe gibt. Topcrews erliegen meist dem Irrtum, Mitarbeiter hätten nicht das Bedürfnis nach großen Formaten und Überblick. Für sie sei das kleine Quadrat der täglichen Weisungen Motivation genug. Doch nur wer in großen Zusammenhängen seinen Beitrag leisten darf, sprengt die eigenen Leistungsgrenzen. Die meisten Topmanager erfahren das nie, weil sie an Menschen nur begrenzt interessiert sind. Wo begrenztes Interesse herrscht, bleiben konventionelle Leistungsgrenzen unüberwindlich.

Austeilen von den eigenen Ressourcen, das heißt auch: am eigenen Bild bei den Mitarbeitern jene entscheidenden neuen Züge einzuzeichnen, die das frostige Verhältnis um einige Grade erwärmen. Nur so wird jene offene und wohlwollende Bewunderung möglich, die beide Seiten aus dem heillosen Zirkel von Verdacht und Geringschätzung befreit.

Das gilt genauso im größeren Rahmen. In der deutschen Öffentlichkeit hat sich, wie auch in anderen Wohlstandskulturen, eine allgemeine Verdachtsbereitschaft entwickelt, die das Führungspersonal der Wirtschaft mit Argwohn, Geringschätzung und Ablehnung beobachtet. Daß dieser starke negative Gegenstrom in der Wohlstandskrise seine tiefe Spur durch die Republik zieht, mag folgerichtig erscheinen. Der Wohlstandsgenerator Wirtschaft enttäuscht die Bürger des Landes, weil er als Helfer in der Krise versagt. Weder **mit** der Politik, die ebenfalls enttäuscht, noch **gegen** sie kommt die bewährte Wohlstandsmacht Wirtschaft den Menschen zu Hilfe. Das deutsche Wunder war ein Wirtschaftswunder, deshalb ist der Schuldige schnell ausgemacht, wenn das Wunder stirbt.

Zusätzlich erhält das traditionelle Bild vom Unternehmer und Manager Risse, weil die Versager, Bankrotteure und Profiteure von den enttäuschten Zuschauern kurzerhand mit dem Gros der Topmanager gleichgesetzt werden. Korruption ist die ›normale‹ Begleitmusik der Krise; aber sie ängstigt und empört Menschen, deren Lebensbau ins Wanken geraten ist. Dominanz durch großzügige Lieferungen begründeter Zuversicht läßt die gesamte Führungselite vermissen. Austeilen aus leeren Taschen, wie es der Staat jahrelang praktiziert hat, erscheint als Täuschungsmanöver, das jeder private Haushälter durchschaut.

Wer gleichzeitig nehmen und geben will, wie die staatliche Führung in diesen Jahren, hat ein Glaubwürdigkeitsproblem, weil die Bürger den Politiker als Geber zwar wiedererkennen – seine Geschenke waren die Grundmelodie ihres Lebens –, zugleich aber seine gebrochenen Versprechen fürchten und ihn als jenen Wegelagerer wiedererkennen, der ihnen morgen aus den Taschen raubt, was er heute hineinfüllt. Die vertraute Arbeitsteilung zwischen Politik und Wirtschaft ist obendrein außer Kraft gesetzt, so erleben es die Menschen. Die Wirtschaft läuft an derselben kurzen Leine wie der Steuerbürger. Nichts stimmt mehr in der Welt des deutschen Bürgers. Daran gemessen, verhält er sich erstaunlich ruhig. Wenn Dominanz durch Geben die Erfolgsformel für Führung ist: Was sollen dann die Führungsgruppen geben, deren Hände leer sind? – So fragt ein Land, das ›Geben‹ nur materiell buchstabiert hat.

Was die Alphatiere in Wirtschaft und Politik den Menschen geben müssen, ist deshalb die wichtigste aller Fragen, weil es nicht aufgeschoben werden kann und weil ohne die Menschen, ohne jene, die das Spitzenpersonal oft für entbehrlich hält, nichts gelingt. Wir werden die Krise nicht deshalb hinter uns lassen, weil kluge Kommissionen voller Betatiere die Befreiungsformel finden. Wir werden sie nur überstehen, wenn die Führenden aller Couleurs sich entschließen, als Geber einer fast vergessenen Dimension zu agieren. Was sie reichlich austeilen müssen, ist: Wahrheit, soweit sie etwas davon besitzen, das Bekenntnis ihres Scheiterns und ihrer Irrtümer, das neue Bekenntnis zu jenen Gütern, die nicht materiell definiert sind.

Es sind diese Güter, die den Zusammenhalt zwischen Führungspersonal und Bürgern wiederherstellen könnten:

- Verlässlichkeit und Wahrhaftigkeit,
- Informationsbereitschaft und Leistungswillen,
- Zuwendung und das Versprechen, alles, auch den Schmerz über Fehler und Verluste, miteinander zu teilen.

Nur so wird die Verschwörung zum Erfolg, die uns alle zusammenhalten muß, möglich.

Gegeneinander können wir es nicht schaffen.

Entzweit verlieren wir alles, was wir erreicht hatten. Die in den Entscheideretagen Sitzenden müssen anfangen. Sie müssen sich endlich wieder den Menschen zuwenden, statt über sie zu verfügen.

Sie haben keine Wahl: Politiker, Manager und Bürger müssen wieder anfangen, sich aufeinander zu verlassen.

Sie müssen wieder lernen, Versprechen zu geben, weil Menschen Versprechen brauchen.

Dominanz durch Geben. Was Alphatiere liefern müssen:

- Wahrheit, soviel sie davon besitzen,
- das Bekenntnis ihrer Irrtümer und ihres Scheiterns,
- das neue Bekenntnis zu Gütern, die nicht materiell sind:
- Verläßlichkeit und Wahrhaftigkeit,
- Informationsbereitschaft und Leistungswillen,
- Zuwendung.

Das Versprechen, alles, auch den Schmerz über Fehler und Verluste, miteinander zu teilen.

Sie müssen aber auch lernen, ihre Versprechen zu halten. Dominanzpositionen, das wissen wir doch inzwischen, sind nichts wert, wenn man sich auf ihnen verschanzt.

Dominanz an sich macht nicht mächtig, wenn die Mitspieler und die Ressourcen fehlen. Daß es aber nicht nur die Ressourcen der Warenwelt gibt, wenn eine *Community* abgestürzt ist und den Glauben an sich selbst zu verlieren droht, das ist die Postwohlstandslektion, die wir soeben eilig lernen. Die politische Führung verspätet sich dabei etwas. Sie ermuntert immer noch zum Konsumieren von Waren alter Ordnung, während der Hunger sich längst auf virtuelle Güter richtet – die in der Phantasie der Politiker noch nicht angekommen sind.

Die Krise ist die große Bewährungsprobe für alle, die entscheiden und führen.

Wer sich jetzt noch zur Täuschung der Bürger verpflichtet fühlt, zerstört unsere Chance, uns neu zu verständigen.

Es geht nicht um einsame Entschlüsse, sondern um gemeinsame Entschlossenheit.

Die Bürger warten. Die Führungstrupps müssen aus ihrer Deckung kommen, endlich.

> Dominante Menschen drängen auf exponierte Plätze. Ein neugieriges Publikum verfolgt und fördert, begünstigt und stoppt die Aufstiege. War der Aufstieg steil genug, meldet sich die Lust, den Absturz zu inszenieren.
>
> Wie muß einer sein, den die andern durchlassen nach oben? Er schafft seinen Aufstieg ja nicht gegen die andern, sondern nur mit ihrer Billigung. Was unterscheidet ihn von all jenen, die er hinter sich gelassen hat?
>
> Es sind nicht die harmlosen und liebenswerten Eigenschaften, die nach ganz oben führen. Chefmanieren sind durchaus erwünscht. Ein wenig Frösteln mischt sich in die Bewunderung für ein mächtiges Alphatier. Und die Kontrolle bleibt wach, weil der Abstand viele Vermutungen zuläßt. Chefklima ist nicht Nähe; alle brauchen den Abstand. Es müssen Fragen offenbleiben, damit den Mitarbeitern der Stoff nicht ausgeht. Ein Chef, der völlig transparent wäre, ist keiner mehr.

Gibt der Chef sein Bestes? Diese Frage schwingt immer mit.

Wer die dominante Position möglichst lange halten möchte, muß die Eigenschaften des *good winners* zeigen: abgeben von seinen Vorsprüngen. Verschwenderisch austeilen von seinen Informationen. Geben. Teilen. Auch die Ideen für morgen. Nichts anderes muß man tun, um Menschen zu gewinnen und mitzunehmen. Dabei schmilzt der Abstand nicht, aber die Temperatur steigt. Nur so entsteht Verlässlichkeit. Erst jetzt sind die Schwachen ihrer Schutzmacht sicher.

Wir haben keine Wahl. Politiker, Manager und Bürger müssen wieder anfangen, sich aufeinander zu verlassen. Das geht aber nur, wenn sie lernen, ihre Versprechen zu halten. Keine zu geben rettet uns nicht. Menschen brauchen Versprechen. Am besten ganz große.

Zum Beispiel das Versprechen auf Glück.

Das leise Lächeln der Sieger: Freundlichkeit als Herrschertugend

Freundlichkeit – ein Wort für Reservate, in denen altmodische Menschen leben. »Bitte, seien Sie freundlich zu mir« erzielt einen Effekt wie eine Zumutung. Wer es damit versucht, darf mit einer Kriegserklärung des Gegenübers rechnen. »Soll das ein Vorwurf sein?« Der drohende Ton macht den Rückzug ratsam. Eine freundliche Gesellschaft – sie ist nicht nur kühne Krisenvision, sondern, wenn wir ernstlich wieder nach oben wollen, ohne Alternative. Wir haben nie so von uns geredet, auch und erst recht nicht in den guten Zeiten. Fröhlich allenfalls, aber freundlich? Freundlichkeit mußte man sich bei vielen von uns hart verdienen; bei den meisten durften wir sie nie erwarten. Ja, viele von uns haben sich schon im Wirtschaftswunder umgestellt: Zu freundlichen Völkern kann man reisen, zu Hause geht es kühler zu. Aber dafür haben wir den Aufstieg.

Freundlichkeit ist etwas Unprofessionelles, so begründen

Profis ihren Vorbehalt. Mag sein, daß geniale Verkäufer zu ihren Kunden freundlich sind. Der Kunde ist König, hieß es in den fetten Jahren. Und er will, so meinte man damals, umgarnt sein. Weil er Vergleiche anstellt, muß man ihn überlisten. Die Königslegende ist so eine List. Wie die meisten Marketingtricks des Wohlstandsfiebers ist sie heute außer Kurs geraten: Freundlichkeit sei eine Kleinbürgertugend, die den exzentrisch vagabundierenden Kunden im Raubtiermarkt gar nicht erreicht.

Wir haben nun die beispiellose Chance, unseren Umgang miteinander, auch dort, wo wir nicht Anbieter und Kunden sind, ganz neu zu entwickeln.

Freundlichkeit als Grundmelodie wäre ein vorzügliches Krisentherapeutikum. Wie alle großen Umstimmungsprozesse müßte er von den Führungsgruppen ausgehen. Freundlichkeit als Führungsmelodie? Der Kanzler, die Kanzlerin im freundlichen Umgang mit Bürgern und Wählern? Das Versagen der Führungsleute in der Krise scheint unvermeidlich; sie kämpfen an mehreren Fronten und wählen deshalb bald einen drohenden Ton. Als Verursacher der Notlage angeklagt, wählen sie einen unfreundlichen Grundton für ihre Verteidigung, wie es jeder schuldbewußte Chef tut, um unversöhnlich abzuschmettern, was ihm nicht paßt. Zugleich als Krisenmanager aufgerufen, entscheiden sie sich ebenfalls für einen eher rauhen Tonfall, weil sie Freundlichkeiten in der Krise für erfolglos halten.

Und es zeigt sich: Die Bürger und Wähler, die Mitarbeiter der Firmen denken genauso. Freundliche Leute sind harmlose Leute, und Power geht mit Freundlichkeit nicht zusammen. Zugleich sind alle sich einig im Verlangen nach einem freundlicheren Grundton – gerade weil alle die Verlustangst verbindet. Verbundenheit aber findet nicht statt. Zusammenhalt, eine natürliche Krisenstrategie, gelingt nicht. Nähe weicht dem Mißtrauen. Freundlichkeit macht wehrlos, man liefert sich aus, so das Grundgefühl der Menschen. Sie rücken nicht zusammen, sondern auseinander. Jeden Tag tauschen wir uns über die wachsenden Abstände aus, die uns trennen.

Alle Wohlstandsstrategien sind falsch für die Wegstrecke,

die wir jetzt zu meistern haben. Gemeinsam oder gar nicht wird es gelingen, die Nachwohlstandswelt zu betreten und zu gestalten.

Eine dieser falschen Strategien aus den Jahren der Unersättlichkeit war das Wegrationalisieren von Freundlichkeit aus dem Wettkampf der fitten *Fighter* um die besten Plätze. Freundlichkeit macht *Loser,* war die Überzeugung, die sich breitmachte. Wer zuerst grinst, wird später überrundet – von denen, die am besten, nämlich zuletzt lachen. Auf den letzten Wohlstandsmetern, als die Schwelle zur *Loser*-Gesellschaft schon überschritten war und erst wenige es ahnten, machten wir kollektiv noch eine kleine Kehrtwendung in Richtung Freundlichkeit. Nachdem wir uns jahrelang ergebnislos von den freundlichen Kassiererinnen, den liebenswürdigen Tütenpackern in den USA und den glashellen Stimmen der SAS-Stewardessen erzählt hatten, begannen wir ohne jede Absprache ein Großexperiment, das ganz Deutschland erfaßte. Nein, es war nicht die Offensive des Lächelns, die liegt uns einfach nicht – noch nicht. Es ist der hingenuschelte Dreiwortsatz, den die Kassiererin ihrem Förderband, der Kunde seiner Einkaufstasche oder Papiertüte hinwarf – »Schönen Tag noch.« Ohne Blickkontakt, mit der leisen Scham von Leuten, die sich auf ungewohntem Terrain bewegen. Schon auf der Flucht, werfen wir einander freundliche Wünsche zu. Die Kassiererin hat ihre Hände bereits beim nächsten Warenstrom, der Kunde wendet sich mit seinen Tüten und Taschen zum Gehen: Jetzt, fast zu spät, aber genau so gewollt, fliegt der kleine Satz zwischen beiden hin und her: »Schönen Tag noch.«

Da waren wir schon fast im neuen Gelände. Die ersten Zweifel, ob wir wirklich auf Erfolg abonniert seien, waren schon unterwegs.

Die freundliche Republik können die Bürger nicht allein errichten. Wie jede Innovation, muß auch diese von der Führung machtvoll gefördert werden. Das wird nur geschehen, wenn Politik und Wirtschaft, die beiden Großmächte, in deren Hand sich der Bürger wiederfindet, überzeugt werden können, daß Freundlichkeit als Führungstugend mehr Loyalität erzeugt als jedes Untergangsszenario und jede drohende Analyse.

Wer aber denkt an Freundlichkeit, wenn er Dominanz, Macht, Topmanagement, Regierung sagt? Freundlichkeit paßt nicht zur Aura der Mächtigen.

Ist es ein Privileg des »Allmächtigen«, sozusagen ein göttlicher Luxus, Freundlichkeit ganz selbstverständlich als Herrschaftsmerkmal in seinen Auftritt einzufügen? In Zeiten des Interesses am neuen Papst ist das ein wichtiger Hinweis: Als Stellvertreter eines »freundlichen« Gottes, wie der Mönch Martin Luther aus dem Hebräischen und Griechischen übersetzt, hat der Papst keine Wahl: Er wendet sich mit Freundlichkeit den Menschen zu. Seine Machtvollkommenheit wird gerade in der Zuwendung und Wärme am eindrucksvollsten, das hat Johannes Paul II. gezeigt. Im freundlichen Lächeln war mehr von seiner Unnahbarkeit und Würde lesbar, als jede Herrschergeste hätte vermitteln können. Wer seines Mandats sicher ist, wird frei für Freundlichkeit, lautet die Botschaft.

Beide Päpste, die sich im Frühjahr 2005 der Welt gezeigt hatten mit allen Insignien ihrer Macht, strahlen Freundlichkeit und Würde zugleich aus. Ihr Lächeln ist Zuspruch und Signal der Verbundenheit, ohne den Abstand aufzuheben, den beide Seiten brauchen, um einander in ihrer Würde wahrzunehmen.

Das unerschütterliche Lächeln der Päpste ist, was die wenigsten wissen, tatsächlich Nachfolge Christi. Freundlichkeit, deren wortlose Botschaft das Lächeln ist, hat ihren Platz nicht irgendwo im Fußvolk der Mächtigen, wie die freundlichkeitsresistenten Topmanager glauben, sondern ist das Privileg der Machtvollkommenheit. Götterfunken Freundlichkeit: Das Alte wie das Neue Testament zeigen den allmächtigen Gott als einen ›freundlichen‹ Herrscher. Die Freundlichkeit als königliches Prädikat gehört nicht nur zur Hoheit Gottes, sondern ist Begleiterin der Liebe: »Die Liebe ist langmütig und freundlich«, sagt Paulus (1.Korintherbrief 13, 4). Der freundliche Gott empfiehlt den Menschen: »seid untereinander freundlich, herzlich« (Epheser 4, 32). Wer Macht über andere hat, muß freundlich sein? Nein, das fällt uns nicht als erstes ein.

Dominanz erzeugt Kühle, so unsere Erfahrung. Alphas sind Leute, die es ein paar Grad kühler haben, weil sie ein paar Grad kühler sind. Warme und weiche Eigenschaften machen

Freundlichkeit – ein Fremdwort bei den Mächtigen? Zerstört Freundlichkeit die Aura der Starken? Ist Dominanz nur ohne Freundlichkeit möglich? Freundlich sind nur die Domestiken?

Das Lächeln der Päpste. – Das Lächeln der Topmanager?

Dominanz braucht Kühle, so sagt man. Das Frösteln in der Nähe der Mächtigen gehört dazu. Aber die stärksten unter den Alphatieren lächeln. Ihre Freundlichkeit ist Chiffre ihrer Macht: Nur sie kann das Gefälle überwinden, das die Machtlosen von ihnen trennt.

schwach, so beschreiben es selbst die Skeptiker der Macht. Wenn Führung kühl sein muß, wie kann sie dann begeistern? Steigert Begeisterung nicht zwangsläufig die Temperatur im Team? Ja, richtig, der kühle Kopf mit heißem Herzen ist da unterwegs. Aber nicht als *Leader,* nur als *Teammate.*

Die warme Welt der Zuwendung, Anteilnahme und Freundlichkeit bleibt verschlossen, wenn beide, die Alphas und ihre Teamgefährten von Beta bis Omega, ihr Täterklima beschreiben. Wärme ist der Feind. Sie zerstört die Professionalität. Nähe macht schwach. Plötzlich gehen die Gefühle durch wie Pferde bei Feuer. Und Freundlichkeit steht im Verdacht, genau die paar Grad zuviel Wärme zu bringen, die den ratioverliebten *Teamplayers* die Macht über ihre Emotionen entgleiten läßt.

Führung und Geführte entscheiden im Business für das alte Defizitprogramm, das bei prallen Auftragsbüchern und steigenden Börsenkursen unterm ewigblauen Wohlstandshimmel nicht den Leidensdruck auslöste, den wir heute fühlen. Politiker galten als erfolgreich, weil die Wirtschaft Erfolge einfuhr. »Freundliche« Leute wollten sie nicht unbedingt sein; als Wohlstandsriesen sahen sie sich lieber in imposanteren Rollen, als ausgerechnet der freundliche Herrgott sie wählte.

Einer von den Mächtigen versuchte es mit dem Label »Freundlichkeit« allen Ernstes und in voller Überzeugung. Es war nicht der softe Chef eines mittelständischen Handwerksbetriebs, sondern der bewunderte und hochintelligente, elegante Sprecher der Deutschen Bank, Alfred Herrhausen, der Ende der achtziger Jahre seine Vision eines gewandelten Markenauftrittes der Deutschen Bank vortrug: »Die freundliche Bank. So sollen uns die Leute wahrnehmen. Wir wollen die freundliche Bank sein.« In der Marktforschung dominierte damals die Wahrnehmung der Bank als »Herrenreiter«, also relativ weit weg von dem Idealbild, das Herrhausen vorschwebte. Sein Vorschlag war den Kollegen nicht vermittelbar.

Die Macht der Banken war schon damals ein öffentliches Thema. Macht und Freundlichkeit paßten auch im Selbstbild der mächtigen Spitzenbanker nicht zusammen. Mit dem Außenseiter Herrhausen verschwand der Begriff aus der Debatte.

Die selbstbewußten Kollegen fanden, daß Freundlichkeit zu bürgerlich sei angesichts der Noblesse, die sie zu vertreten hatten. Zuviel Stall, zuwenig Herrenhaus schwang da mit.

Eliten vertreten alle möglichen Tugenden, darauf konnte man sich einigen. Aber die Freundlichkeit zählte nicht zu den edlen Eigenschaften, die man sich zulegen wollte.

Irgendwann nach Luther – nein, irgendwann in den zweitausend Jahren post Christum muß es passiert sein, daß die Freundlichkeit ihren göttlich geschützten Ehrenplatz verlor.

Sie landete bei den Domestiken, den Befehlsempfängern der Herrenmenschen. Daß genau diese, die Herren selbst, mit Freundlichkeit ein Vorbild geben sollten, ist längst vergessen. In der Wettbewerbsgesellschaft ist nicht der freundliche Chef das Thema, sondern der freundliche Mitarbeiter. Seine Freundlichkeit wird gebraucht für den Kunden, nur da hat sie eine Bedeutung. Freundliche Teams? Klingt exotisch. Freundliche Behörden? Die müssen anderes können. Freundliche Lehrer? Keine Schlüsselqualifikation, meinen die meisten Deutschen.

Als freundlicher Mensch kommt man nicht weit, sagen uns auch die Ratgeber. Dominanz kann sich Freundlichkeit nicht leisten. Aber diese Botschaft ist schlicht falsch.

Denken Sie einen Moment lang an Menschen, nahe oder ferne Menschen, die Sie bewundern. Sind das unfreundliche Menschen? Bewundern wir sie, weil sie sich ablehnend, hochmütig, verschlossen oder feindselig verhalten? Wir bewundern sie, weil sie – trotz deutlicher Überlegenheit, trotz unübersehbarer Größe, Stärke, Intelligenz und visionärer Energie – freundlich mit ihrer Umwelt umgehen. Der Glanz, den ein bewundertes Vorbild entwickelt, beruht auf dieser unwiderstehlichen und jedes Mal völlig verblüffenden Mischung, die alle unsere Erwartungen durchschlägt: Uns weit voraus, schaffen diese Menschen durch ihr Auftreten – Nähe. Daß wir nicht auf Distanz bleiben und frieren, sondern den Abstand genießen können, weil er unsere Bewunderung lebendig hält, das wird nicht von uns geleistet, sondern von der Freundlichkeit des Überlegenen.

Freundlichkeit ist eine der wichtigsten Führungstugenden, aber sie taucht in den Führungslektionen nirgendwo auf. Nur noch als Verkaufstrick darf sie weiterleben – also nicht bei den Chefs, denn Chefs **lassen** verkaufen. Untergebene, Dienstleister sollen freundlich sein, das verlangt der Chef. Aber er selbst?

In der Machtgeste der Freundlichkeit verbergen sich Güte und Gnade. Die Freundlichkeit löscht Angriffe auf den Herrscher aus. Vergebung hüllt sich in den Mantel der Freundlichkeit. Es ist die Geste, die wiederkehrt, überall wo sich ein Mächtiger den Ohnmächtigen zuwendet, um ihre Lage zu ändern.

Die Freundlichkeit der Mächtigen ist eine Chiffre für ihre Macht: Nur sie sind in der Lage, das Gefälle zu überwinden, das die Machtlosen von ihnen trennt.

Freundlichkeit, das beweisen die freundlichen Giganten der Geschichte, kostet nicht Macht, sondern gibt der Macht ein anziehendes Gesicht. Schon der Gott des Alten Testaments straft und rettet in einem Atemzug: Er läßt sein Volk Israel spüren, daß er Regelverstöße nicht duldet – und ›redet freundlich mit ihnen‹, weil er sich für dieses Volk entschieden hat (beim Propheten Hosea im 2. Kapitel).

Freundliche Herrscher für ein freundliches Volk – ist das eine Utopie, die in die globalisierte Welt nicht mehr paßt? Der entfesselte Wettbewerb, sagen viele Beobachter, ist der gesichtslose Herrscher, dem jeder sich fügen muß, der Erfolg haben will.

Der entfesselte Wettbewerb ist Kampf, fügen Analytiker hinzu, da hat Freundlichkeit nichts zu suchen. Aber es sind die Menschen, die unbelehrbar weiter nichts anderes suchen als ihr Glück – die einen offen, mit heißem Herzen, die andern verschlüsselt, mit kaltem Verstand.

War die Freundlichkeit der Mächtigen immer so etwas wie ein Abfallprodukt ihrer Macht, eine spielerische Laune, mit der sie den Abstand zwischen ihrer Hoheit und den Untertanen verringert haben?

Die gute Dominanz hat immer diese zwei Gesichter: Freundlichkeit und unerbittliche Festigkeit: *Identity*. Die Glaubwürdigkeit des Mächtigen speist die Reputation der wie immer gearteten *community,* für die er Verantwortung trägt. Ob dies die Gemeinschaft der Gläubigen ist oder die

Die freundliche Gesellschaft – eine Utopie? Freundliche Herrscher für ein freundliches Volk? Nichts geht ohne Freundlichkeit:

Sie ermutigt.

Sie wird beim Teilen mehr. Sie vertreibt Streß.

Sie sichert die Ausstrahlung der Großen und den Schutz der Kleinen.

Freundlichkeit ist eine scharfe Waffe. Sie entwaffnet leise. Sie siegt durch Ansteckung: ein Geschenk der Evolution.

Mitarbeiterschaft einer Firma. Die Freundlichkeit der Führung ist es, die das Tor für loyale Bindung öffnet; der Stärkere gewinnt durch freundliche Zuwendung das Vertrauen der Mitarbeiter.

Die ›freundliche Gesellschaft‹ ist schon deshalb keine Utopie, weil sie ein Klima liefert, das die überwältigende Mehrheit der Menschen wünscht. Dieser Wunsch war in den Turbulenzen der Konsumära kaum hörbar – wie das leise Fragen eines eingeschüchterten Kindes auf einer lauten Party. Jetzt, da das Wohlstandskarussell sich leiser und langsamer dreht, wird es wieder hörbar, das Verlangen nach Freundlichkeit. Freundlichkeit als Alltagsmelodie würde uns alle spüren lassen, daß wir nicht allein sind. Solidarität, oft als Kampfvokabel mißbraucht, könnte damit zum beruhigenden Lebensgefühl werden, während wir unsere neuen Stärken suchen.

Freundlichkeit ermutigt – den, der sie gibt, und den, der sie empfängt. Sie gehört zu den Gütern, die durch Teilen mehr werden.* Keiner wird Verluste machen in diesem Spiel. Jeder, der sie gibt, wird sie gewinnen: die Freundlichkeit, die uns zusichert: Auf dich kommt es an; du kannst mehr, als du denkst; die andern brauchen dich; entzieh uns nicht deine Kraft.

Die freundliche Gesellschaft könnte sich jene Ermutigung verschaffen, die ihr die Politiker verweigern, weil sie in ihre Ratlosigkeit verstrickt sind. Freundlichkeit als Programm wäre eine Reform für sich, die Kräfte für andere Reformen frei machen würde. Sie braucht nur eine Lobby, die Freundlichkeit, die genug Menschen ermuntert, dem spontanen Impuls zum Streiten zu widerstehen. Solange wir nach Schuldigen für unsere Krise suchen, fehlt uns die Kraft zum Neubeginn.

Wir müssen unsere Vorstellungen über die stumpfen und die scharfen Waffen neu ordnen: Freundlichkeit ist nicht *Softpower,* sondern eine scharfe Waffe. Der Freundliche siegt, weil er entwaffnet. Weil diese Waffe leise ist, wird sie von den lauten Angreifern unterschätzt. Ein freundliches Lächeln

---

* Siehe dazu auch Kapitel »Teilen, um zu gewinnen«, S. 112.

zwingt selbst den lautesten Angreifer in die Knie. Zwei Welten prallen hier aufeinander; die virtuelle Macht der einen ist stärker als die brachiale Attacke der andern. Die freundliche Gesellschaft könnte im Vorgriff auf ihre bessere Zukunft leben; dem Lächelnden schenken Steinzeitprogramme in seinem Gehirn den Rauschdrogencocktail, der ihn belohnt und den Zeugen des Lächelns ansteckt – mit Selbstvertrauen. Nur wer den Zugriff auf die Vision wagt, wird sie in die Realität zwingen. Der Polterer schweigt beschämt – oder flieht. Das Lächeln siegt.

Die Freundlichkeit überlebt auch in Krisengesellschaften, weil ihre Waffen unsichtbar sind. Daß man sie für harmlos hält, als Habitus der Blauäugigen unterschätzt, das ist ihre Überlebensgarantie. Jetzt, da wir uns an die Krise gewöhnt haben, betritt sie wieder sichtbar die Bühne. Die Geizattacke ist geritten; die Suche nach Feindbildern dauert zwar an, aber das Verlangen nach freundlichen Begegnungen steigt im gleichen Maße. Schnell spüren die hungrigen Sucher, daß sie am besten selbst die Zeichen setzen: ein Lächeln im Sturm, Umarmen, wo Existenzangst uns trennen will.

Wer Herrentiere beschreiben will, wird auf keinen Fall zu dem Wort ›freundlich‹ greifen. Ein Wort ohne *Power*. Die ganz großen Abschlüsse werden nicht mit Freundlichkeit erstritten. Ein Relikt aus der Welt der Dienstleistungsträume, die wir einstweilen dichtgemacht haben, weil die Zeiten hart sind.

Mit Gipfelpositionen bringen wir die Freundlichkeit als Tugend nicht in Verbindung. Dennoch sehnt sich jeder nach – Freundlichkeit. Verletzlich und streßbedroht, wünschen wir uns oft nichts sehnlicher als ein freundliches Wort.

Als alles gut lief, waren wir belastbarer. Heute entscheidet die Atmosphäre, die wir schaffen, über Abschlüsse, die wir machen.
Die freundliche Republik – beim Vergleich mit unseren Nachbarvölkern erscheint sie als entlastende Vision, die das düstere Grau des deutschen Alltags erhellen könnte.

Die bewunderten Vorbilder weltweit gewinnen unsere Achtung und bezaubern durch freundliche Zuwendung. Sie schaffen Nähe, die den Abstand nicht aufhebt, den wir für unsere Bewunderung brauchen. In Wahrheit ist die Freundlichkeit eine der wichtigsten Führungstugenden. Nur wer von freundlichen Menschen regiert wird, kann Freundlichkeit weitergeben. Freundlichkeit ist eine vorzügliche Chiffre der Macht:

Sie überspringt das Gefälle, das nur der Mächtige selbst überwinden kann. Die freundliche Gesellschaft ist schon deshalb keine Utopie, weil wir alle sie wünschen. Freundlichkeit ist eine scharfe Waffe. Wer sie souverän führt, zwingt selbst den stärksten Angreifer in die Knie. Ein evolutionäres Erbe, das dem Lächeln eine weit ansteckendere Macht verleiht als der Angriffslust.

Die Firma Deutschland muß ihre Alltagsrituale umstellen, wenn sie siegen will.

IV NEUE FREIHEIT IM LANDE HINTER DER GIER

Luxus: Niemals Abschied nehmen von den großen Gefühlen

Luxus, jetzt? Während aller Überfluß abgeflossen ist? Luxuria, die Ausschweifung, paßt nun wirklich nicht ins Land der Neider. Immer noch gibt es viel zu viele, die verschwenderisch mit alledem umgehen können, was uns fehlt. Luxus: Das sind immer die andern. Es ist ein böses Wort geworden, anklagend und verächtlich. Der Luxus gehört in liederliche Lebensläufe, die täglich unvertretbarer werden.

Alles, was das mittlere Maß übersteigt, weckt Unruhe bei denen, die im mittleren Maß gefangen sind. Die Gier, das sind die andern, wie der Luxus auch, aber der Neid ist geblieben. Zäh und giftig rumort er in den Köpfen: Sie müssen deshalb ein böses Bild von dem entwerfen, was die andern haben. Selbst wenn gar nicht sicher ist, wie die Verdächtigten sich in ihrem Schlaraffenland fühlen.

Denn so stellen sich materiell gepolte Wohlstandsbürger die Welt des Luxus vor: als Schlaraffenland, wo Völlerei und Lethargie mit übervollen Bäuchen den Tag bestimmen. Luxus, so die üble Nachrede der Neidgeplagten, das ist entgleister Konsum. Von allem zuviel haben heißt alles geringschätzen. Verschwendung ist die Notlösung, wenn soviel mehr verfügbar ist, als man konsumieren kann. Luxus verurteilt zum Überdruß, sagen die mißlaunigen Beobachter. Wer immer alles hat, wird genußunfähig.

Wenn die Neider sprechen, wird Luxus zur Hölle. Aber ihr Neid beruhigt sich trotzdem nicht. Da bleibt ein Verdacht, weil ein unstillbarer Wunsch bleibt: einmal selbst im Überfluß zu leben. Ein Traum, der die Völker begleitet. Eine Vision, die sie mit Hilfe ihrer Religionen in den Kerker finsterer Verdächte sperren, weil das Verlangen sich nicht befrieden läßt. Die Schlaraffen haben ihn wahrscheinlich doch verfehlt, den wahren Luxus, der nicht schläfrig, sondern hellwach und glücklich macht. Warum wagt es niemand, den Luxus gleich im sakrosankten Sehnsuchtsraum unterzubringen – im Paradies? Ist Luxus immer lasterhaft? Bleibt ihm deshalb das Paradies verschlossen? Aber auch dort, so berichten einander die Völker seit Jahrtausenden, herrscht Überfluß an allem – also eigentlich Luxus.

Wo liegt der Unterschied?

Luxuria heißt ursprünglich ›üppige Fruchtbarkeit‹. Das klingt schon eher nach Paradies. Luxus, in fast alle europäischen Sprachen eingewandert, sog sich voll mit dem Verdacht der Zuschauer, die nichts im Übermaß besaßen. Ihr Ressentiment war und ist denen sicher, die im Luxus leben – was immer dieser Verdacht umfassen mag.

Im Dunstkreis der Gier schrumpfte das Geheimnis des Luxus aufs Haben und Konsumieren. Luxus: Das konnte nur heißen zuviel Geld, zu viele Kleider, Autos, Jachten und zu viele Häuser, in denen Champagnerflaschen explodieren wie bei den Rennfahrern nach dem Sieg. Luxus im ressentimentgeladenen Wohlstandshirn, das mußte Dekadenz und vulgäre Gier bedeuten – weil der Gierige sein Fernziel nur als noch mehr Gier beschreiben kann. Der Süchtige redet berauscht von noch mehr Suchtmitteln – und verachtet die andern Süchtigen, die darüber verfügen. Luxus so komplett materiell definiert, hat endlich keine Aura mehr, wie sie die Paradiese besitzen: üppige Fruchtbarkeit mit Bäumen, die zugleich blühen und Früchte tragen. Der Luxus der Paradiese bringt den Neid zum Schweigen, weil von allem genug da ist. Genug? Genau dafür ist den Kindern der Gier der Maßstab abhanden gekommen. Sie wollen immer und auf jeden Fall mehr als genug. Nach dem ›Genug‹ fängt ihre Sucht an, ihr Neid, ihre Begehrlichkeit. Ihr quälender Appetit, weiterzuessen, wenn es nicht mehr schmeckt. Und ihr Hass auf jene, die noch mehr vertilgen: die Luxuskinder.

Der Luxus wird zum nachtschwarzen Laster in den Köpfen

Luxus

Luxuria – die üppige Fruchtbarkeit:

- das Paradies?
- die Hölle?
- der Jahrmarkt der Eitelkeiten?

Die Kinder der Gier buchstabieren den Luxus in käuflichen Gütern. Konsumkranke meinen: Luxus ist noch mehr Konsum.

Der Luxus flieht, wo Neid und Gier das Leben bestimmen.

der lasterhaft gierigen Futtergemeinschaft namens Wohlstandsgesellschaft. Sie können sich jenseits materieller Genüsse keine Zone vorstellen, in der Luxus überhaupt möglich ist. Ohne noch mehr Geld? Ohne noch mehr käufliche Waren, eßbarer, anziehbarer Luxus, den man auch zeigen kann. Nichts ersehnt der Neidische heftiger, als andere neidisch zu sehen: abhängig von negativen Gefühlen wie er selbst.

Nur Konsumkranke meinen, Luxus könne nichts anderes sein als noch mehr Konsum. Wer hungert und friert, träumt vom Luxus gedeckter Tische und warmer Federbetten – aber nur in seinen kühnsten Träumen. Zunächst träumt er sich auf die nächste Stufe über seiner Armut: ein Stück Brot, eine wärmende Decke. Luxus sprengt das normale Maß; aber was die Norm ist, das hängt vom Reichtum einer Gesellschaft ab. Die Wohlstandskinder haben Ansprüche und Gewohnheiten entwickelt, die ihre Eltern und Großeltern als den Luxus kleiner Minderheiten erlebt hatten: Garderobe für mehrere Leben in den Schränken; launischer Umgang mit Getränken und Lebensmitteln; stimmungsgesteuerte Umrüstung ganzer Wohnungen, um ein neues Lebensgefühl zu erproben: nichts davon notwendig, alles über den Bedarf hinaus und lustvoll inszeniert, um Aufstieg zu dokumentieren. Aufstieg aus materieller Enge, materiell illustriert von immer mehr Menschen in immer eiligerem Wettbewerb. Immer mehr Menschen stiegen in diesen Wettbewerb ein, und immer weniger Vergnügen begleitete die Ausflüge ins Luxuriöse, weil das Wichtigste dabei verlorenging: die Exklusivität. Reiche Gesellschaften haben ihre Probleme mit dem Luxus, weil die Flucht nach vorn mit noch mehr Verschwendung, noch mehr Aufwand nur noch der Außenwirkung dient – und den Genuß, von dem die Flüchtlinge träumten, vertreibt.

Wer sich durch mehr Aufwand unterscheiden will, möchte das Echo genießen. Zu weit darf man sich also nicht von den andern entfernen, wenn man das Echo noch hören und auskosten will.

So wird der Traum, den andern zu zeigen, daß man sie nicht braucht, genau deshalb nie erfüllt, weil man die andern dringend braucht – sei es auch nur als Neider.

Wer Luxus als ein Machtmittel im Kampf um Geltung und Prestige inszeniert, der wird nie erfahren, ob Überfluß auch noch anders aussehen kann; ob er nur als Demonstration von Vorsprüngen materieller Art benutzt werden kann, als Dominanzbeweis, der alle klein erscheinen läßt, die nicht an ihm teilhaben, und alle vergrößert, die über materielle Güter verfügen.

Im Wohlstand verliert sogar der Luxus seinen Charme. Nicht mehr die Insel der Seligen, der Garten der Sorglosigkeit geistern durch die Träume der satten Schlaraffen, sondern die Unruhe um Konsumentenspitzenplätze treibt sie von Machtbeweis zu Machtbeweis. ›Prestigekonsum‹ ist nicht mehr lustvoll, wie man sich den Luxus vorstellt, sondern Streß.

Die sozialen Aufstiege im zwanzigsten Jahrhundert brachten immer mehr Wettbewerber um Spitzenplätze in die vordere Reihe der Prestigekonsumenten. Luxus wurde zum Instrument der Selbstbehauptung, das immer mehr Menschen zur Verfügung stand. Als Laster möchte bei so massenhaftem Andrang bald niemand mehr den Luxus sehen – im Gegenteil: Die aufstrebende Industriegesellschaft erhob ihn zum Leitbild. Nun endlich konnte sich jeder vornehmen, in die Reservate der Herrschenden von gestern einzubrechen und ihre Privilegien in Besitz zu nehmen – zum Beispiel den Überfluß.

Kaum sammelten sich die Massen um ihn, da floh er: der Luxus mit seiner Aura der Exklusivität. In der Spätphase der Konsumgesellschaft begannen die wenigen, die dem Ansturm entkommen waren, ihn als immateriellen Wert zu beschreiben. Nicht mehr wer mehr aufwendet, gelangt in das Reich des Luxus, sondern wer die Abweichung sensibler intoniert, wer Zwischentöne wahrnimmt und seine eigene Melodie daraus komponiert.

Und plötzlich wird wieder deutlich, was sie immer auch war, die *luxuria:* Macht- und Prachtentfaltung, die Abstand schuf – den Abstand der Eingeweihten von den vielen. Mit Reichtum materieller Art hatten diese Inszenierungen von Abstand und Dominanz nur am Rande zu tun.

Im Zeitalter nach der Gier, das wir zu erkunden begonnen haben, gewinnt der Luxus überraschend seine Aura wieder.

Er zeigt den konsummüden Glückssuchern ein ganz neues Gesicht: Unterscheidung durch Haben ist nicht mehr verlokkend; nun geht es um Verschiedenheit durch Tun und Fühlen, durch Verhalten. Ganz einfach baut sich ein neues Profil von Luxus auf, das kaum noch jemand kannte. Abweichendes Verhalten ist Luxus, wenn der Gleichheitsdruck alle zusammentreibt. Selbst entscheiden, was man tun möchte, wird zum luxuriösen Erlebnis, wenn alle von Musts umstellt sind. Der Gleichschaltung davonlaufen: Luxus. Statt kostspieliger Auftritte das Kostenlose tun: Luxus. Zum Beispiel im Gras liegen. Mit nackten Füssen gehen. Schwarzbrot ohne Butter essen, Kirschen vom Baum, die noch sonnenwarm sind: Luxus pur.

Luxus ist das Unterlaufen der Standards in der wohlhabenden Gesellschaft. Auch der Restreichtum macht die meisten noch unruhig; es wird noch eine ganze Weile so sein, daß die Luxusjünger von gestern Erinnerungen inszenieren: Champagnerfrühstück und Hummeressen. Aber immer mehr Augen blicken dabei gelangweilt oder schon melancholisch. Die Ahnung, daß der Luxus ihnen längst vorausgeeilt ist in extrem elitäre Nischen, beschleicht die Schlemmer. Luxus, das kann schon beginnen hinter den Mauern ihres stolz gehüteten Grundstücks, unter alten Bäumen, auf dem sandigen Pfad, der von Baumschatten gesprenkelt ist. Überall, wo Gedanken und Gefühle die Rituale der Dominanz überfliegen dürfen, ist Luxus. Er hat mit Freiheit zu tun, das wissen die Entdecker seiner verborgenen Fluchtorte nach der Niederlage des Luxus im Einheitspark des Konsums.

»Luxus«, sagt der Designer Giorgio Armani, »das bedeutet für mich: Unabhängigkeit. Sagen zu können, was man denkt. Verwirklichen zu können, wovon man träumt.« Für Wohlstandsohren klingt das nach Reichtum. Ressentiments regen sich: »Verwirklichen, wovon man träumt«, leicht gesagt, wenn man alles haben kann, meinen die Neider. Armani sagt aber nicht ›haben‹, er sagt auch nicht ›kaufen‹, sondern ›verwirklichen‹. ›Sagen, was man denkt‹, das ist eben nicht dasselbe wie ›kaufen, was man haben will‹. Solche Gedanken, meinen die Neider, muß man sich leisten können. Richtig. Und das

Erstaunliche: Jeder kann sie sich leisten. Jeder kann sich diese Ziele setzen. Vor allem, seit das Mitspielen durch Besitz nicht mehr gefällt. Immer weniger Menschen gefällt es, weil immer weniger andere Menschen sich für die ergänzenden Rollen zur Verfügung stellen: Beifall klatschen, bewundern und beneiden. Es sind dieselben Zuschauer, die alle drei Funktionen noch gestern erfüllt haben. Sie haben sich zerstreut. Und einige von ihnen haben den Luxus neuen Zuschnitts entdeckt.

Er hat mit der Wiederentdeckung fast verlorener Gefühlsräume zu tun.

Zum Beispiel das Schauen. Hinschauen, die Augen versenken, so daß die andern Sinne nachkommen. Üben kannst du es an den kleinsten Dingen: Platanenstämme. Blumenkelche. Das Himmelsblau, wie es in die Baumkronen tropft. Die Sterne, wie sie in den Blättern der nächtlichen Bäume hängen. Der Schatten deines Glases auf dem hölzernen Tisch. Wie schlank er wird, wenn die Sonne sinkt. Das Nicken der Grashalme im leichten Wind. In der Großstadt: Gesichter. Auch Kindergesichter. Augenpaare, Hunderte. Ihre Sehnsucht, die sie leugnen. Ihr Glanz. Ihre Hoffnung. Ihr Übermut. Ihr tonloser Ruf zwischen hundert anderen: Magst du mich?

Das soll Luxus sein? Es ist Luxus, weil es das normale Maß einfach überschreitet. Weil es Hingabe an Unbezahlbares bedeutet, weil es die Fesseln von Einsatz und Preis abwirft. Weil es ›nutzlos‹ im materiellen Sinne, aber lustvoll-kostenlos, die reine Fülle ist. Luxus, weil es die Generalpause von allen ›nützlichen‹ Tätigkeiten ist. Luxus, weil es auf eine unverkäufliche Weise reicher macht. Luxus, weil bei niemandem die Lizenz erfragt wurde, die sich der versunken Schauende nimmt: Abstand zu halten. Über der Norm seine Runden zu fliegen, ohne ›liefern‹ zu müssen.

Das gehört zu den Freuden der befreiten Gesellschaft: Während die meisten glaubten, Luxus sei nun völlig unerreichbar, wächst das Reich des Luxus verschwenderisch. Vom Luxus des Habens zum Luxus des Seins. Vom Luxus an Gütern zum Luxus an Gefühlen, Gedanken und Ideen. Endlich begreifen wir wieder, daß Luxus eben das ist, was sich *nicht* rechnet. Daß er der Gegenpol der ökonomischen Zwänge ist. Daß wahrer Überfluß sich der Welt der Preisangaben entzieht. Unabhängigkeit ist in keiner Münze angemessen zu bezahlen. Sie ist das Eintrittsbillett in die Welt von Luxus und Glück. Überraschend fallen die Fesseln ab, die uns an die Normen von Erwerb und Besitz gebunden haben. Wir begreifen: Wir sind frei. Und der Luxus eigener Gedanken, Ideen und Pläne überwältigt uns, weil wir vergessen hatten, worauf es ankommt: Mach dir *deine* Gedanken, begreife *deine* Gefühle. Nimm *dich* wichtiger. Suche *dein* Wohlergehen. Denke nie mehr, darauf käme es nicht an. Es kommt nur *darauf* an. Nur über diese luxuriöse Haltung zu deiner Einmaligkeit kannst du den andern das geben, was dein Bestes ist. Du würdest es ohne die Bereitschaft zum luxuriösen Umgang mit dir selbst nie entdecken.

Dann ist Luxus also das, was jedem eigentlich zusteht? Genauer:

Was uns allen zusteht – die Liebe zu uns selbst und der zartfühlende Umgang mit unseren Gefühlen und Gedanken – ist so aus der Mode gekommen, daß jeder es für Luxus hält. Lassen wir es dabei. Hauptsache, wir haben die Sache verstanden.

Wer auf diese ganz neue Weise ›im Luxus lebt‹, der will seinen Überfluß teilen. Für Konsumnarren öffnet sich damit das Reich der immateriellen Genüsse, die nichts kosten: die Stimme der Amsel am Morgen und ihre Rufe bei Sonnenuntergang; Rosenbüsche hinter fremden Gartenzäunen, ihre Blüten schwer vom letzten Regen; ihr Duft, der zum Vorübergehenden herüberweht. Hier schweigt der Wettbewerb, und die innere Unruhe legt sich. Zugleich wachsen die Kraftreserven für den Wettstreit bei der Arbeit. Wer als Gefangener in der künstlichen Welt einen Freund hat, der die Stimme der Amsel erkennt und den Rosenduft aus fremden Gärten mit ihm teilen möchte, der wird bald den luxuriösen inneren Garten seiner Kindheit wieder betreten können und dort den Überfluß an Gefühlen und Gedanken wiederfinden, der nichts mit käuflichen Werten zu tun hat. Wer das Glück hat, als Erwachsener auf einen Menschen zu treffen, der seine kindlichen Gedanken und Empfindungen nicht weggeschlossen hat, der hat die Chance einer wunderbaren Rückkehr in

Im Wohlstand verliert der Luxus seinen Charme. Er wird zum Instrument der Selbstbehauptung. Das Exklusive stirbt in der Massengesellschaft.

Jenseits der Gier entfaltet der Luxus seine Aura wieder. Vorsprünge durch Kaufen und Raffen und Haben locken nicht mehr.

Das Kostenlose tun: Luxus. Im Gras liegen. Mit nackten Füßen gehen. Sterne im Laub.

Luxus ist das Unterlaufen der Standards.

Luxus ist Freiheit, zu denken, zu fühlen, zu schauen, was zu mir paßt.

Luxus ist die Erlösung von den ›*Musts*‹.

Luxus ist die Hingabe an alles, was nicht käuflich ist.

die erste Welt der *luxuria,* in der wir alle als Kinder unterwegs waren. Da ist das Teilen der schönsten Erlebnisse alltäglicher Luxus, weil Kinder verschwenderisch mit ihrem Glück umgehen. Sie wissen noch, daß es durch Teilen mehr wird. Stück für Stück wird ihnen das Training für die desillusionierte Erwachsenenwelt ihre großzügige Gesinnung austreiben. Das Kind soll ein Wettbewerber werden, der sich nicht in die Karten schauen läßt. Daß die erfolgreichsten Wettbewerber mit offenen Karten spielen, wird es später vielleicht nie mehr erfahren.

Auch das ist inzwischen zum Luxus geworden: mit offenen Karten zu spielen. Und es verblüfft die Mitspieler so sehr, daß man gerade mit dieser luxuriösen Offenheit meistens Sieger bleibt. Sieger sind am Ende all jene, die sich den Luxus leisten, die Spielregeln der engherzigen Geizkragen nicht zu beachten. Die sich den Luxus der Wahrhaftigkeit leisten. Den Luxus der Offenheit. Den Luxus, ihre Versprechen zu halten.

Wer zu ihnen gehören will, darf sich auf ihre Lust am Teilen verlassen. Weil alle davon profitieren, wenn auf diese Weise, inkognito, die Werte zu uns zurückkehren, die wir im Wohlstandstrubel fast verloren hätten.

Luxus, so die üble Nachrede der Neidgeplagten, ist entgleister Konsum. Wenn die Neider sprechen, wird Luxus zur Hölle.

Aber der Traum hält sich zäh: einmal im Überfluß zu leben. Die Schlaraffen haben ihn doch wohl verfehlt. Warum wagt es niemand, ihn gleich im Sehnsuchtsraum *par excellence* unterzubringen, im Paradies? Ist Luxus lasterhaft?

Luxuria heisst ›üppige Fruchtbarkeit‹. Sind es die Ressentiments im Wohlstandshirn, die Luxus dem Reich des Bösen zuordnen, als zügellose Gier und Dekadenz? Ist Luxus vulgär? Die Wohlstandskranken bekämpfen ihre Gier nach Luxus, indem sie seine Verachtung predigen. Luxus, so meinen sie, verschärft den Löwenappetit zur Obsession, weil sie sich jede Steigerung des Überflusses nur materiell vorstellen können. Den Kampf um Prestige auf Luxusniveau fortzusetzen, das muß verwerflich sein, weil es die Beobachter den Qualen des Neides aussetzt.

Im Wohlstand verliert der Luxus seinen Charme. Kaum sammeln sich die Massen um ihn, da flieht er. Massenhaft exklusiv leben geht nicht.

Im Zeitalter nach der Gier, das wir erkunden, gewinnt der Luxus seine Aura zurück. Luxus, das ist das Unterlaufen der Standards, Freiheit von Moden und *Musts;* Luxus ist Kennerschaft, ist Stilsicherheit, die zu lernen ein Leben nicht ausreicht. Luxus ist Unabhängigkeit. Luxus, das ist die Wiederentdeckung fast verlorener Gefühlsräume. Luxus ist Aufmerksamkeit und Detailfreude.

Vom Luxus des Habens zum Luxus des Tuns. Ideen gegen den Trend verfolgen, Gedanken und Gefühlen nachgehen, ohne nach ihrem Nutzen zu fragen, das ist Luxus. Luxus ist, unsere besten Gedanken und schönsten Gefühle mit andern zu teilen. Mit offenen Karten spielen und gerade deshalb erfolgreicher sein als andere. Luxus ist, niemals Abschied zu nehmen von den großen Gefühlen der Kindheit. Sie sind es, die unsere Wünsche das Fliegen lehren.

Kühner träumen, mutiger handeln: Innovation ist nicht Chefsache

Wie aber sieht sie aus, die Vision für unsere neue, bessere Wirklichkeit? Wir brauchen nicht auf andere zu warten, die Innovatoren sind wir. Und so war es immer: Nicht die Führungsgruppen schaffen Innovation; sie reden nur davon. Die Erneuerer sind kaum jemals Spitzenfunktionäre. Wenn sie großes Glück haben, gibt die Führung welcher Couleur auch immer, in Politik oder Wirtschaft, ihren Ideen ein Versuchsgelände.

Während die politische Führung auf Fabriken starrt und in Labors, ist diese Republik längst ein Zukunftslabor geworden, in dem die Bürger, unauffällig im Selbstversuch, neue Normen ausprobieren – Normen des Konsums, ja, auch im Materiellen, wichtiger aber: neue Normen für emotionale Stärke, für psychische Kondition, neue Normen für Gelassenheit, für entspannte Zuwendung, für Aufmerksamkeit und eine Heiterkeit, die an Luxus grenzt – nein, Luxus **ist** in diesen Zeiten.

Der Bürger als Innovator. Er hat keine Vordenker mehr, denen er sich anschließen könnte. Dafür hat er, hier und dort mit andern im Gespräch, eine gleichgestimmte *Community* von Innovationspartnern entdeckt, die ihm beweisen: Was du suchst, das suchen auch wir. Wir warten nicht mehr auf Stichwortgeber; Stichwortgeber gab es gestern. Heute ist alles anders. Wer das endlich begriffen hat, der hat keine Zeit mehr zu verlieren.

Innovation ist nicht Regierungshandeln. Aber die Regierenden tun so als ob, weil sie die Erfolgsregel, nach der das Neue in die Welt kommt, als einen Anschlag auf ihre Macht verstehen. Innovation macht ihren Weg, wenn die Mächtigen ihn freigeben – nur freigeben, da sie ihn nicht beschreiben können. Überall, wo Regierende und Funktionäre jeder Art ihre innovationsfördernden Treffs veranstalten, dürfen wir sicher sein: Der Geist der Zertrümmerung und Erneuerung weht hier nicht. Es sei denn, unter den machtbewußten Innovationsfreunden wäre einer, der allen zuriefe:

»Freunde! Dies ist die Stunde unseres entscheidenden Bekenntnisses und der ungewohnten Bescheidenheit. Wir geben den Weg frei, wir liefern Kontrollpausen und schlagen Schneisen in den Paragraphenwald – damit die innovativen Geister, nicht die Geister der Macht, ihr Abenteuer antreten können. Wir spielen uns nicht weiter auf als Organisatoren dieses Abenteuers, das nicht unseres ist. Wir öffnen Spielräume für schöpferische Neugierde und unersättlichen Erkenntnishunger, der nicht unsere Sache ist. Wenn wir unsere Macht dies eine Mal richtig anwenden wollen, dann nehmen wir sie zurück. Unsere Arbeit zu tun heißt auch delegieren: Laß diejenigen die Arbeit tun, die sie am besten verstehen. In diesem Sinne ist Innovationsförderung durch den Staat Machtverzicht. Er wird nie erfolgreich sein bei der schöpferischen Zerstörung, die er allenfalls als notwendig erkennt, aber niemals durchsetzen könnte.«

Fürchtet die Regierung die Explosivkraft, die von den schöpferischen Köpfen im Lande ausgeht, dann wird sie bleiben, was sie bis heute ist: ein Innovationsbremser, der sich ins Kostüm des Innovationsförderers hüllt.

So oder ähnlich könnte einer aus der herrschenden Klasse

zu seinen Kollegen sprechen, um die Tore zu den Spielwiesen aufzusprengen. In der Krise schmilzt die Phantasie auch bei den Führungsgruppen. Sie richtet sich auf lächerliche Ablenkungsmanöver wie neue Steuern und Parolen des Klassenkampfes. Die Erneuerung unseres Denkens oder gar unserer Lebensumstände wird dadurch weiter verzögert. Wer sich nichts mehr zutraut, wird falsche Werkzeuge wählen, um sich Mut zu machen.

Geben die Herren der Paragraphen und die Fallensteller im Bürgeralltag den Innovatoren kein Spielfeld für ihre Experimente, dann verteilt sich die innovative Energie in vielen schmalen Rinnsalen in den Lebensalltag. Das Experiment einer neuen Wirklichkeit ist längst privatisiert worden. Hunderttausende erfinden für sich neue Formen des Genusses und neue Arten des Vergnügens. Bis diese Entwürfe einer neuen Welt nach der Krise bei den Mächtigen ankommen, wird mehr Zeit vergehen, als wir haben.

Vielleicht begreift der eine oder andere aus den Führungsgruppen doch noch rechtzeitig, wie Innovationsförderung Erfolg hat: einen Schritt zurücktreten und zulassen statt vorschreiben.

Nur in den Köpfen sind die Voraussetzungen für die Erneuerung schlecht; um unsere Köpfe herum, in der Wirklichkeit, herrschen ideale Bedingungen für das ganz andere, das uns gelingen muß: Wir leben mitten in der Zertrümmerung, wir mußten uns nicht zu ihr entschließen. Wir haben sie im Gegenteil so weit aufgeschoben wie nur möglich, und nun fällt sie um so gründlicher aus. Die Regeln der konsumfreudigen Wohlstandskultur treten soeben außer Kraft.

Wir fühlen die Krise, wir fürchten die Veränderung unserer Gewohnheiten. Eine Weile noch haben wir uns festgeklammert, aber nun treiben wir schon ziemlich weit draußen auf dem Ozean des Wandels – und fürchten uns weiter. Die Beschwichtiger von früher fürchten sich ebenso. Da sie zu Innovatoren qua Amt nicht taugen, liegt die Erneuerung in unserer Hand.

Was uns ermutigen sollte: Wir kommen aus einer Epoche

beispielloser Innovationsschübe. Nie war das Tempo der Erfindungen und des Qualitätswachstums so hoch wie in den letzten zweihundert Jahren. Wir können es also; unser Kleinmut ist unbegründet. Auch der Vorwand, wir seien nun zu müde und die Mutlosigkeit sei unser gutes Recht, trägt nicht weit: Was wir jetzt ins Werk setzen müssen, ist nämlich nicht einfach Kapitel zehn oder zwanzig der Maschinenzeit, sondern Kapitel eins einer neuen Epoche. Es ist nichts weniger als eine Umwertung der Wohlstandswerte, die in diesem Kapitel geschehen wird. Was die Unersättlichen geringzuschätzen lernten, lädt sich plötzlich auf mit berauschender Energie: Luxus einer neuen Qualität wird für jeden erreichbar; Teilen wird eine Quelle des Wachstums, und das Einfache fesselt alle Sinne.*

Innovation einer neuen Ordnung steht an; es ist eine Ordnung des Denkens, Fühlens und Handelns, die die Herrschenden vermutlich zuletzt verstehen werden. Deshalb wäre es so wichtig, daß sie Spielräume freigeben – ohne zu erkennen, was wir damit anfangen.

Wenn wir verstanden haben, daß die Wohlstandskrise nicht von der Verlustseite interessant ist, sondern als ein Trümmerfeld, das ungeheure Potentiale freisetzen kann – sofern wir das wollen –, dann stehen wir plötzlich nicht mehr in einer wüsten Einöde, sondern in einem vielversprechenden Innovationsszenario. Der Lauf der Dinge in den letzten Jahrzehnten hat uns genau jenen Teil der Erneuerungsleistung abgenommen, den wir selbst niemals durchgesetzt hätten: die Revision der kollektiven Täuschung, als könnten wir in sozialen Netzen ruhen, die im luftleeren Raum ohne Pfeiler ausgespannt sind. Unsere Täuschung war der Irrtum aller Erfolgreichen, die sich schließlich für unverwundbar halten.

Wir haben also beste Voraussetzungen, weil wir nicht erst zerstören müssen, was nicht mehr trägt. Auch die politischen Eliten haben eigentlich beste Voraussetzungen, zu Innovati-

---

* Siehe dazu Kapitel »Luxus: Niemals Abschied nehmen«, S. 117, »Teilen, um zu gewinnen«, S. 162, und »Geh gut mit dir um«, S. 235.

Innovation ist nicht Chefsache. Die Innovatoren sind wir.

Regierungen müssen den Weg freigeben: Innovationsförderung, wenn sie gelingen soll, ist Machtverzicht. Wer die Explosivkraft der kreativen Köpfe fürchtet, wird zum Innovationsbremser.

Innovation braucht, was wir haben: Zertrümmerung der alten Erfolgslandschaften. Innovation braucht Wildnis.

Wo Ideenträger nicht verehrte und geschützte Wesen sind, verspätet sich jede schicksalswendende Idee. Die überregulierte Gesellschaft lähmt ihre kreativen Talente.

onsförderern zu werden, sofern sie ihre Allmachtsphantasien aufgeben. Statusverlust, wie er die Regierenden in jeder Krise trifft, verführt zwar zu Imponiergehabe, das den Kontrollverlust vertuschen soll. Dieses Stadium haben wir aber fast überwunden.

Die Innovationslust der Tagträumer und Visionäre wird beflügelt, weil auch sie nicht mehr zu den sattgefütterten Leuten gehören. Dürftigkeit der äußeren Verhältnisse weckt kühne Gedanken. Der Stoff, aus dem Visionen sind, braucht leichte Kost, um seine Höhenflüge anzutreten. Hunger auf Innovation hat schon deshalb in Amtsstuben keinen Platz.

Die hohe Arbeitslosigkeit hat aber nicht nur eine Ämtergeschichte, sondern sie beweist eine dramatische Verzögerung – von Innovation. Wegverwaltet und totgeregelt, konnte sie nicht rechtzeitig unseren Absturz verhindern. Wo Ideenträger nicht verehrte und geschützte Wesen sind, verspätet sich jede schicksalswendende Idee. Der nächste Irrtum ist damit programmiert: Kaum haben die Verhinderer aus der Politbürokratie ihren Fehler erkannt, sammeln sie sich als allmächtige Betreuer um die Querköpfe der Nation – um deren Querschlägerpotential erneut zu ersticken – mit Förderprogrammen und Antragsformularen für geordnete Innovationsprozesse. Innovation braucht aber das Gegenteil von Ordnung; sie braucht Unordnung, da sie die neue Ordnung erst schafft.

Innovation ist Risiko, sie braucht die Wildnis, nicht die Bürokratie.

Die überregulierte Gesellschaft lähmt ihre kreativen Talente systematisch, weil Wildnis und Risiko nicht zu den Lernzielen in Kindergarten und Schule gehören. Ideenreiche Kinder haben es schwer, weil der Lehrer als Anwalt der Mehrheit ihre Unruhe negativ bewertet. Daß sie sich langweilen, begreift kaum ein Erzieher. Unterbeschäftigt und ohne Herausforderung nehmen die schöpferischen jungen Talente sich bald selbst nur als Störenfriede wahr; ihr Selbstvertrauen sinkt.

Der Innovationsmangel hat in Deutschland diese Vorgeschichte. Innovationen plötzlich zur Chefsache zu machen kann diesen Mangelstand nur verschärfen: Planung verriegelt die Felder der Neugier. Planung, wie es der Name sagt, planiert. Wo kreatives Chaos den Anfang machen müßte, stehen Ministeriale in dunklen Anzügen und wollen als Initiatoren gefeiert sein.

Wenn sie nur das Tor aufstoßen in die Wildnis, tun sie genug. Jedes Mehr bremst und lenkt, was erst einmal loslaufen müßte, um fündig zu werden.

Das klingt nach Spiel – und genau das ist es auch. Wo nicht mehr gespielt werden darf, stirbt jede Vision. ›Spielmaterial‹ sind die ›unvernünftigen‹ Gedanken, zu denen nur die unbeugsamen Talente auch als Erwachsene fähig bleiben. Die innovationshungrige Wüste, in der die enttäuschten Wohlstandskinder unterwegs sind, ist deshalb Pioniergelände, weil so viele bürokratische Luftschlösser eingestürzt sind. Weil der Boden schwankt und weil Grenzen fallen, die das Mögliche und Erlaubte vom Unmöglichen und Unerlaubten trennen, deshalb ist diese Zeit ein riesengroßes Innovationsversprechen – wenn wir nicht die antriebsstarken Träumer gleich in neue Ketten legen.

Innovation wird knapp, wo viele alte Menschen leben. Erinnerungen und Abschiedsschmerz lähmen ihren Aufbruchswillen. Noch einmal Neuland, sagen viele aus der Kriegsgeneration, das wird zuviel. Sie haben das Neue in ihr Land gebracht, das sie jetzt sterben sehen – das deutsche Wunder. Noch einmal an ein Wunder glauben, das gelingt ihnen nicht. Aber sie könnten ihren Kindern erzählen, daß Wunder möglich sind.

Die Jungen sind die ›*innovation drivers*‹, auch wenn diese Ermutigung ausbleibt. Ihr Überbetreuungsschaden hält sich in Grenzen; sie waren nicht lange genug dabei, um in der erlernten Hilflosigkeit anzukommen. Sie hatten schon im New-Economy-Taumel die Hoffnung, die zugleich ein Verdacht war: daß es gefährlich werden könnte, das eigene Schicksal an staatliche Versorgungssysteme zu delegieren. Nicht delegieren, sondern selbst probieren, organisieren, reformieren, das planen die Optimisten aus der jungen Generation.

»Wenn ich mich weiter auf die Versorgungsangebote des Staates verlasse, trifft auch das ein, was der Staat mir ankündigt: Es wird mir immer schlechter gehen. Dafür brauche ich aber keinen Betreuer«, sagt ein junger Mann. »Ich weiß inzwischen ganz genau, daß nur ich selbst dafür sorgen kann, daß es mir besser geht.« Die Älteren schütteln ungläubig den Kopf: Sie erkennen keine Spielräume mehr. Ihre *Brainware* ist anders sortiert. Der jugendliche Erneuerer weiß eine ganz andere Antwort: »Überall, wo der Staat sich zurückzieht, kriegst du Spielräume! Weil er dich aus der lähmenden Überbetreuung entläßt, kannst du endlich selbst Konzepte machen! – Trau's dir zu! Denk zurück! Du warst bei den Wundermachern! Doch nicht, weil du wußtest, sondern weil du glaubtest, daß es gelingt! Du hast doch immer wieder genau davon begeistert erzählt: daß nichts genormt war, daß die ganze Vorkriegswelt in Trümmern lag. Daß euer Traum aber ganz klare Konturen hatte: die Angst wegarbeiten, den Mangel abräumen, Geborgenheit schaffen. Heute«, fährt der junge Mann begeistert fort, »haben wir doch dieselben Ziele wie ihr damals! Die Trümmer liegen nicht vor unsern Füßen, sie türmen sich in unseren Köpfen – Enttäuschung, Angst, Verlustschmerz. – Sieh im Vakuum, wo der Staat seine Hand abzieht, den verlockenden Spielraum! Es ist Pionierzeit! Ihr, ihr Älteren, seid unsere Garanten, daß Unmögliches möglich wird. Entzieht uns nicht jetzt eure Kraft. Schaut uns nicht ungläubig, sondern gläubig zu, das brauchen wir. Mit uns kommt das Neue, das Ihr noch nie gesehen habt. Wir auch nicht! Aber die Vision davon ist in unseren Köpfen. Bringt uns, bitte, nicht aus dem Konzept, ihr Eltern, Lehrer und Chefs. Wir leben von eurem Zuspruch. Wir zehren von eurem Mut, der euch so hoch nach oben gebracht hat. Wir möchten uns auf eure Wurzeln verlassen, die unser Anker sind. Hört auf, das Land nach unten zu reden, dem ihr so viele leistungsstarke Lebensjahre geschenkt habt. Ihr könnt eure eigene Lebensleistung nicht auslöschen. Wir verlassen uns auf euch, das müßt ihr wissen. Wir wollen von euch nicht verlassen werden. Nicht jetzt, wo wir mehr als die eigene Zuversicht brauchen.«

Der Innovationsstau in Deutschland hat Züge einer geplanten Katastrophe. Immer weniger Jugend heißt ja auch immer weniger Wagemut und Phantasie, immer weniger Hunger auf das Abenteuer des Neuen. Der gelenkte Funktionärsblick fällt derweil nur auf demographische Tabellen, wo der Kinderschwund als Versorgungsausfall erscheint. Daß er zugleich einen bedrohlichen Innovationsschwund anzeigt, interessiert niemanden.

Der Erneuerungswille hält sich also sehr in Grenzen. Auch die Stichwortgeber sprechen viel lauter von Verlusten als von der Erneuerung, die folgen muß.

Wenn Jugend zum knappen Gut wird, müßte diese kostbare Minderheit alle Zuwendung und Förderung der älteren Mehrheit auf sich ziehen. Die Energie der Jungen zu multiplizieren müßte unser Ziel sein. Ihr Ideen anzuhören, ihre Entwürfe und Konzepte erwartungsvoll zu prüfen, das hieße Vorsorge für unsere Zukunft treffen. Der Strom der Erneuerung wird ein dünnes Rinnsal, wenn wir die wenigen, die uns mit Visionen beliefern könnten, an den Rand drängen, wie man Minderheiten an den Rand drängt. Bis sie auf Kommandoplätze gelangen, werden die Ideen dieser jugendlichen Optimisten verflogen sein.

Unser Dilemma: Wir haben immer weniger Jugend, weil wir von Jugend wenig erwarten. Kinder sind als Bedroher erwachsener Erfolgslebensläufe gründlich mißverstanden. Dieses Mißverständnis hat uns mit gnadenloser Logik in die Sackgasse geführt, wo es dann auch für die erfolgsbesessenen Erwachsenen nicht weitergeht. Da sind wir.

So verstanden, verwundert es überhaupt nicht, daß einer Gesellschaft, die die Grundlagen ihres Erfolgs nicht begriffen hat, dieser Erfolg nicht treu bleibt. Sie treibt nicht nur in ein Innovationsvakuum; sie schafft sich auf die Dauer selbst ab.

So viel Dummheit bei so viel Wissen sollte gar nicht möglich sein? Spätestens hier erkennen wir, daß es auch in der Wissensgesellschaft stärkere Mächte als das Wissen gibt, die das Planen und Entscheiden steuern.

Der Wohlstandsirrtum ist erkannt, aber ihn zu revidieren wird Jahrzehnte kosten. Jahrzehnte, die ohne starke Innovationsimpulse weiter abwärts führen. Die Erneuerung, die wir brauchen, muß viel umfassender sein, als es die technologisch dominierten Treffs von Wissenschaft, Wirtschaft und Politik zulassen. Die Intelligenz des Fortschritts führt uns eben nicht automatisch zu jener inneren Umstimmung, die uns wieder ins Gleichgewicht brächte: Die Ratio braucht den Beistand einer guten emotionalen Kondition, und die schicksalsempfindliche Seele einer Kulturnation braucht jene Zuflucht, die wir Geborgenheit nennen. Aufbrüche ins Unerforschte und Ungesicherte wagt auch die Jugend nur, wenn ein Rückzugsgebiet verfügbar bleibt. Sie wird alles riskieren für eine bessere Welt, wenn ihr Erwachsene zur Seite stehen, die ihre Versprechen halten. So einfach ist das. Jugend revanchiert sich für den Schutz, den wir gewähren, mit Innovationsmut und einer abenteuerlichen Dosis Selbstvertrauen.

Wir müssen jeden Tag der Versuchung widerstehen, das Innovationsversprechen, das in umwerfender Frische, aber mit begrenzter Kopfzahl zwischen uns nach Bewährungsmöglichkeiten sucht, an die Wand zu drücken. Wir müssen die Eifersucht bekämpfen, die viele Ältere angesichts der tollkühnen Unbeschwertheit der Jungen erfaßt. Ehe wir sie mit Ermahnungen verstören, sollten wir ihnen kommentarlos zuschauen, wie sie der schöpferischen Unvernunft eine Bresche nach der andern schlagen. Sind wir dazu nicht bereit, werden wir an derselben bürokratischen Vernunft scheitern, die uns in die Sackgasse geführt hat. Die Versuchung der Alten: renovieren. Der Einspruch der Jungen: innovieren!

Aber warum muß es denn Innovation sein? Der Wandel treibt uns doch ohnehin, die Globalisierung jagt uns, die Verfallsdaten unserer Erfindungen rücken immer näher zusammen. Ist das nicht Veränderung genug? Warum noch die Erneuerung, deren Richtung wir nicht einmal kennen, als Ziel ausrufen?

Ist uns nicht längst die Neugierde vergangen? Wer will noch etwas ausprobieren, während sich ständig neue Anforderungen herandrängen, die wir nicht wünschen und doch nicht abwehren können?

Ist der Ruf nach Innovation am Ende auch nur ein Relikt aus optimistischen Zeiten, die zum Experiment anregten, weil der Alltag zu wenig Herausforderungen anbot?

Innovation

Planung verriegelt die Felder der Neugier. Schon Kindergarten und Schule beginnen damit. Sie planieren schöpferische Energie, um Kinder planbar zu machen.

Wer unvernünftige Gedanken ächtet, bremst Innovation. Wer kreatives Chaos fürchtet, vertreibt ideenreiche Köpfe.

Wo immer mehr alte Menschen leben, verlangsamt sich die Innovation. Die Alten sollten vital genug sein, um über ihren Schatten zu springen: zu den Jungen hinüber, die ihre eigene Spur zeichnen wollen.

Natürlich müssen wir unsere Einstellung zu Konsum und Profit, zu Kindern und Alten, zu Reichtum und Armut, zu Gesundheit und Krankheit ändern. Wir haben damit ja schon begonnen, aber ist das Innovation? Veränderte Lebensumstände, untauglich gewordene Strategien und der Versuch, das eigene Verhalten auf die neuen Anforderungen einzustellen: So beginnt Innovation.

Das sind Anpassungsprozesse, wie sie ständig mitlaufen, wird jemand einwenden. Innovation verlangt mehr. Sie braucht Druck, wie er im Wettbewerb entsteht.

Und sie fasziniert, noch ehe sie außen sichtbar ins Werk gesetzt wird, weil sie verspricht, ›das Neue‹ an die Stelle des Alten zu setzen. Jede Generation möchte eine Spur zeichnen, die nicht nur die Verlängerung der Väterspur darstellt. Ihre neugierigsten Vertreter wollen ausprobieren, was den Vorgängern nicht gelungen oder gar nicht erst eingefallen ist. Das Neue ist eine Essenz, die in jeder Lebenseinheit unentbehrlich ist, um die Tatkraft anzuspornen. Wiederholen, was die andern konnten, mobilisiert keine Kräfte. Die besten Leute befassen sich damit gar nicht erst. Sie schwärmen aus in die unbesetzten Gebiete, wo noch Entdeckungen möglich sind und Ruhm für den Entdecker zu holen ist.

Das nie Dagewesene, das ›Unerhörte‹ ist der Stoff für Lebensträume, die jeden jungen Menschen begleiten. Ihre Bereitschaft, sich am Leben zu beteiligen, ist eng an diesen Traum gebunden: nicht nur nachzuahmen, sondern zu übertreffen, was die Vorgänger gemacht haben. Innovation entspricht dem unstillbaren Verlangen des *homo sapiens,* nicht nur Vollstrecker längst durchgerechneter Projekte zu sein, sondern Erneuerer, der als erster die Inseln am Horizont erkundet, zu denen seine Väter nur sehnsüchtig hinübergeschaut haben.

Die Innovation, von der wir gewohnheitsmäßig sagen, die Gesellschaft – oder das Land – brauche sie, ist in Wahrheit vor allem dies: das Lieblingsprojekt der jungen Mitspieler, die ihre Meriten suchen. Finden sie Spielraum für ihr Bedürfnis, möglichst vieles anders zu machen als ihre Väter, dann werden sie der Kultur, die sie so begünstigt, das Beste von ihren Kräften geben. Was sie umgestalten, kommt auch denen zugute, denen ihr Widerspruch galt.

Innovation sichert so den Wettbewerb der Generationen und versöhnt sie durch ihre Ergebnisse miteinander.

Ohne sie kommen die Alten nicht aus ihrer Spur und finden die Jungen keine neue.

Wir nennen sie gern unentbehrlich, wir reden von ihr mit warnender Stimme, so als müßten wir uns um ihr Überleben kümmern; in Wahrheit aber ist die Innovation im Zentrum unserer Antriebe verankert und folglich robuster als alle, die sich gern in ihrer Nähe zeigen: Sie ist unvermeidlich.

So war es immer: Nicht die Führungsgruppen schaffen Innovation; sie reden nur davon. Wir sind die Innovatoren. Die Republik ist längst ein Zukunftslabor geworden, in dem die Bürger, unauffällig und im Selbstversuch, neue Normen ausprobieren – Normen des Konsums, Normen für emotionale Stärke, für psychische Kondition, für Gelassenheit und Luxus einer neuen Qualität.

Fürchtet die Regierung die Explosivkraft, die von den schöpferischen Köpfen im Lande ausgeht, dann wird sie bleiben, was sie heute ist: ein Innovationsbremser, der sich ins Kostüm des Innovationsförderers hüllt. Was wir ins Werk setzen müssen, ist nicht einfach Kapitel zehn oder zwanzig der Maschinenzeit, sondern Kapitel eins einer neuen Epoche. Es ist nichts Geringeres als eine Umwertung der Wohlstandswerte, was in diesem Kapitel geschehen wird.

Innovation einer neuen Ordnung steht an. Es ist die Ordnung des Denkens, Fühlens und Handelns, die die Herrschenden vermutlich zuletzt verstehen werden.

Die Wohlstandskrise bietet ein Trümmerfeld: das ideale Innovationsszenario.

Wo aber Ideenträger nicht verehrte und geschützte Wesen sind, verspätet sich jede schicksalswendende Idee.

Weil der Boden schwankt, und weil die Grenzen fallen, ist diese Zeit ein riesengroßes Innovationsversprechen.

Der Innovationsstau in Deutschland hat Züge einer geplanten Katastrophe. Immer weniger Jugend heißt immer weniger Wagemut und Phantasie. Der Wohlstandsirrtum ist erkannt. Ihn zu revidieren wird Jahrzehnte kosten. Jahrzehnte, die ohne starke Innovationsimpulse weiter abwärts führen.

Aufbrüche ins Unerforschte und Ungesicherte wagt auch die Jugend nur, wenn ein Rückzugsgebiet verfügbar bleibt. Sie wird alles riskieren für eine bessere Welt, wenn ihr Erwachsene zur Seite stehen, die ihre Versprechen halten.

Simplify: Die Wahrheit ist einfach

Was wir nicht lernen konnten im Lande Nimmersatt:

Simplify! Mach's einfacher!

Wer vorn dabeisein wollte, redete lieber von Tempo und Komplexität. Das Einfache verlor an Wert. Kaum noch jemand konnt es ohne Zögern beschreiben. Umfragen dazu gab es leider nie: Das Einfache – was ist das? Nenn ein Beispiel! Begegnet es dir manchmal? Was hältst du von ihm? Glaubst du, das Einfache macht erfolgreich? Man hört ja ab und zu solche Geschichten.

Wir kennen die Antworten nicht, weil es die Umfrage nicht gab. Aber jeder von uns hat schon einmal davon gehört, daß es so etwas wie ein exotischer Traum ist: das Einfache.

In unserer Kultur eher als Luxusvariante praktiziert, von Menschen, die ihrem Überfluß einen Kontrast an die Seite stellen möchten, der die Genußfähigkeit steigert.

Daß irgend etwas einfach sei, ist eine Fiktion, sagen die klugen Köpfe. Wer in der Vielfalt lebt, wo alles multipliziert wird, der mag in einer übermütigen Laune vom ›Einfachen‹ reden, wie man von den Privilegien der Unwissenden redet. Der Charme ländlicher Elendsquartiere und dürftig gekleideter Menschen hat seinen festen Platz im zivilisierten Gefühlshaushalt.

Einsiedler und Asketen haben ihren Ort in einem Reservat, das wir mit Staunen und Scheu respektieren.

Das Einfache als ein Versprechen, das für uns gültig sein soll, repräsentieren sie nicht. Eher sind sie, so hoffen wir, Stellvertreter. Sie machen, was uns zu schwer ist.

Als ein Versprechen für unseren Alltag bietet sich das ›Einfache‹ harmlos über die Werbung an: Sie verspricht uns, daß ein kompliziertes Gerät einfach zu handhaben ist – weil wir das Komplizierte meiden. Zugleich ist das Komplizierte aller Zusammenhänge und Lösungen eine Lieblingsidee unserer Epoche: ›Komplexität‹ ist das Wort der Wahl, wenn man kundig wirken will. Das Wort ist der Rundschlag von Kennern, die sagen wollen: Alles hängt mit allem zusammen, aber es gibt viele Widersprüche. Diese sind schwer entwirrbar und mehrdeutig in Faktenknäueln und Datenströmen vertäut. Das Einfache ist der Feind, weil es höchstwahrscheinlich ein Irrtum, eine gefährliche Täuschung, eine tödliche Versuchung für den erfolgshungrigen Mitspieler darstellt. Der *›terrible simplificateur‹* ist seine abschreckende Verkörperung: der schreckliche Vereinfacher.

Wer in einer komplizierten Welt lebt, hält das Einfache bald für eine Legende oder eine Utopie. Die tägliche Erfahrung mit den Mächten, die den Wohlstandsbürger gängeln, läßt keinen Zweifel zu: Das Einfache tritt den Rückzug in unsere Träume an – dorthin, wo die andern unerfüllbaren Sehnsüchte bereits versammelt sind.

Daß wir zu schnell kapituliert haben, gilt auch für die wunderbare Idee des Einfachen. Sie ist nicht neu, sondern eine beharrliche Begleiterin der Menschheitsgeschichte. Alle Paradiesesmythen zeigen das Einfache: schattenloses Glück. Nur der Zugang ist kompliziert, weil die Glückszone vor den Widersprüchen der komplexen Welt geschützt werden muß. Das antike Elysium, Gefilde der Seligen, verspricht die Auflösung aller Widersprüche. Hier enden alle Kämpfe, und der Sieg gehört allen, die durch Wall und Graben, Wolke oder Wasser den Weg gefunden haben. Es sind Auserwählte, die sich hier versammeln. Immerhin haben sie sich befreit von den tausend Versprechungen auf den Märkten der Gier.

Das Einfache als die überlegene Wahl haben schon die Philosophen der Antike beschrieben – in einer Welt, die weit weniger Ablenkungen und Verlockungen bot als die unsrige.

Das Einfache, so Parmenides (540 bis um 470 v. Chr.) ist deshalb höherwertig, weil es nicht komplex ist, nicht zusammengesetzt. Das Einfache, so auch Demokrit (um 460 bis 380 v. Chr.), ist unteilbar. Was nicht zusammengesetzt ist, kann sich auch nicht auflösen: Die Seele ist einfach, weil sie unteilbar ist. Das Einfache zerfällt nicht, es löst sich nicht auf, es ist unverlierbar. Was die griechischen Philosophen hier beschreiben, das klingt im 21. Jahrhundert nach, weil es unserer Sehnsucht nach Reservaten der Klarheit entspricht, wo alle Widersprüche schweigen. Wir haben also starke, ferne Garanten dafür, daß unsere Träume vom transparenten und eindeutigen Leben nicht nur eine große Geschichte haben, sondern auch eine Zukunft, die wir bestimmen. Geben wir das Ideal auf, oder öffnen wir ihm reale Räume, wie es unsere Vorfahren getan haben? Das Einfache galt schon in der Antike als Siegel der Wahrheit.

Der Widerspruch ist lebhaft: In einer vieldeutigen Welt müsse selbst – ja was denn? – die Wahrheit mehrdeutig sein? Oder unauffindbar? Vor allem sei sie relativ geworden, die Wahrheit, und meist ginge es gar nicht um Wahrheit, sondern um Erfolg, Profit, Sieg.

Je komplexer die Systeme, desto verhüllter die Wahrheit. Offenbar auch deshalb, weil daran fast alle Mitspieler ein Interesse haben.

Sie ist ein scheues Wild geworden, aber sie ist dennoch das Einfache im Kern vieler wortreicher Verhandlungen und Streitfälle. Mag sein, daß ihre Auftritte immer seltener werden. Doch sie lebt unabhängig von unserer Verehrung oder Verachtung weiter.

Auch ihre Verhüllung hat eine ehrwürdige Geschichte. Schon Pontius Pilatus, der Römer, der über Jesus von Nazareth richten sollte, entgegnete den allzu sicheren Anklägern: »Was ist Wahrheit?« (Joh.18.38)

Wahrheit ist einfach. Und das Einfache, wenn es uns gelingt, gibt uns die Gewißheit: daß wir der Wahrheit – unserer und jener über alles, was um unser Interesse wirbt – näher sind.

Bei der Suche nach dem Einfachen geht es nur nebenbei um Tugend – es geht um Glück.* Es ist nicht die Sehnsucht nach

---

* Siehe dazu das Kapitel »Die Logik des Gelingens«, S. 249.

Wohlverhalten, die uns Menschen so hartnäckig begleitet, sondern die Sehnsucht nach Glück. Wo Mengen von Waren erreichbar sind, ist es die Fülle, die in die Träume wandert. Sie hat mit Menge nichts zu tun. Je größer die Warenberge werden, desto heftiger meldet sich dieser unverwüstliche Traum, daß die Berge den Blick freigeben sollen in einfache, überschaubare Landschaften.

Es ist viel mehr als die Romantik der Dürftigkeit, was wir suchen. Die Vielfalt regt auf und lenkt ab; sie regt auch an und schafft Spannung, Lust auf mehr – und Streß. Immer wieder kommt uns mittendrin der Verdacht, daß dies ›Dabeisein‹ und ›Mitmachen‹ nur Getöse im Vordergrund schafft, das die fehlende »Hintergrundserfüllung«, wie Arnold Gehlen den Ankergrund für die Seelen nannte, übertönen soll.

Simplify – probier's mit weniger, das Mehr zu fassen: Sie sind doch unter uns, die Leute aus Mangelland, wo das Einfache Standard war.

Die Menschen der ersten Stunde, Weltkriegskinder, Nachkriegswundermacher.

Warum reden sie nicht, jetzt, da ihre Kinder und Enkel diese Botschaft brauchen, von der Damalswelt ohne Warenberge und ohne Konsumversprechen?

Es war die Zeit der aufsteigenden Linien – in den Köpfen.

Die vitalen Alten aus der Gründerzeit der Republik bereisen die Welt und erzählen zu wenig. Sie haben gelebt, was die Jungen ohne Vorübung lernen sollen: einfacher wünschen, auswählen, was wichtig ist, Ballast abwerfen. Die Alten sind müde und scheuen den Erinnerungsschmerz. Sie haben ihn schon bei der Erziehung dieser Jugend gemieden. Was macht den Charme der dürftigen Nachkriegszeit aus? Die Kultur der offenen Wünsche. Die Mischung aus Vorkriegserzählungen der Älteren und aus Nachkriegsabenteuern der Jungen. Eine Portion Gesetzlosigkeit, viel Schwarzarbeit, der wilde Mix von Schichten und Herkünften in den Mehrfamilienhäusern und Stadtvierteln machten das Kinderleben aufregend und das Leben der Erwachsenen so vielversprechend. Alle wußten: Wir schreiben Kapitel eins einer neuen Epoche. Für die Kinder war es absolutes Neuland; sie kannten den Krieg als

Normalfall. Für die Eltern und Großeltern fluteten Vorkriegsträume in die Trümmerstraßen; würde es jemals wieder so sein wie in ihrer Friedenskindheit? Der Mangel an Optionen machte das Leben einfach und übersichtlich. Fast alle waren im Erdgeschoß der Bedürfnispyramide unterwegs: Essen besorgen, Kohle organisieren, Kindermäntel aus Uniformstoff nähen, Strümpfe stricken.

Wenige Optionen, viele offene Wünsche: Das ist die Mischung, die das Nachkriegswunder ausgelöst hat. Nicht die Pläne für hochkomplexe Systeme lieferten den Schub bergauf, sondern die täglichen Überlebenstechniken. Die Wünsche und Träume hatten freie Bahn; ihre Überzahl erzwang eine neue Wirklichkeit. Die Welt in den Köpfen bestimmte den Aufwärtstakt.

Von diesem Aufstieg profitierten am meisten die Kinder. Synchron mit dem Wachstum ihres Verstandes und ihrer Kräfte wuchsen die Optionen. Materielle Wettbewerbe um High-Tech-Spielzeuge, Modelabels und Ferienreisen fanden nicht statt. Das Einfache dominierte diese Schulkindheiten; die Traumwelt in den jungen Köpfen wuchs derweil ins Monumentale. Nichts konkurrierte mit dem Lernen und Entdekken; die Museen und Theater lockten; die Bildungsideale der Eltern waren ohne Konkurrenz; Popkultur und ›Freizeitangebote‹ gab es nicht.

Abenteuerspielplätze von uneinholbarer Qualität waren die Ruinen in den Städten. Morgens auf dem Schulweg gab es Planungsgespräche für die Ruinentreffs am Nachmittag. Kein Modestreß, höchstens fachkundiger Austausch über die Qualität der amerikanischen Schulspeisung, die – in Konservendosen gefüllt – an einer Paketschnur am Schulranzen baumelte. Oder neue Nachrichten über Läuse in der Nachbarklasse und kühle Strategiegespräche, von welchem Mitschüler man Abstand halten müsse, weil er meist die kleinen Weitspringer mitbrachte.

Nie gab es zu viele Optionen für den Nachmittag. Alles blieb übersichtlich, weil wir in einer Wüste lebten, in der fast alles weggeschossen war. Weil wir nichts anderes kannten, war es gut so. Wir mußten nicht wetteifern mit Konsumlei-

Simplify! Mach's einfach! Das Einfache: exotischer Traum in der komplexen Welt.

Die Wahrheit ist einfach, sagen antike Philosophen. In Sachen Einfachheit ist Deutschland Entwicklungsland. Unsere tägliche Entschuldigung fürs Mißlingen: die komplexe Lage.

Der Traum vom Einfachen ist die Vision von Eindeutigkeit und Klarheit. Sie wird nicht geliefert, wir müssen sie schaffen – durch Auswahl und Unterscheidung:

- Was ist wichtig?
- Was brauchst du wirklich?
- Laß alles andere weg.

Wer das Einfache wählt, wird ein berechenbarer Partner.

stungen, auch nicht mit jenen unserer Eltern. Die Welt von »Mein Haus, mein Auto, mein Boot« war nicht unsere Vision. Sie lag auf einem andern Stern, von dem es keine Nachricht gab.

Könnten wir so das Einfache begehrenswert erscheinen lassen? »Aber das war doch Not! Wollt ihr uns Dürftigkeit predigen?« fragen die Jungen ungläubig. Den Charme des Weniger schon, möchten wir sagen. Aber wir selbst haben an den optimismusgeladenen Lebensläufen unserer Kinder mitgewirkt, die jetzt vom Abbruch bedroht sind. Ihre Startposition ist eine ganz andere – Wohlstandskinder können Kriegskinder zwar verstehen, fühlen wie sie können sie aber nicht. Nur eine Botschaft können wir weitergeben, und das ist nicht irgendeine, sondern jene, die ins Zentrum führt: Immer wenn die Welt im Kopf größer und mächtiger ist als die äußere, wird Aufbruch möglich. Wer die Machtergreifung des Konsumdiktats im eigenen Kopf erlebt hat, wird früher oder später – und inzwischen wird es spät – den unbändigen Drang spüren, endlich wieder Platz zu schaffen für eigene Ideen und Visionen. Endlich wieder die Welt im Kopf gegen die Welt von der Stange durchzusetzen.

Zwangsläufig erwacht bei diesem Befreiungskampf das Verlangen nach einfachen Spielregeln, eindeutigen Erlebnissen und klaren Gefühlen. Gleich nach der Vertreibung aus dem Schlaraffenland erfuhren wir: In Sachen Einfachheit ist Deutschland Entwicklungsland. Hungrige junge Konsumtiger, die wir erzogen haben, streifen umher in High-Tech-Germany und fühlen sich unerwünscht, wo immer sie anklopfen. Die Leittiere versagen. Die Alphas von gestern sind scharenweise auf dem Egotrip bei Kreuzfahrten und Wellnesstouren.

Die Alphas von morgen vermissen Vorbilder. Die Älteren wollen ihren Lohn für das deutsche Wunder. Dessen letztes Kapitel streichen sie kurzerhand. Und vom ersten berichten sie zu wenig.

Die Wohlstandskinder haben nur wenige Verbündete für ihre neuen Erkenntnisse: daß Wohlstand nicht satt macht; daß vollgepackte Lebensläufe nicht die erfolgreichen sind;

daß fast alle anerkannten Lockrufe in die falsche Richtung führen. Die wenigen Alten und Jungen, die sich jetzt zusammenfinden, schreiben gemeinsam das neue, einfachere Kapitel ihres Lebens. Alte Wohlstandsvokabeln erhalten darin einen neuen Sinn. Die wichtigsten:

Geld: Ein Tor zur Freiheit. Ein Mittel zum Teilen.
Profit: Nutzen für Körper, Geist und Seele.
Investment: Einsätze für unsere guten Beziehungen zueinander.
Rendite: Unser Lohn für die Sorgfalt in unseren Beziehungen.
Bilanz: Die Erträge unserer Bereitschaft, unser Bestes zu geben.

Sie wissen, daß Profit und Geld, Renditen und Dividenden, Investments und Bilanzen, daß Börsenkurse und Währungsverluste, die das kleine Einmaleins der globalen Jagdgesellschaft ausmachen, nicht die ersten Plätze besetzen, wenn die Rangfolge der Lebensgüter stimmt. Die fortdauernde Entgleisung der globalen Profitjagd verdanken wir der Versuchung, den Menschen als Störfaktor und Verlustquelle in unsere Prognosen einzuschreiben. Nur Mitspieler gelten, und ihre Zahl schrumpft. Das Business braucht die Menschen nicht mehr. Das Business wird zum monströsen Alphatier, das die menschlichen Herrentiere in seinen Dienst nimmt.

Ein Konzept von brutaler Einfachheit, das die Rangfolge der Güter auf den Kopf stellt. Niemandes Sehnsucht, aber vieler Menschen Gier richtet sich auf dieses Modell. Wer die Sehnsucht nach dem Einfachen kennt, der wittert die neue Gefahr: Vom Konsumdruck befreit, werden wir eingeladen, im größeren Format das Leben der Gierigen weiterzuführen. Nun nicht mehr als Käufer, die Waren nach Hause schleppen, die sie nicht brauchen, sondern als Investoren, Aktionäre, dort, wo die ganz Großen unterwegs sind und immer mehr Kleine zum Wachsen anleiten. Hier wird nur noch Geld bewegt; hier gilt Risiko, hier greift man nach den Sternen oder stürzt senkrecht ab. Dabeisein, wo die Alphatiere der Zukunft ihre Deals machen – das ist die Verlockung.

Global mitmischen. Das ist ein ganz anderer Auftritt als die regionale Konsumentenrolle von vorgestern.

Und die Botschaften der Profis aus den Beteiligungsgesellschaften, den Fonds und Finanzhäusern haben sogar das Sehnsuchtswort in ihren Botschaften: Alles ganz einfach.

Alles hochkomplex, einsturzgefährdet, wie schon die Philosophen der Antike wußten. Tausendfach teilbar, zusammengewürfelt aus vermuteten Chancen. In Wahrheit ein Markt für Leute, die sich irgendwo das ganz Einfache, meist auf höchstem Niveau, reserviert haben, um bei Bedarf dorthin zurückzukehren. Vor diesem Hintergrund ist Risiko ein Stimulans, ein Spiel. Wer ohne Rückzugsgebiet bei den hochprofessionellen Dealern mitspielt, wird immer unterliegen.

Das Einfache, meinen junge Leute, ist also immer das Vorgestrige. Wer die Kunst des Weglassens beherrscht, muß ohne Aufmerksamkeit leben, ohne Anerkennung.

Weit gefehlt. Wer nicht in den Staubwolken der neuen Verteilungskämpfe auf den Schlachtfeldern der Geldmacher steckt, erkennt die Frontlinien und sieht Niederlagen früh voraus. Wer hier verstrickt ist, bleibt fehleranfällig wegen eigener Ziele, die ihn blenden.

Niemand ist so deutlich sichtbar und so begehrt, wie die Alphatiere mit Abstand. Nur sie erkennen Zusammenhänge und zeigen Strukturen, die den gierigen *Fightern* verborgen bleiben.

Wer nicht von einem Kapitel der gelenkten Gier ins nächste stolpern will, der sollte noch eine Weile zuschauen: Die Vermutung liegt nahe, daß es sich auch bei der neuen Entkopplung von Menschen und Märkten um eine Übergangserscheinung handelt. Wer jetzt die Kraft aufbringt, ›einfacher‹ zu leben als die neuen Herren des Geldes, der könnte morgen unter den Siegern sein. Die Verlierer werden wieder aus dem Kreis der radikalsten Risikospieler kommen. Wovon profitieren die ›Alphatiere des Einfachen‹? Was nährt ihren Stolz, was schafft ihnen Reputation, Ehre und Ansehen? Es geht ja nicht um ein Askesekonzept, sondern um neue Genußfähigkeit bei gutem Echo – weil Menschen nicht ohne die andern erfolgreich sein wollen.

Die nächste Phase der Gier:
statt Gütern nur noch Geld bewegen, rund um den Globus.

Die neue Verlockung: nicht mehr Käufer sein, der Waren anhäuft, sondern Aktionär, Investor, Mitspieler im globalen Roulette der globalen Gier.

Die Alphatiere des Einfachen werden die Sieger sein:
aufmerksam wie die Späher in der Steppe, nirgends verstrickt.

Dazugehören und sich unterscheiden, lautet die Formel. Wie kann man dazugehören, wenn man ›einfacher‹ lebt als die andern? Genau darum geht es.

Du hast den Kopf frei, weil du ein wenig Abstand hältst.

So wirst du wertvoll als Beobachter. Was du siehst, sehen die involvierten Spieler nicht. Sie brauchen dein Wissen, um weniger Fehler zu machen. Sie schätzen dein Urteil, weil du nicht befangen und kein Jäger bist wie sie.

So wirst du auch nicht plötzlich zur Beute, wie die meisten Jäger. Dein Platz gibt dir Prestige. Er stärkt deine Reputation.

Nur wenige interessieren sich wirklich dafür, was dich überlegen macht. Es ist die Freiheit, die Gegenstände deiner Aufmerksamkeit frei zu wählen – und zu wechseln.

Wenn die Turbulenzen zunehmen, nimmst du dir einen Abend für den Sternenhimmel. Du weißt, wann die Kastanien blühen. Zu den schönsten in deiner Stadt fährst du eigens, um sie zu bestaunen. Du unterscheidest die Blüten des Birnbaums von denen des Apfelbaums, und du greifst mit den Händen in den rosa Schnee japanischer Kirschbäume, der an der Bordsteinkante hingeweht liegt. Du lebst mit halbgeöffneten Türen zu deiner Kindheit, in der diese Bäume standen und deine Schaukel am Ast des Kirschbaums leise im Wind hin- und herschwang. Du siehst die Hummeln und Bienen in die Blüten tauchen und spürst die Frühlings-, Sommer- und Herbstsonne, wie du sie damals fühltest.

Die Zeitung mit den Börsenkursen wird vom Wind zum nächsten Baumstamm getragen. Die Stimmen werden leiser, weil es so still ist. Selbst die Stimmen aus dem Lager der Glücksritter, die keine Zeit für die Wolken und Sterne am realen Himmel haben – weil sie eben jene gerade vom virtuellen Himmel holen. Nicht Bewundern, Einfangen ist ihr Job. Verehren macht schwach, finden sie.

Auch die Sterne sind Beute, das ganze Weltall steht auf der *Watchlist*. Schon morgen wird es dort Aktien zu verteilen geben. Wer dann noch beim Bewundern und Verehren verharrt, wird beim Verteilen der Beute nicht dabeisein.

Wirklich? Die Größten dieser Erde sind nicht die geldgierigen *Megaplayers*, die keine Atempause riskieren. Die bewunderten Höchstleister sind jene, die durch Standortwechsel stark sind. Sie müssen die Sterne und die leise Musik aus Nachbarfenstern nicht fürchten, wie man einen Feind fürchtet, der lange unterdrückte Tränen ausbrechen läßt, um uns schwach zu machen. Die Besten dieser Erde wecken deshalb unsere Bewunderung, weil sie Pendler zwischen den Welten sind; gelassen engagiert und heiter entspannt im Wechsel. Sie beherrschen das Einfache und regenerieren sich dort; und sie teilen aus von ihrer Weitsicht und Gelassenheit in den Märkten. Wo sie erscheinen, sinkt der Aufregungspegel, und jeder hat plötzlich mehr Übersicht. Wären sie immer unter den Gejagten und Jägern, die von ihren Rollenwechseln strapaziert sind, dann könnten sie niemandem helfen, nicht einmal sich selbst. Die Mehrzahl der Business-Jünger ist heute in dieser Lage.

Darum lohnt es sich so sehr, den übergeordneten Standort zu suchen und immer wieder dorthin zurückzukehren: den Hügel, der Überblick erlaubt; den Morgen- oder Abendhimmel, die Vogelstimmen oder den ruhigen Lauf des Flusses, das endlose Kommen und Gehen der Wellen am Strand, der Wolken über unserm erregten Treiben.

Nur wer sich wappnet mit diesen Gedanken im größeren Format: wie viele Generationen schon ihre einmalige Chance zu erjagen dachten und nie Zeit für Bewunderung, Verehrung und aufmerksame Nähe hatten, nur der wird die große Chance vom großen Risiko unterscheiden können – und die Stunde der Liebe, das Gewicht eines Versprechens, die Verpflichtung aus einer Freundschaft von dem flüchtigen Reiz eines großen Deals. Nur wer das Unterscheiden übt, kann wählen.

Wenn wir von der Überlegenheit des Pendlers sprechen, der das Einfache als Kraftquelle für Höchstleistungen kultiviert, dann reden wir von der Selbstkontrolle unserer Gesellschaft. Einfacher gesagt: von den Werten, mit denen sie ihre Unersättlichkeit in Grenzen hält. Mehrheiten verlassen sich dabei auf Minderheiten. Wir beschäftigen Stellvertreter, die für uns alle den Kontakt zu den einfachen Quellen unseres Überlebens halten.

Ein exotischer Traum: das Einfache. Vernarrt in unsere komplexe Welt, halten wir das Einfache für eine naive Legende, eine Utopie. Unsere tägliche Erfahrung läßt keinen Zweifel zu: Das Einfache tritt den Rückzug in unsere Träume an – dorthin, wo die andern unerfüllten Sehnsüchte lagern.

Was uns beunruhigt: Das Einfache hat eine edle Vorgeschichte. In der Antike galt es als Siegel der Wahrheit. Wer das Einfache, das Unteilbare sucht, kommt der Wahrheit näher. Welcher Wahrheit? Schon Pontius Pilatus wusch seine Hände in Unschuld, als er über den Gefangenen der Juden richten sollte: »Was ist Wahrheit?« war seine skeptische Gegenfrage.

Wer das Einfache sucht, folgt ›in Wahrheit‹ einer noch geheimeren Spur: Sie führt zum Glück. Hinter Warenbergen eine einfache Landschaft finden, in der nichts mehr den Blick verstellt.

Gleich nach der Vertreibung aus dem Schlaraffenland erfuhren wir: In Sachen Einfachheit ist Deutschland Entwicklungsland. Die Alten setzen sich ab, und die Jungen hungern nach Sinn. Finanzprodukte machen nicht satt. Wer jetzt die Kraft aufbringt, ›einfacher‹ zu leben als die Herren des Geldes, der stolpert nicht von einem Kapitel der Gier ins nächste.

Die ›Alphatiere des Einfachen‹ werden morgen die Sieger sein. Wer sich ihnen anvertraut, lernt die leisen Stimmen seiner Sinne wieder zu hören. Die Alphatiere des Einfachen leben wie Späher in der Steppe: nirgends verstrickt, aber hochinformiert. Sie gewinnen Prestige, weil sie nicht suchtgefährdet sind. Man traut ihnen. Sie folgen keiner Ablenkung. Sie wählen die Ziele ihrer Aufmerksamkeit und wechseln den Blickwinkel rechtzeitig.
Die Virtuosen des Einfachen sind die besten Vorbilder für jeden, der mehr als andere erreichen will.

V TEILEN, WAS BEIM TEILEN MEHR WIRD

Siege sichern heißt Erfolge teilen

Du oder ich. Dein oder Mein. Haben oder Nichthaben. Das ist die Welt des Schwarz oder Weiß, des Ja oder Nein, des Entweder-Oder, die Welt der Blöcke. Der Konfrontation. Was wir haben wollen, müssen wir andern abjagen, sagt eine der zentralen Lehren in Entweder-Oder-Land. Was wir weggeben, das werden wir nie mehr wiedersehen. Teilen? Ein Fremdwort. Ein gefährlicher Irrtum. Wer teilt, verliert. Wer abgibt, hat nichts begriffen.

Kinder geben ab, solange wir sie lassen. Sie teilen verschwenderisch, um des andern Augen leuchten zu sehen. Sie vergeben auch höhere Ränge an ihre Freunde, die großzügiger teilen als andere. Das Alphatier im Weltreich der Kinder zeichnet sich immer dadurch aus: Es teilt mit andern.* Erwachsene Alphatiere imponieren eher durch Abgrenzung. Die sauerstoffarme Zone um sie herum verdünnt die Gedanken ihrer Gesprächspartner, statt sie zu nähren. Von Teilen keine Rede. Man darf stolz sein, mit ihnen gelegentlich den Raum zu teilen.

Die Welt des Entweder-Oder lebt von der Überzeugung, daß Teilen immer Verlust bedeutet – für einen von beiden. Anders ist auch die Machtergreifung der Gier nicht möglich: Sie braucht diesen Irrtum, um Anhänger zu gewinnen. Wer die ›Verteilungskämpfe‹ unserer Wohlstandsvergangenheit beobachtet, ist Zeuge dieser trotzigen Verwechslung: Was du ha-

---

* Vgl. dazu Höhler, Die Sinn-Macher, Econ 2002, S. 132ff.

ben willst, das mußt du andern wegnehmen, lautet die treibende Botschaft. Als hätten die Ideologen dieser gefährlichen Jagd niemals gesehen, was sie hundertmal gesehen haben: die Zellteilung. Da läuft das Gegenteil der Gier- und Geiz-Merksätze ab; was sich teilt, wird immer größer und immer mehr, wird schließlich ein neues Leben. Teilen, um am Ende viel mehr zu haben als vorher, das ist nicht ein lyrischer Traum von Schwärmern; es ist das Wachstumsgesetz des Lebens selbst. Wer es vergißt, macht viele Anschlußfehler, die Energie und Glück kosten.

Festzuhalten, was wir erreicht haben, ist die große Versuchung im Materialismus, der uns zuruft: Was du hast, das bist du.

Wer zugleich hört, daß seine ›Kaufkraft‹ Prestige bringt, der wird seinen Besitz umklammern, statt ihn mit andern zu teilen. Das Modell der Zellteilung zur Ermutigung heranzuziehen, das den Teilungserfolg der einen kleinen Eizelle überwältigend illustriert, ist in der nimmersatten Konsumgesellschaft nicht einmal einem Philosophen eingefallen. Auch die Naturwissenschaftler haben es versäumt, uns die einfachste aller Regeln vor Augen zu halten, die nicht nur Überleben, sondern neues Leben schafft: das Teilen. Das Klima war nicht danach, sagt einer. Aber der Charme einer Meldung mit dem Text »Gewinnmaximierung durch Teilen« wäre von vielen erkannt worden.

Wir Wohlstandsbürger haben den verläßlicheren Weg gewählt, das Beispiel zu verhindern. Wir haben das Thema ›Teilen‹, das uns wirklich nicht ins Konzept paßte, delegiert. An die Hyperreichen, die damit ihr Gewissen beruhigen sollten. An mächtige Besitzende, die mit demonstrativen Akten des Teilens ihre Dominanz festigen und zugleich moralisch gewinnen. An naive Wohltäter, die es einfach nicht lassen können, das Teilen, und die dabei arm werden. So haben wir einen ganzen Trupp von Stellvertretern in unsere Fabeln, Märchen und Mythen geschickt, die uns dort das Engagement abnehmen. Da reitet der Heilige Martin und teilt seinen Mantel mit dem Bettler. Der Mantel wird keineswegs nachwachsen, aber unsere Sorge ist schnell beschwichtigt: Für den Bettler reicht ein halber Mantel, und der Heilige hat zu Hause gewiss noch einen zweiten. Daß der Auftritt sich für keinen von uns Normalverdienern lohnt, beweist die Geschichte; ein Appell geht also nicht von ihr aus.

Noch ein starkes Argument entschuldigt uns: Das Opfer löst kaum mehr als ein Strohfeuer aus. Der Bettler bleibt arm, der Spender verläßt die Bühne. Die Spielregeln – du arm, ich reich – bleiben unangetastet. Der Heilige zu Pferde liefert eine kurze Demonstration und verschwindet anschließend in der Kulisse. So ist das Leben, meinen die meisten. Wieder ein Beweis, daß nur teilen sollte, wer sich Verluste leisten kann. Die bewußtlose Zelle ist also ein Einzelfall. Merkwürdig nur, daß sich Mythen und Legenden an dem Thema festbeißen. Daß die Moral danach greift, obwohl doch die Zelle mit ihrem Teilungserfolg ein Programm abspult, das ihr von der Evolution verordnet wurde – jenseits aller Moral.

Solange wir selbst bestimmen, ob wir teilen und was wir teilen wollen, ist es gleichgültig, ob wir den Fingerzeig der Evolution verstanden haben: daß Teilen Gewinn statt Verlust bringt. Ernst wird es für uns erst, wenn wir nicht mehr selbst entscheiden dürfen, mit wem wir was teilen. Wenn die Selbstbehauptung durch Umklammern – ›Das gehört mir allein!‹ – nur noch feindselige Gefühle hervorruft. Wenn schließlich sogar keiner mehr hinschaut, wenn wir unsere Jagdbeute vorzeigen, ohne davon etwas abzugeben. Jetzt müßt ihr teilen, verlangt die Politik. Und sie erzwingt zugleich, was sie fordert. Die Bürger haben keine Chance, zu entscheiden, was sie noch fester umklammern wollen, um es mit niemandem zu teilen.

Die Verlustangst verengt alle Sinne. Noch einmal triumphiert die Warenwelt im Kopf der Bürger. »Was kann ich jetzt überhaupt noch kaufen? Können andere sich mehr leisten als ich?«

Es dauert eine Weile, bis sich unter die Verlustängste das lange eingeschläferte Wissen mischt, das uns zuflüstert: Du hast vergessen, daß es andere Arten der Bereicherung gibt als das Kaufen. Du hast auch vergessen, daß es sogar die wertvollsten Güter sind, die dir immer noch uneingeschränkt gehören – wenn du sie nicht durch Neid und Gier und Geiz erstickst. Es sind die nirgends käuflichen Waren aus der immateriellen Welt, in der du als Kind und Heranwachsender zu Hause warst. Es sind die Güter, für die du schon als Kind nichts bezahlen mußtest: Liebe, Zuwendung und Schutz, die Wärme und die Aufmerksamkeit, die dir deine Eltern gegeben – nein: die sie mit dir geteilt haben. Teilen lernen wir in der Kindheit, wenn diese Haltungen mit uns geteilt werden. Daß kleine Kinder nicht nur ihre Schokolade, sondern heftig und spontan auch Kummer und Glück teilen, hat nicht einfach mit ihrer Unerfahrenheit zu tun. Wenn ein einjähriges Kind in Tränen ausbricht, weil das gleichaltrige Kind weint, dann wird hier das steinzeitalte Programm des ›geteilten Schmerzes‹ sichtbar. Und tatsächlich wird das Geteilte augenblicklich mehr: Das Weinen beider Kinder steigert sich und scheint keinem Trost zugänglich. Nur Erwachsene können beide Kinder jetzt trösten.

Wird das Kind etwas älter, so lernt es, genau das zu liefern, was dem weinenden Kind fehlt: Trost. Das geteilte Leid wird nun zum Auslöser von Zuwendung, die das Leid vermindert. Das unerfahrene Kind zeigt das unverfälschte Evolutionsmuster der Empathie. Der andere ist wie ich, fühlt das zuschauende Kind – und beweist es: Wenn du weinst, fühle ich deinen Schmerz, sagen die Tränen des eigentlich unbeteiligten Kindes. Etwas weiter in seiner Entwicklung gekommen, sendet es die Botschaft: Du weinst, und ich helfe dir, den Schmerz abzuwerfen – durch Teilen auf einer höheren Stufe.

Teilen, um am Ende mehr zu haben als vorher; teilen, um gemeinsam zu haben, was vorher nur einer von beiden hatte, das ist die zunächst befremdliche Botschaft aus solchen Geschichten. Wenn wir geteiltes Leid halbes Leid nennen, dann ist das nur auf den ersten Blick eine abweichende Erfahrung. Denn ›mehr‹ haben beide am Ende deshalb, weil ja nicht ›mehr Leid‹ das Ziel des Teilens war, sondern mehr Wohlbefinden. Das Mehr an Wohlergehen gewinnen beide, obwohl der nüchterne Betrachter meinen möchte, nur einer von beiden hätte es nötig.

So banal dieses Beispiel klingt, es zeigt, daß wir ›eigentlich‹ Erfahrung mit dem Teilen haben.

Siegen heißt Erfolge teilen.

Die Welt des Entweder-Oder verlassen: Teilen bringt Gewinn statt Verlust. Teilen ist das Gesetz des Wachstums:
Die Biologie beweist es.

Die falschen Botschaften im Lande der Gier lauten: Teilen macht ärmer. Heute wissen wir: Teilen macht reich.

Die nichtkäuflichen Güter rücken nach vorn:
– Aufmerksamkeit
– Liebe und Treue
– Zuwendung und Schutz
– Verläßlichkeit und Vertrauen

Die meisten wohlstandsgeschädigten Menschen haben private Reservate unterhalten, in denen sie alle Marktzwänge außer Kraft gesetzt haben. Da hatten Neid und Geiz ganz leise Stimmen, und die umklammernden Hände lösten sich von den Kaufkraftbeweisen. Privat gilt, was viele öffentlich vermeiden: Großzügigkeit, Offenheit, Freigebigkeit.

Die Alltagslehren, die wir im Wohlstand gesammelt haben, sind auch Verteidigungsmaßnahmen und Tarnmanöver für den privaten Lebenskreis, den wir schützen wollen.

Hier teilen sie bereitwillig, draußen halten sie zusammen, was ihnen gehört. Sie rechnen mit dem Neid, der sie selbst anfällt, wenn andere mehr erreicht haben. Teilen kommt nicht in Frage. Teilen ist unvernünftig und weltfremd. Wer teilt, macht sich verdächtig. Das sind die Alltagslehren der Kampfkultur, aus der die Wohlstandskinder kommen. So sehen es die ganz unten, so sehen es die im Mittelfeld – und die oben sowieso.

Aber jetzt, während wir uns eingewöhnen ins Weniger*, jetzt ist die Chance, das vergessene Teilen zu begreifen.

Das Teilen, das nicht mit Weniger, sondern mit Mehr ausgeht. Das deshalb eine Kettenreaktion in Gang setzt: mehr teilen, um mehr zu gewinnen. Hier wird einer der Fluchtorte mit Beweisen und Erfahrungen gepflastert, daß Teilen reich statt arm macht – wenn wir genug Leute finden, die es mit uns gemeinsam versuchen.

Und wie geht das: Teilen, was beim Teilen mehr wird? Klingt wie eine Droge – und ist auch eine, aber ohne schädliche Nebenwirkungen.

Erst wenn der Wettbewerb entartet, vergessen die Menschen, daß alle Erfolge in ihrer Geschichte nur möglich wurden durch Teilen. Heute sind es die Evolutionsbiologen, die uns davon aus neuer Perspektive berichten. Vorher waren es die Dichter, die Historiker und die Theologen.

Sich abgrenzen und nichts mehr teilen, sondern alles für sich behalten: Das ist die Irrlehre der Massengesellschaft – eine folgenreiche Täuschung im Gedränge, wo jeder den andern als Feind erlebt. Die andern stehlen deine Chance, sie beset-

---

* siehe dazu Kapitel »Endlich mehr als Konsum«, S. 43.

zen deinen Platz, sie sind gefährliche Rivalen – diese Erfahrung greift im entgleisten Sozialstaat wie eine Epidemie um sich. Mit den andern zu teilen erscheint als unerhörte Zumutung. Die Behauptung, irgend etwas würde beim Teilen besser oder gar mehr, ist lachhaft, wenn die Verteilungskämpfe immer bedrohlicher werden. Wir gewöhnen uns das Teilen ab, wenn nichts mehr für alle reicht. Besser du als ich, pocht es in den angstbesetzten Köpfen, wenn neben uns jemand scheitert. Schon unter blauem Wohlstandshimmel hieß die Botschaft: Wettbewerb braucht Verlierer, sieh zu, daß du bei den Gewinnern bist. Das klang frohgemut, und man kannte fast nur *Winner*. Heute kennen viele von uns mehr *Loser* als *Winner* – und sind selbst bei den *Losern*. »Teilen? Was denn? Die schlechte Stimmung? Wenn die beim Teilen mehr wird, danke, dafür brauch ich keinen. Wenn sie besser würde, wäre das ja doch nur eine neue Täuschung.«

Doch diese Meinung ist ebenfalls eine Täuschung. Das beweisen uns alle Forschungen über die Teamkultur in archaischen Gruppen. Alle machen sich erkennbar – durch Amulette, Kleider, Losungsworte. So ist auf Abstand der Freund vom Feind zu unterscheiden. Das heißt der, mit dem wir unsere Ziele und Gewohnheiten, unser Territorium und unser Jagdgebiet teilen, von jenem, der das alles – noch – nicht mit uns teilt. Die Rituale der Annäherung und Vertrauensgründung lagen fest. Vor allem eines war gemeinsame Erfahrung: Niemand überlebt allein. Alle brauchen einander. Und der sichere Erfolg ist nur dann zu haben, wenn jeder gibt, was er hat: seine Ideen, seine Entschlossenheit und Kraft, seine Stärken eben. Mit den Stärken der andern zusammen ergibt der Anteil jedes einzelnen geballte Energie und hohes Selbstbewußtsein für die ganze Gruppe. Jeder gibt, und jeder profitiert. Jeder erlebt, daß Teilen reicher und sicherer macht. Niemand zweifelt daran.

Unsere Erfahrungen liegen quer zu diesem alten Wissen, und die Versuchung ist groß, zu denken: Für uns gilt das nicht mehr. Wir leben in der Verteidigung unserer Spielräume gegen alle andern, nicht nur gegen Feinde von außen.

Zugleich erleben wir aber, daß unsere Kräfte und unser Mut

schwinden, wenn wir unsern Erfolg nur noch gegeneinander suchen. Zerstritten mit der politischen Führung, schutzlos und ohne klare Ziele, trauen wir einander immer weniger, und schließlich trauen wir uns selbst nichts mehr zu.

Teilen, um zu gewinnen: Die wertvollsten Güter haben keinen Marktpreis

So stark war die prägende Überbetreuung der guten Jahre, daß wir noch immer behaupten, wir hätten keine Spielräume für eigene Ideen. Aber diese Spielfelder erweitern sich Tag für Tag. Überall, wo der Politik das Geld und die Phantasie ausgehen, öffnen sich Freiräume, in denen wir miteinander teilen können, ohne dabei Verluste zu machen. Wir teilen also neue Erfahrungen, die uns zurücktragen zu alten Träumen: daß Glück, geteilt, wirklich doppelt so groß wird, daß es kein Wettkampfprodukt ist, sondern uns vom Wettkampf freistellt, ohne uns schwach zu machen. Erfolgsglück, das die Kampfgesellschaft nur noch mit schmalen, spitzen Lettern schrieb, als sei es reserviert für die Leute mit der schärfsten Klinge, verrät erst dann sein Geheimnis, wenn wir es mit unseren Teamkollegen teilen. Das Geheimnis heißt Ansporn, Zugewinn an Selbstvertrauen; aber wir erreichen beides nur, wenn wir ohne feindselige Gefühle den Sieg miteinander teilen. Es wird ein größerer Sieg, wenn wir endlich begreifen, daß wir nicht kleinlich aufrechnen sollten, wer mehr und wer weniger beigetragen hat – sondern großzügig unser Glück teilen. Erst dann mischt unser feinfühliges Gehirn die Drogencocktails an, die uns mit Serotonin, mit Cortison und Cortisol, mit körpereigenen Opiaten in jenen stärkenden Rausch wiegen, der nicht isoliert, wie die Drogen der Straße, sondern verbindet. Das Team holt zum nächsten Erfolg aus mit gesteigerter, weil geteilter Kraft.

Teilen, was beim Teilen mehr wird: Das ist das Erfolgsgeheimnis aller Kulturen, die aus dem Wenig kommen und ins Mehr wollen. Auf uns angewendet: die durch den Materialismus verführt wurden, das ›Mehr‹ nur in Waren und Zahlen zu denken.

Der Mensch ist in Wahrheit ein teilendes Wesen. Die Vorstellung, daß ich meine Pläne und Wünsche, meine Träume und Ziele vor andern verstecken muß, weil sie sie mir rauben könnten, entsteht erst, wenn die Führung anfängt, ihre Pläne vor den Menschen zu verbergen. Argwohn kommt auf: Was uns nicht mitgeteilt wird, ist gegen uns. Wir würden nicht zustimmen, deshalb teilen die Chefs, zum Beispiel die Regierenden, ihre Pläne nicht mehr mit uns. Vielleicht haben sie ja auch gar keine, weil sie den Weg unter den Füßen verloren haben. Wo Führung nicht mehr mit Mitarbeitern und Bürgern teilt, übertragen sich Geiz und Enge. Wo Führung nicht mehr austeilt von ihrer Macht und mitteilt, was sie verantworten will, gehen die Menschen in Deckung. Bald teilen sie nur noch ihr Mißtrauen miteinander, nicht mehr ihre heimlich gehüteten letzten Besitzstände aus der versinkenden Ära des Überflusses. Jeder Herrscher, der nichts mehr verteilt, nicht einmal mehr sein Urteil über die Lage, verliert an Autorität. Die Menschen wissen genau: Er teilt sein Wissen nicht mehr mit uns, weil uns zumindest seine Folgerungen daraus nicht gefallen werden. Er sucht unsere Zustimmung nicht mehr, weil er sich unsere Ablehnung nicht zumuten will. Also ist er ein schlechter Herrscher. Wer nicht mehr teilt, verliert an Prestige. Wer Prestige einbüßt, verliert an Macht. Wir erinnern uns an die Dominanzbeweise mittelalterlicher Herrscher, die goldene Münzen unters Volk warfen, um ihre Macht zu festigen. Genauso hat es die Wohlstandspolitik gemacht. Für die Zeit des steigenden Mangels hatte sie kein Konzept vorbereitet, obwohl die lange drohend am Horizont stand.

Auch Politiker erliegen dem Irrtum, in mageren Zeiten sei die fast unerreichbar gewordene Zustimmung des Publikums für sie nicht mehr schlachtentscheidend. Nun beginnen sie, über die Köpfe der Bürger hinweg zu entscheiden. Sie teilen nichts mehr – was den Eindruck fördert, sie hätten auch nichts mehr mitzuteilen. Ihre Reputation sinkt weiter. Nicht weil ihre Konzepte so sachgerecht sind, wie es ein scheidender Kanzler suggeriert, sondern weil sie den Bürger nur noch als Opfer in ihre Rechnungen einsetzen. Mit Opfern spricht man nicht. Vom Opfer der Überbetreuung zum Opfer der Unterbetreuung – das ist eine Schockbehandlung, die die Bürgerneigung, zu teilen, was wir noch haben, gegen Null treibt.

Menschen sind am besten, wenn sie teilen dürfen: Glück und Erfolg nicht nur, sondern auch Einsichten und Erkenntnisse, Hoffnungen und Versprechen.

Im christlichen Abendland steht das Teilen an den wichtigsten Wendepunkten wie eine magische Macht. Als die Henker die Kleider des gekreuzigten Christus untereinander teilen, ist es wie eine zwanghafte Teilhabe an der rettenden Tat, die das Opfer des Mittlers für die ganze Welt bedeutet. Die Täter können sich der Macht der Tat nicht entziehen, sie werden zu Mitspielern eines vorgezeichneten Ablaufs und inszenieren eine geheimnisvolle Form der Teilhabe an dem heilsbringenden Verhängnis, in dem sie ihre Rollen gespielt haben (Ps. 22, 19; Matth. 27, 32). Dasselbe Motiv des Teilens wiederholt sich beim ersten Abendmahl, mit den Worten: »Nehmet den Kelch und teilt ihn unter euch« (Lukas 22, 17). Das Brot wird gebrochen und aufgeteilt unter den Gästen. Der metaphysische Sinn des Mahls stellt wieder die Kreuzigung in den Mittelpunkt.

Die zentrale Botschaft der abendländischen Religion ist das Teilen. Nicht nur in den zahllosen Aufforderungen, miteinander zu teilen, was wir besitzen und was wir wissen. Sondern in der entscheidenden Zusage, daß Heilsvermittlung nur durch Teilen möglich ist: Christus teilt die menschliche Existenz und lädt sich die menschlichen Verfehlungen auf. Er teilt bedingungslos, um restlos entlasten zu können. Teilhabe ist das Mittel und Teilhabe ist das Angebot, das dem kompromißlosen Einsatz folgt. Schon das Wissen um diese Botschaft sichert Teilhabe (2. Tim. 2, 15); Eingeweihte nehmen teil an der Mehrung des verteilten Heils.

Daß Mitteilung Teilhabe sichert: nichts anderes treibt unsere Debatten um Kommunikation in der modernen Wirtschafts- und Behördenwelt – und im bürgerlichen Alltag. Die Sprache lügt nicht: »Mitteilung machen« heißt ja nicht einfach »senden«, sondern mit dem Empfänger teilen. Was ich teile, gehört mir nicht mehr ganz, ist die Sorge, die in vielen

Was beim Teilen mehr wird

Kulturen werden nur durch Teilen überlebensfähig. Was sie teilen:

- ihre Leistung,
- ihre Erfahrungen mit Freund und Feind,
- ihre Erfolge,
- ihre Erkenntnisse und Innovationen,
- ihre Ängste,
- ihre Trauer und ihre Siege.

Jeder gibt, und jeder profitiert. Niemand überlebt allein.

Teilen, was beim Teilen mehr wird – das ist das Erfolgsgeheimnis aller Kulturen, die vom Weniger ins Mehr wollen.

Köpfen anspringt. Auch in führenden Köpfen drehen sich dann voreilig die Schlüssel in den inneren Türen. Aufschieben, in Portionen aufteilen, tarnen, vielleicht am besten verschweigen, das sind die Optionen, die vom Einfachsten abraten: Teile dein Wissen mit denen, deren Leben es verändern wird. Nur dann wirst du sie als ›Teilhaber‹ deiner Pläne und als Teilnehmer an deiner Verantwortung gewinnen können. Alle Katastrophen im modernen Gemeinwesen haben dieses Merkmal gemeinsam: Die Führenden teilen nicht. Und die Bürger sagen später: »Ich habe nichts gewußt.« Das gilt für die neueste deutsche Großkatastrophe in besonderem Maße.

Nachdem sich nichts mehr leugnen läßt, wird weitergetäuscht, und die Verfallszeiten der täuschenden Nachrichten werden immer kürzer.

Verlustdebatten überwuchern die wichtigste Entdeckung, die wir als Genesende auf dem Weg aus dem Dschungel der Gier zu machen hätten: daß wir nun endlich die Gelassenheit finden, alles das miteinander zu teilen, was uns aus dem Blick geraten war.

Die Romantik der Dürftigkeit bezaubert uns mit diesem plötzlich geöffneten Fensterblick in eine Welt, die in unseren fernsten Erinnerungen ruht. Eine Welt, in der ohne die andern nichts ging. Und sie erlöst uns auch endgültig von der bösen Täuschung, es ginge überhaupt irgend etwas ohne die andern. Darum läuft ja auch in der Rehabilitationsklinik Deutschland das meiste so schlecht: Weil die Reformveranstalter immer noch nicht glauben, daß sie ohne die Bürger nichts sind und nichts ereichen. Wer gegen die Bürger reformiert, muß scheitern. Wer das wichtigste naturgegebene Erfolgsgesetz, das Teilen, mißachtet, verschärft die Krise.

Ohne die andern geht nichts. Wir hören jedoch täglich die gegenteilige Botschaft. Ohne die viel zu vielen Alten liefe alles besser. Ohne die Faulen, ohne die Ausbeuter der Sozialsysteme und ohne die Schwarzarbeiter hätten wir kein Problem. Damit ist klar, daß wir viele Gründe haben, mit niemandem zu teilen. Schon gar nicht mit den Störenfrieden. Teilen, was beim Teilen mehr wird: Genau diese großartige Erfahrung müßten wir den ›*Outcasts*‹ vermitteln.

Wir haben das Teilen verlernt, als die Egomanie regierte, und wir teilen uns übereifrig in Gruppen auf, die auf keinen Fall miteinander teilen wollen, seit der Wohlstand schwindet. Krise bringt Streit, das ist eine fast unausweichliche Regel. Und wieder sind es die Bürger, die Menschen im kranken Land, die den Führenden zeigen müssen, was Innovation ist. Wir führen die Evolution an, die den Mächtigen aus dem Blick geraten ist.

Wir greifen auf unsere frühen Erlebnisse und Traumstoffe zurück, weil wir nicht nur verlieren wollen. Wir wollen gewinnen, während wir verlieren – und das geht allein, wenn wir teilen. Überrascht erleben wir: Die Mehrwerte, die wir durch Teilen erreichen, machen uns krisenfest und sicherer.

Und wir sind gar nicht so ungeübt im Mehren unserer immateriellen Güter, wie wir glaubten.

Was wird denn mehr, wenn wir es teilen? Die schönste Entdeckung, die wir jetzt machen, ist diese: Es sind alle die Werte, die wir auf keinen Fall entbehren möchten und die wir keiner Krise opfern würden. Wenn wir mit ganz wenigen eine neue Gesellschaft gründen müßten, sind sie die tragenden Pfeiler, auf denen diese *Community* ruhen würde.

Wir müssen uns aufeinander verlassen – um nicht verlassen zu sein.

Wir brauchen Wahrhaftigkeit – weil wir einander trauen wollen.

Wir ersehnen Treue – weil wir dauerhafte Nähe brauchen.

Wir wollen die andern ehren und achten – und möchten geachtet sein.

Wir wollen bewundern – um unsere Grenzen zu überschreiten.

Wir bringen Risikokapital mit: Vertrauen.*

Wir teilen aus mit vollen Händen – Einsichten, Wissen, Erfahrungen.

Wir teilen Gedanken und Gefühle: Empathie! Setz dich auf den Platz des andern!

---

* Vgl. dazu Höhler, Warum Vertrauen siegt, Econ 2003.

Wir halten unsere Versprechen. Unser Mut gehört allen, die ihn brauchen.

Wir verzeihen einander – immer wieder.

Das sind die Güter, die beim Teilen nicht schwinden, sondern mehr werden. Der Mensch als teilendes Wesen: Wenn er aufhört, mit andern teilen zu wollen, was ihn bekümmert und was ihn freut, wird er krank. Wenn er der Wohlstandsideologie glaubt, die materielle Vorsprünge als Einlaßbillett zum Glück ausgibt, treibt er in heillose Unruhe ohne Ziel.

Wir lassen diese Unruhe gerade hinter uns. Den Verlustgefühlen mischt sich eine heiße Hoffnung bei, die bei vielen schon zur Gewißheit geworden ist: Daß wir endlich wieder frei geworden sind für die eigene Regie in unserem Leben. Daß wir nicht mehr umklammern müssen, was uns doch verläßt, weil es nur materiell ist. Daß wir zurückkehren dürfen, endlich, zu unseren besten Möglichkeiten, die wir mit andern teilen wollen. Nur so können wir uns vergewissern, wer wir sind und was wir nie verloren geben wollen. Es sind die Güter ohne Marktpreis, die im virtuellen Handel mit unseren privaten und beruflichen Verbündeten an die Spitze der Rangordnung unserer Werte rücken.

Es sind, in einem ganz anderen als dem Geldsinne, die teuersten Güter, in die wir uns mit all jenen teilen, die verstanden haben. Die Erleichterung ist groß: daß die Überflußwirtschaft eben nicht das letzte Wort war.

Daß wir uns stark fühlen für ein besseres und transparenteres Leben.

Daß wir nicht mehr ständig außer Atem im Konsumwettbewerb unterwegs sein müssen.

Das wir ein verläßliches und berechenbares Bündnis geschlossen haben, dessen Motto kein Verfallsdatum kennt: teilen, was beim Teilen mehr wird.

Das ist kein Außenseiterkonzept. Im Gegenteil. Wenn es uns nicht gelingt, immer mehr Menschen dafür zu gewinnen, stirbt die todkranke *humanitas* unseres Gemeinwesens vor unseren Augen.

Dann ist es gleichgültig, ob es die Tiger oder die Heuschrekken sind, die in die Wohlstandssteppe einfallen.

Kinder teilen verschwenderisch, solange wir sie lassen.

Die Welt des Entweder-Oder lebt von der Überzeugung, daß Teilen Verlust bedeutet. Die Krisengesellschaft hat nichts mehr zu teilen – sagen die Menschen.

Die Natur lehrt, daß Teilen Wachstum bringt. Jede Zelle beweist es. Die Kinder der Gier wissen es besser. Verlustangst macht dumm. Jetzt, während wir uns eingewöhnen ins Weniger, kommt die große Chance, das vergessene Teilen zu begreifen. Ein Teilen, das Gewinn bringt. Alle Erfolge der Geschichte wurden durch Teilen errungen. Sich abgrenzen und nichts mehr teilen, das ist die Irrlehre der Massengesellschaft. Wer nichts mehr teilt, verliert am Ende im Gedränge auch das, was er umklammert. Im Zeitalter der Gier haben die Interessengruppen schließlich alles verloren. Von allem, was sie jahrzehntelang einander abgejagt hatten, bleibt nichts.

Kraft und Mut schwinden schnell, wenn Menschen ihr Wohl nur noch gegeneinander suchen. Teilen, was beim Teilen mehr wird: Pläne und Wünsche, Ideen und Erfahrungen müssen geteilt werden, wenn etwas aus ihnen werden soll. Die ›*Identity*‹ der archaischen Kulturen bestand nur daraus: stark sein gegen Feinde; die eigenen Leute erkennen am Losungswort; in dieselbe Richtung wollen, um morgen besser zu leben als heute. Sich aufeinander verlassen. Die Alphatiere teilen aus von ihrer Antriebsstärke. Jeder gibt, was er hat. Und jeder weiß, daß er ohne die andern keinen seiner Träume erfüllen könnte.

Eine Gesellschaft, die sich das Denken in Besitzständen angewöhnt, wird in der Krise vergeblich nach ihren verschütteten Energien suchen.

Wir begreifen noch rechtzeitig, daß die Überflußgesellschaft nicht das letzte Wort war. Wir entdecken uns wieder als teilende Wesen. Wir brauchen einander. Wir müssen uns aufeinander verlassen. Wir dürfen austeilen, mit vollen Händen. Alles, was wir vom Wertvollsten abgeben, kommt angereichert wieder zu uns. Teilen, was beim Teilen mehr wird: ein Wagnis, das uns belohnt.

VI RETTET DIE ALPHATIERE DER ZUKUNFT

»Endlich allein«: Die Karrierekultur frißt ihre Kinder

Wir sind wirklich erwachsen geworden. Erwachsener als unsere europäischen Nachbarn, wenn man – ganz einfach – auf die Zahl der Erwachsenen schaut. In Deutschland leben mehr Erwachsene unter weniger Kindern als in den Nachbarländern mit vergleichbarer Wohlstandsgeschichte. Die ›junge‹ deutsche Republik hat sich konsequent für die Dominanz der Erwachsenen entschieden. Das könnte auf den Willen hindeuten, der Vernunft entschieden den ersten Platz einzuräumen. Die Gleichung hieße dann: Mehr erwachsene Vernunft bringt mehr Rationalität und damit mehr reife Entscheidungen.

Immer mehr herangewachsene Leute, die etwas bewegen wollen, können nach dieser Logik schneller mehr Wohlstand generieren, weil sie nicht von Schutzmaßnahmen für die noch nicht Vernünftigen aufgehalten werden. Sie geben weniger ab von ihren Erträgen und bauen so schneller größere Vermögen auf. Sie kümmern sich um ihre eigenen Angelegenheiten und müssen nicht viele Rücksichten nehmen.

Eine aufgeklärte Welt, die sich immer mehr Erwachsene mit immer mehr Alten teilen. *Homo oeconomicus* endlich angekommen in der kühlen Rationalität der Moderne, wo alle alten Gleichungen außer Kraft gesetzt sind – zum Beispiel die, daß Kinder unentbehrlich sind, weil sie ihre Eltern im Alter versorgen. Dieses altmodische Modell haben wir längst abgelöst durch staatliche Sicherungen und kollektive Auffangnetze in den großen Firmen.

Einige Querköpfe fingen schon vor Jahrzehnten zu rechnen

an, daß diese Sicherheitsnetze aus stählernen Seilen geknüpft sein müßten, wenn die Erwachsenen so rigoros unter sich bleiben wollten. Die Debatte kam und ging und kam und ging. Schwarzmaler waren unbeliebt in den fetten achtziger und den turbulenten neunziger Jahren. Sie kamen aus verschiedenen Lagern und zogen den Groll der Unbekümmerten aus unterschiedlichen Gründen auf sich.

Zeitgemäß rational warnten die einen: Die üppig wuchernden, aber noch üppiger ausgeplünderten sozialen Netze würden von nachwuchslosen Erwachsenen schon deshalb nicht mit Stahlseilen geknüpft werden, weil immer mehr von ihnen aus der Geber- in die Nehmerrolle abwanderten: Aus berufstätigen Zahlern werden berufslose Zahlungsempfänger. Die reiche Erfolgsgesellschaft wollte sich keine Sorgen aufdrängen lassen, von denen sie niemand erlösen könnte. Das Kurzfristdenken wurde zur Therapie; die kollektive Selbsttäuschung fand viele Anhänger. Motto: Für mein Leben wird es noch reichen. Ich habe mein Soll erledigt als Miterbauer von Wirtschaftswunderland.

Die Mahner aus dem anderen Lager waren und sind noch unbeliebter. Sie fahren schweres Geschütz auf: Welcher Geist, so fragen sie, treibt eine Gesellschaft, die sich nur auf die Gegenwart festlegt und keine Zukunft mehr duldet? Der Schlagabtausch mit diesen gefährlichen Gegnern wurde unversöhnlich schon in den siebziger Jahren. Wer sei denn noch tollkühn genug, Kinder in diese Welt zu schicken? Moral und Gegenmoral schaukelten einander hoch zu hypermoralischen Disputen, in denen es nicht um die fehlende Generation und ihren vermuteten oder bestrittenen Wert ging, sondern nur um die Selbstbehauptung der Leute, die ihre Kindheit längst hinter sich hatten und keiner weiteren mehr zuarbeiten wollten.

Heute, am Beginn des 21. Jahrhunderts, haben die erfolgreichen Verteidiger ihrer Isolation, die Erwachsenen, das Thema flächendeckend versachlicht. Jeder kann die Vokabeln, und niemand ist verantwortlich. Weil es für Gegenmaßnahmen – endlich – zu spät ist. Die nächsten Jahrzehnte sind programmiert als greisenreiche und kinderarme Zeit. Die Feindseligkeiten der Lager wurden eingedampft im Fachwort,

Wo Karrieren den Takt angeben, da scheitern Kinder.

Nur das erste Wohlstandskapitel war kinderfreundlich:
Die Eltern schickten sie als Botschafter ihres Erfolgs nach oben.

Die Konsumkultur beschreibt Kinder als materiellen Nachteil.
Damit sitzt sie in der Falle.
Wo *homo oeconomicus* nur noch rechnet, sind Kinder ein Verlustgeschäft.

das eine Aufspaltung in gegnerische Positionen gegenstandslos macht. Es benennt nur das Faktum:

›Demographie‹ heißt das Wort, das inzwischen jeder kennt und nutzt, weil es das Rätsel, warum immer mehr Deutsche ohne Kinder leben wollen, einfach übergeht. ›Demographie‹ heißt nicht mehr als ›Zustand und Veränderung der Bevölkerungszahl; Bevölkerungswissenschaft‹. Das Wort beschreibt also nicht eine Entgleisung gewohnter Entwicklungen oder eine kollektive Entscheidung über Lebensstile oder die Rangliste von Werten. Es beschreibt einfach das, was es in allen Gesellschaften gibt: Bevölkerungsentwicklung. Welcher Art sie ist, bleibt offen. Wir haben damit, so klingen die meisten Debatten heute, nichts zu tun. Wenn moralisch diskutiert werden soll, dann können wir Schuldige nennen. Meist kommt es dazu aber nicht, weil immer mehr autarke Erwachsene entschlossen sind, ihre eigenen Angelegenheiten selbst zu entscheiden und nicht zu diskutieren.

Als Auslöser des Kollapses der Sozialsysteme beschäftigt ›die Demographie‹ ganze Forschungsinstitute, die der Politik Prognosen zuliefern.

Die fehlenden Generationen sind endlich umdefiniert in einen materiellen Mangel. Da sie nicht leben, können sie nicht liefern. Ihr Fehlen bringt ein Komfortproblem für die Jäger im besten Alter und ihre Vorgänger auf den Ruheplätzen. Damit gerät eine Gleichung in Zweifel, die ganz stimmig den Komfort der Täter in der Lebensblüte durch unfertige und hilfsbedürftige Nachrücker bedroht sah. Plötzlich schreibt diese Gleichung sich von selbst um: Weil die jungen Mitspieler fehlen, die man als Konsumrivalen definiert hatte, ist der Konsum der Entscheider gefährdet, die expansiv für das eigene Wohl unterwegs waren und niemanden an ihrem Tisch dulden wollten, der nicht mit gleicher Gesinnung unterwegs war.

Von der materiellen Seite ist das Ergebnis der Gierphase zwar bedrohlich genug; die nur-ökonomische Betrachtung verspricht aber den Vorteil, daß die Moral endgültig aus der Debatte verbannt werden kann. Besorgt diskutieren die Erwachsenen nun über das Schicksal der nächsten Generationen, für deren Notlage sie gesorgt haben. Auch hier ist Schuldverlagerungsbedarf; virtuos delegieren die Profis der Kinder-Karriere-Debatte in weit ausholenden Artikeln die Verantwortung für das Leck in der Generationenfolge an Politik und Wirtschaft. Als gegebene Größen werden die Karriere-Ansprüche der potentiellen Eltern in die Beweisführung eingesetzt. Monotones Fazit: Wo Erwachsene ihr Karriereglück suchen, ist für Kinder-Karrieren kein Platz. Die Zulassungsbedingungen für Kinder sind klar: der ungestörte Karriereverlauf von Vater und Mutter; garantieren müssen ihn Staat und Wirtschaft. Kinder, so der frohgemute Entwurf mit planwirtschaftlichem Einschlag, werden schon als Säuglinge gesammelt und kollektiv betreut – was immer das heißen mag. Die Annahme, Gleichaltrige hätten durchweg gleiche Bedürfnisse, wird in diesen Konzepten nur auf Kinder angewendet; Erwachsene haben individuelle Bedürfnisse; sie sind interessanter und verschieden.

Für ein ›Elternwohl‹, das eher schlicht mit dem Wort ›Karriere‹ definiert wird, müssen schon die Säuglinge und Kleinkinder zurückstecken. Stolzer Schlußsatz dieser Beweisführung ist meist der Hinweis: Die zufriedene Mutter, die sich karrierefroh über ihr Kind beugt, muß nicht häufig auftauchen; Hauptsache, sie fühlt sich gut, das überträgt sich auf das Kind. Theorien, die eine leicht erfüllbare Grundlage haben: Wissensverweigerung. Eine der Fluchttechniken aus der Wissensgesellschaft, der wir den Flop der Wohlstandskultur verdanken. Weil uns das Thema ›Kinder‹ immer noch so unerwünscht tief berührt, haben wir die Perfektion der Beweisführung weiter getrieben als in anderen Bereichen unseres Lebens.

Unsere Großeltern hatten das zwanzigste Jahrhundert zum ›Jahrhundert des Kindes‹ erklärt. Immerhin war es ein großer Sieg, daß sie und ihre Eltern die Kindheit als eigenständigen Lebensabschnitt zu achten und zu erforschen begannen. Endlich wurden Kinder für Eltern und Großeltern mehr als nur die Mini-Ausgaben künftiger Versorger. Endlich gewann man die innere Ruhe, ihnen beim Spielen zuzusehen und ihren Geist, ihre Seele zu erforschen. Kinder als anvertraute Lebewesen zu begreifen, die ohne Schutz und Zuwendung der Erwachsenen verloren sind, das war die große Errungenschaft der bürgerlichen Gesellschaft, die sich gegen die Wechselfälle des Lebens mit Sozialsystemen statt mit Nachkommen schützte. Die ersten Lebenszeichen der Wohlstandskultur waren auch Hoffnungssignale für Kinder.

Einige Kapitel später wurde die Wohlstandskultur ihr Feind. Es hatte so gut ausgesehen am Anfang: Viel mehr von ihnen überlebten das Säuglingsalter, weil die Medizin sich rasant entwickelte. Viel mehr Aufmerksamkeit und systematische Neugier – nichts anderes ist ja Forschung – richtete sich auf ihre Bedürfnisse und Fähigkeiten. Und der wachsende Wohlstand ihrer Eltern wurde mit ihnen geteilt. An die Stelle der Versorgungserwartung trat nun eine ganz andere Idee: Die Kinder sollten noch höher aufsteigen als ihre Eltern. Sie sollten ›es besser haben‹. Sie sollten ernten, was die Eltern säten. Optimismus und Ehrgeiz der Erwachsenen übersprangen spielend die Generationenfuge. Das Selbstvertrauen der Wohlstandsmacher war grenzenlos. Sie fanden noch Genugtuung bei dem Gedanken, daß ihre Kinder mehr haben sollten als sie selbst. Ein Gedanke, der diesen Kindern, als sie erwachsen wurden, abhanden kam im Lande der Gier. Auch die selbstverständliche Annahme, Langfristplanungen seien realistisch, verflüchtigte sich. Heute wird jede Langfristperspektive zur Drohung, deshalb sind sie unbeliebt.

Im Nachkriegsprojekt der Aufsteiger – ›Die Kinder sollen es einmal besser haben‹ – erkennen wir ein Zukunftsthema, das wir heute wieder zu buchstabieren beginnen: Komplettiere dein Glück durch Teilen. Erlebe, wie deine Großzügigkeit nicht nur andern, sondern dir selbst mehr Lebensgenuß bringt.*

Waren die freigebigen Eltern der Aufsteigergeneration altruistischer als ihre Nachkommen? Und warum konnten ihre Nachkommen so nicht mehr denken und handeln? Aufsteigen lassen statt aufsteigen – genauer: den eigenen Aufstieg vollenden durch die nächste Generation, das hieß ja auch: mehr als ein Leben leben. Kinder in die nächsthöhere Schicht

---

* Siehe dazu Kapitel »Teilen, um zu gewinnen«, S. 162.

schicken, das optimistische Nachkriegsprogramm, war auch ein revolutionäres Projekt für soziale Gerechtigkeit: Es eröffnete die Durchmischung von Bürgertum und Arbeiterklasse.

Die großzügig austeilenden Eltern waren nicht eigentlich altruistisch gesonnen; aber der Effekt ihres Handelns, ihres grenzenlosen Selbstvertrauens sah uneigennützigen Taten zum Verwechseln ähnlich. Und auf den Effekt kommt es schließlich an. Er verlagerte nicht nur den Nutzen des ausgreifenden Lebensplanes der Nachkriegseltern in die nächste Generation; er kam auch ihnen selbst zugute – materiell und immateriell. Denn die Aufsteigerkinder wurden materiell stärker als ihre Eltern und ließen diese an ihrem Wohlstand teilhaben. Die Spender dieser Lebenschancen erfuhren obendrein mit Genugtuung die Steigerung ihrer Reichweite und den Zuwachs ihrer Macht: Sie waren es, die den Horizont ihres einzigen Lebens durchbrechen konnten und Zukunft bestimmen.

Kann man so nur denken und fühlen, wenn man einer Katastrophe entronnen ist? Oder ist dieser Überschwang nur im Jugendstadium des Wohlstands möglich? Erwerb ist lustbetont, Besitz schon weniger. Diese Lehre haben wir aus der ersten Wohlstandsetappe mitgebracht – und irgendwann vergessen. Mit wachsenden Besitzständen verlagerte sich das Prestige, das wir einander zugestanden – die Geltung, die einer bei uns erreichen kann –, immer mehr auf das Haben. Wer hat, nicht wer erwirbt, ist heute unter den Siegern – bewundert und beneidet. Neuerdings verschiebt sich die Balance bedrohlich in Richtung des Neides. Dynamik nach oben macht großzügig, so sagen uns die Chancenspender-Eltern, die das Abenteuer Wohlstand erstmals inszenierten. ›Wunderkinder‹ nannte sie die erstaunte Welt. Tatkraft und Selbstvertrauen trieben sie voran. Und der Kontrast verlieh ihrem Aufstieg Flügel: nie mehr dahin zurück, wo sie herkamen; in Schuld, Angst und Verlust. Alles, was Aufstiegen Schub liefert, stand zur Verfügung – die Entschlossenheit, nur noch eine Richtung gelten zu lassen: vorwärts-aufwärts, und der zornige Wille, der Welt der Sieger ein nie gesehenes Gesicht zu zeigen: nach der Fratze aus dem Satansbündnis das leise Lächeln der Sieger. Der ›*good winner*‹ war die Idee, die den Besten in der Gesellschaft der Kriegsverlierer vor Augen stand. Auch er eine Figur, die wir heute wieder einsetzen in unsere Zukunftsvisionen.*

In dieser Stimmung lassen Menschen Kindern Spielraum. Sie dürfen noch einige Schritt tiefer ins gelobte Land, das die Eltern entdeckt haben.

Die Schlachtfelder hinter sich zu lassen wie ein verbotenes Land, in dem fast jeder, den man kannte, ein Mittäter gewesen war, das gab der Absetzbewegung Tempo. Nur weg hier, und nie mehr in ähnliche Landschaften zurück; dieses Fluchtmotiv verband Opfer und Täter. Die einen flohen ihr Trauma, die andern ihre Entdeckung. Opfer und Täter waren mit gleich starken Motiven unterwegs. Und Täter schützten Täter. Die stille Verabredung, auch im neuen Abschnitt der Geschichte wieder oben zu sein, machte ihr Bündnis so wasserdicht, daß es bis ins nächste Jahrtausend hielt – wie wir heute erleben. Macht über die kommende Generation zu haben hieß für die Geretteten, ihre Nachkommen in eine bessere Geschichte zu schicken. Das war für die Kinder der Täter ein starkes Motiv, weil sie sich den Anfang ihrer eigenen Geschichte nicht hatten aussuchen können.

Die ›junge‹ deutsche Republik ist erwachsen geworden. Sie hat sich konsequent für die Dominanz der Erwachsenen entschieden und gegen die Generationenmischung. Das mittlere Lebensalter als Erfolgsgenerator; Kurzfristdenken als verdiente Entlastung von Zukunftsängsten: Die reiche Erfolgsgesellschaft wollte sich keine Sorgen aufdrängen lassen, von denen sie niemand erlösen könnte.

Die fehlenden Nachkommen beschreiben wir heute, ganz nach dem Materialismusmodell, als materiellen Mangel. Da sie nicht leben, können sie nicht liefern. Ihr Fehlen bringt ein Komfortproblem für die Jäger im besten Alter und ihre Vorgänger auf den Ruheplätzen. Wo Erwachsene ihr Karriereglück suchen, ist für Kinderkarrieren kein Platz. Solange Politik und Wirtschaft keine störungsfreien Abläufe garantieren, haben Kinder keine Chance.

---

* Siehe dazu Kapitel Spielregeln für den *good winner*, S. 90.

In der ersten Wohlstandseuphorie waren die Erwachsenen noch großzügiger. Die Kinder halfen ihr Eltern zu einer Reichweite, die das eigene Leben mit einem leuchtenden Horizont weitete: endlich nicht mehr Opfer sein, sondern Regisseur für mehrere Leben; endlich säen und die Schutzbefohlenen ernten lassen; endlich fliehen aus dem Würgegriff der Schuld – durch gute Taten, die schließlich keinen Einspruch mehr dulden. Die Schlachtfelder hinter sich lassen wie ein verbotenes Land, in dem fast jeder, den man kannte, ein Mittäter gewesen war, das gab der Fluchtbewegung Tempo.

Wenn Menschen sicher sind, daß sie mehr Zukunft als Gegenwart haben, lassen sie Kinder zu. Wird die Gegenwart verlockender als die Zukunft, sind die Kinder auf der Verliererseite: Die Erwachsenen meinen, sie hätten nichts mehr abzugeben von ihrer aussichtslosen Gegenwart. Sie konsumieren diesen Rest lieber allein.

Der mächtigste Rivale: Das machtlose Kind

Wie wir uns zu Kindern, geborenen wie ungeborenen, verhalten, hat also viel mehr mit unserer eigenen als mit der noch ungeschriebenen Geschichte der nächsten Generation zu tun. Die Konsum- und Profitgesellschaft bietet ein widersprüchliches Bild, auch bei ihrem Umgang mit Kindern. Wohlstand liefert Chancen und öffnet Türen in vorher verschlossene Reservate wie Reichtum und Ruhm. Wo das Haben soviel Anerkennung bringt wie in der Profitgesellschaft, werden selbst Kinder zu Beweisfiguren für elterliche materielle Potenz. Was die Kinder haben, können und lernen, wird ins Prestige der Eltern eingespeist; es illustriert ihre Macht. Das ›Gewußt wie‹, ›Gewußt wo‹ belebt als Eltern-Know-how die Partygespräche und dient der gesellschaftlichen Karriere der Eltern mehr als jener der Kinder. Die Kinder sind als Vollstrecker elterlichen Ehrgeizes häufig überbeschäftigt und so fremdbestimmt – immerhin eine Lieblingsvokabel aus den engagierten Pädagogenzirkeln der siebziger Jahre –, daß für ihre Hauptbeschäftigung, das Spielen, viel zu wenig Zeit übrigbleibt.

Kinder mit Ausstattungsmerkmalen in die Welt der Begehrlichkeit und Sachwerte einzuführen war nicht eigentlich ein ›Kinderprogramm‹, sondern ein Elternprojekt. Damit bereitete sich vor, was heute perfektioniert auftritt und nicht mehr Ansichtssache, sondern harter Mangelstand ist. Daß sich die Abkoppelung der Erwachsenen von kommenden Generationen vorbereitete, war zunächst schwer zu erkennen. Die letzten Jahrzehnte des 20. Jahrhunderts bieten ein schillerndes Bild: steigende öffentliche Aufmerksamkeit für die Lebensvariante ›Kind‹ und schleichender Entzug des Nährbodens für Kinder in der privaten Welt. Dieser Entzug schob entschlossene und ›kindernahe‹ Mütter und Väter Schritt für Schritt in eine Verliererecke, in der keine öffentliche Anerkennung mehr zu holen war. Das Täuschungsmanöver, das parallel abläuft, ist eine ebenso perfekte wie durchsichtige Inszenierung: Kindheit wird scheinbar immer bewußter geplant. Alles sieht so aus, als hätten die Regisseure der verlöschenden Wohlstandsparty nun endlich ihre volle Verantwortung für ihre Nachkommen akzeptiert. Das geplante Kind geht in geplante Aktivitäten, noch ehe es seine Vorlieben erkennen kann. Es erfährt seinen Stellenwert als bewußte, häufig konfliktbeladene und späte Entscheidung der eigenen Eltern recht früh. Damit gehen Unbefangenheit und ›Unschuld‹ verloren, denn das Kind lernt sehr früh, seine Mitverantwortung als eine Last zu erleben. Mami und Papi haben vieles zurückgestellt, was sie gern machen wollten, und sich statt dessen für dich entschieden. Sieh zu, daß sie das nicht allzuoft bereuen müssen. So lautet der Subtext vieler Kindheiten heute.

Seit Jahrzehnten leisten wir uns gleichzeitig eine Verlängerung der Kindheit. Wer sie eigentlich verlängert, bleibt unklar. Sind es die Wissenschaftler, die ihr Fachgebiet ausdehnen möchten? Oder ist Kindheit endlich so attraktiv geworden, daß man dort möglichst lange verweilen möchte? Hat der überbetreute Wohlstandsbürger eine spezielle Jugendvariante entwickelt? Zugleich beginnen Erwachsene, zumal in den kinderarmen gebildeten Schichten, jugendliche Verhaltensmuster zu kultivieren. Wollen sie mit diesem Rollenspiel die reale Abwesenheit von Jugend ausgleichen?

Gegängelte Kinder, die unter Elternregie zwischen Schule

und Tenniskurs und Flötenstunde zu keiner eigenen Entscheidung kommen, haben zwei Möglichkeiten: ausbrechen oder gar keine Initiative mehr entwickeln. Immer mehr halb Erwachsene wählen den zweiten Weg, weil ihnen niemand versprechen kann, daß es nach dem Ausbruch richtig spannend wird. Verlängerte Kindheit ist prophylaktischer Rückzug vor einer Zukunft, an die schon die Eltern nicht mehr glauben. Damit haben wir das komplette Gegenbild zu den Aufstiegsjahren. Auch heute noch dominieren die Eltern und andere Erwachsene die Zukunftserwartungen der Jugend. Nur das Vorzeichen hat gewechselt.

Die Infantilisierung unter Erwachsenen, die gleichzeitig weitergeht, ist nichts anderes als eine Landnahme auf dem Terrain, das dieselben Erwachsenen nicht mehr mit ›echten‹ Vertretern kindlicher Auftritte beschicken wollen. Sind das kindliche, das unfertige Verhalten, die Spielfreude nun auf der Mängelliste notiert? Werden sie von Erwachsenen übernommen, um eine Lücke zu füllen – gar über einen Verlust hinwegzutäuschen? So weit will die *Community* der Infantilen auf keinen Fall gehen. Sie möchte über ihre Motive, im Garten der Kindheit zu wildern, nicht aufgeklärt werden.

Wer das Rätselbild verstehen will, muß wissen: Die große Schuldverschiebungsdebatte, die dem Verschwinden der Kinder in Wohlstandsdeutschland gilt, ist ein Täuschungsmanöver, das vordergründig allen nützt. Die Politiker, die Firmenchefs, die Bürger – sie alle sind entlastet, wenn es weiterhin gelingt, die Verantwortung wie ein Pendel zwischen allen hin- und herschwingen zu lassen. Die Prämisse, um das Rätselbild zu deuten und die Motive aller zu verstehen, die souverän zwischen Täter- und Opferrolle hin- und herwechseln, lautet: Alle wollen, was wir heute haben – immer weniger Kinder. Niemand fand die Androhung jener Katastrophe, die uns alle treffen wird, weil wir uns so entschieden haben, dramatisch genug, um sein Handeln zu ändern. Keine Kinder zu haben ist uns wichtiger, als den Kahlschlag in der Leistungsbilanz unseres Landes zu verhindern. ›Alle‹ wollen das so? – Natürlich gibt es Minderheiten, die es so nicht wollen. Die den Umgang der Politik, der Wirtschaft mit Kindern, Eltern und Familien skandalös und verfassungswidrig finden. Aber hören wir ihre Stimme? Sie schweigen öffentlich. Sie sind so feige, wie es das Thema eigentlich verbietet. Sie wollen nicht gegen einen Großtrend auftreten. Sie wollen dabeisein, dazugehören.

Sie trauen ihren Argumenten nicht. Sie sind Mitläufer. Sie verstärken die Mehrheit, auch wenn sie es halben Herzens tun. Ihr Widerstand ist lau, also werden sie auf der Mitmacherliste geführt.

Ist der Wohlstand ein Kinderfresser? Der Konsum ein Kinderfeind? Nicht in Stadium eins, wenn die Sammler ihre Besitzstände mehren. Da teilen sie aus, da laden sie ein. Nicht zu Partys der Dominanz, die man nur veranstaltet, um zu zeigen, wer der Herr ist und wer die Knechte sind: austeilen als Herrschaftsgeste. Nein, in Phase eins, beim Jagen und Sammeln, dominiert die Großzügigkeit der Davongekommenen, die ihr unverhofftes Glück mit andern, sogar mit Kindern teilen wollen. Sie scheuen nicht den hohen Preis, den sie zahlen müssen, wenn sie Nachkommen zum Mitfeiern einladen. Schließlich handelt es sich um eine Erstbesteigung zu den Konsumgipfeln, und keiner ahnt, daß man da oben süchtig wird. Die Höhenkrankheit wird viele von ihnen so erstmalig anfallen, wie ihr Aufstieg erstmalig war. Das gelobte Land, das sie ihren Kindern zeigen wollten, wurde für viele zur Falle. Zum Beispiel für jene Nachkommen, die es ›einmal besser haben sollten‹.

Konsum wird zum Kinderfeind, wenn Besitz zum wichtigsten Lieferanten von Anerkennung und Geltung wird. Kinder sind kein Besitz. Kinder mehren den Besitz nicht, sie schmälern ihn. Sie sind das Gegenprogramm zur Konsumgesellschaft, deshalb schlagen hier alle Türen vor ihrer Nase zu. Kinder entlarven das entgleiste Wohlstandskonzept der Gierigen als einen tödlichen Irrtum. Sie konfrontieren die Sklaven der Gier mit ihrem Laster; deshalb werden immer weniger von ihnen bei uns zugelassen. Das Kind ist der Vorwurf, den wir täglich wegschaffen müssen. Wir tun es mit vorgetäuschten Motiven: Arbeit sei unsere Pflicht, von der sie uns abhalten. Wir spielen Leistungsgesellschaft, während wir Konsumfreiheit meinen. Das Kind bedroht unsere Konsumchancen. Solange wir uns die Verantwortung für den Kinder-

Der mächtigste Rivale: das Kind

Wo Erfolg in Sachwerten gemessen wird, sind Kinder der Störfall. Sie lenken Eltern bei der Jagd nach Erfolg ab, ohne selbst ein Erfolgsmerkmal zu sein: Der Wohlstand wird zum Kinderfeind, sobald er **endlich** erscheint.

Das Kind ist die unberechenbare Größe. Es ist unkündbar und sprengt als Langzeitprojekt alle Regeln der Vorläufigkeitsgesellschaft.

schwund so raffiniert teilen, wie das heute geschieht, werden wir der Diagnose entgehen – und die Therapie verspielen.

Wir liefern Teilgeständnisse, die aber meist vom Verschulden anderer handeln. Klar ist die Gier ein Kinderfeind. Weil sie immer nur ›Ich!‹ sagt. Gier isoliert – die Singles gehören in die Gier-*Community;* sie frißt Zusammenhalt, weil immer der andere hat, was ich haben muß; also ist er mein Feind.

Kaum einer zählt sich offen zur *Community* der Gierigen; Gier ist ein Laster, aber schuld sind die andern.

Nach diesem Motto führen wir den Disput um das Verschwinden der Kinder. Und genau deshalb können wir uns nicht aus der Falle befreien.

Welcher Falle? Hunderttausende Deutsche meiden sie doch, die Kinderfalle. Was das Management des Verschwindens der Kinder angeht, sind wir durchaus erfolgreich. Hier haben wir sogar einen Spitzenplatz errungen. Kaum einer lobt uns für diesen bevölkerungspolitischen Managementerfolg. Und wir haben uns angewöhnt, vorzutäuschen, dieses Ergebnis unserer Rangordnung der Lebenswerte sei gar nicht gewollt. So konsequent sind wir über Jahrzehnte auf dieses Ziel zugerudert, daß niemand behaupten kann, nur ›die Politik‹, oder ›die Wirtschaft‹ habe den Kinderverlust gewollt. Eine laue Familienpolitik, eine halbherzige Frauenpolitik, die das Kind als Karrierefeind wegorganisiert, eine Wirtschaft, die ihre Maschinenlaufzeiten und Produktionstakte über die ›Laufzeiten‹ von Kinder- und Elternkontakten stellt, und ein Staat, der ausgerechnet hier nicht reguliert; ein Business, das Prozeßoptimierung und Qualitätssicherung in der Produktwelt mit Leidenschaft managt und im Menschenleben für unwichtig hält; sie wirken mit an der Versteppung des Lebensraums, der für Kinder bleibt. Aber warum fügen sich alle, die von einer menschenwürdigeren Werteordnung träumen? Warum kapitulieren Hunderttausende, die sich ein Gleichgewicht zwischen Leben und Arbeit vorstellen?

Die Wahrheit ist: Sie stellen sich dieses Leben nur wahlweise vor. Sie leben schließlich in demselben Gemeinwesen wie die Behördenchefs und Minister, die Bundeskanzler und Firmenbosse, die Interessenlobbys aus Gewerkschaften und Arbeitgeberverbänden und Branchenclubs. Das Genörgel der Bürger, die immerhin Mandatsgeber für alle diese Gruppen sind, als Wähler und als Konsumenten, kann durchaus zum mächtigen Gegenstrom anschwellen, wenn sie ihre Ziele im Kern bedroht sehen.

Einen so machtvollen Gegenstrom gab es beim Thema Kinderleben in Deutschland nie. Je näher wir dem Wohlstandsgipfel kamen, desto kürzer wurde die Perspektive. Das Konsumglück der Erwachsenen wurde zu einem Suchtfaktor, der genau das erzwang, was zur Sucht gehört: Kurzfristdenken, Fixierung auf akute Bedürfnisse und ihre schnelle Befriedigung. Das ungeborene Kind war als unsichtbarer Gegner immer präsent. Eltern konnten von zahlreichen Einschränkungen berichten; aber eine Revolution brach nicht aus. Alle waren irgendwie halbherzig bei der Sache und auch Zaungäste. Alle waren sie Mittäter beim Delegieren der Maßnahmen, die das Kinderleben und das Elternleben zum Problemfall machten. Niemand muß seither mehr die Entscheidung gegen Kinder selbst verantworten. Dafür haben wir andere. All jene, die wir nicht durch unseren Protest zwingen, die Entscheidung für Kinder endlich wieder freizugeben. Sie ist nicht frei, solange Eltern und Kinder für die staatsförderndste aller Lebensformen bestraft werden.

Die Deutschen verfolgen zerstritten, aber entschieden das Konzept ihres Rückzugs aus der Geschichte – auch wenn man noch auf Empfindlichkeiten stößt, wenn man den Projektnamen ungeschützt ausruft: »Kinder raus!«

Unsere Erwartungen an Kinder haben im Wohlstand schwere Einbußen erlitten. Das Kind als Kostenfaktor, als Komfortzerstörer und Karrierefeind ist seither so negativ definiert, daß jede Verwunderung über sein Fernbleiben bei unseren Wohlstandsabschiedspartys pure Heuchelei ist.

Wir sitzen immer noch in der alten Welt des ›Entweder-Oder‹ gefangen. Da sind Elternwohl und Kindeswohl unversöhnliche Gegensätze. Da herrschen immer noch die Maximen der Gier: Was du andern gibst, geht dir verloren. Nirgendwo wird dieser Unfug gründlicher widerlegt als im Umgang der Generationen miteinander.

Damit nähern wir uns dem Kern des Themas. Das heißt: Wir erreichen jene Tabuzonen, die kein Diskutant betritt, weil es da wirklich ernst wird. Da werden wir gestellt. Weil unsere Kinder so wenige werden, daß sie das nicht mehr erledigen können, müssen wir es selbst tun.

Wir mögen uneinig bleiben, **wer** den Löwenanteil der Verantwortung trägt; wir mögen Lust haben auf weitere Ablenkungsmanöver, zum Beispiel eine Benachteiligungsdebatte mit und über Frauen; wir mögen den Entschluß von Millionen Erwachsenen, unter sich zu bleiben, als Innovation begrüßen. Keine Ausweichbewegung erspart uns den Blick in das wunderbare Gelände des versäumten Glücks, und kein Fluchtversuch wird uns den Schmerz ersparen, den diese Landschaften des verlorenen Glücks in uns auslösen.

Erwerb ist lustbetont. Besitzstandsmehrung macht freigebig, bevor das Suchtstadium einsetzt. Wo Haben Anerkennung bringt, da werden auch Kinder zu Beweisfiguren für elterliche materielle Potenz. Sie werden zu Vollstreckern des elterlichen Aufstiegs. Es war ein Elternprojekt, kein Kinderprogramm, was die Kinder der Wirtschaftswundereltern in die Welt der Begehrlichkeit schickte. Schau auf mein Kind, dann siehst du, was ich mir leisten kann.

Die letzten Jahrzehnte des 20. Jahrhunderts schillern: steigende öffentliche Aufmerksamkeit für die Lebensvariante ›Kind‹ und schleichender Entzug des Nährbodens für Kinder in der privaten Welt.

Zugleich verlängern die Erwachsenen ihre Kindheit – als müßten sie irgendwo zu Ende gelebt werden, die gestutzten Kindheiten der wirklichen Kinder. Verlängerte Kindheit ist prophylaktischer Rückzug vor einer Zukunft, die für ›echte‹ Kinder nichts mehr verspricht. Niemand fand die Androhung der Katastrophe in unseren Vorsorgesystemen dramatisch genug, um sein Handeln zu ändern. Keine Kinder zu haben, ist uns wichtiger, als den Kahlschlag in der Leistungsbilanz unseres Landes zu verhindern.

Konsum wird zum Kinderfeind, wenn Besitz zum wichtigsten Lieferanten von Anerkennung und Geltung wird. Kinder sind kein Besitz. Sie sind das Gegenprogramm zur Konsumgesellschaft, deshalb schlagen alle Türen vor ihrer Nase zu. Kinder entlarven das entgleiste Wohlstandskonzept der Gierigen als einen tödlichen Irrtum.

Was das Management zum Verschwinden der Kinder angeht, sind wir durchaus erfolgreich. Hier haben wir sogar einen Spitzenplatz errungen. Klar gibt es Gegenstimmen. Aber eine Revolution findet nicht statt. Die Deutschen verfolgen zerstritten, aber entschieden das Konzept ihres Rückzugs aus der Geschichte.

Augen, die nicht ausweichen: Das Kind ist das Alphatier

Nichts ist einfacher als die Wahrheit, und sie ist Diagnose und Therapie zugleich. Kommen Sie mit in ein Land, von dem niemand spricht. Ein verbotenes Land.

Es ist das Land, in dem plötzlich klar wird: Die Kinder sind wir. Sie sind Teil unseres eigenen Lebens, das wir panisch vor ihrem Eindringen schützen wollen. Sie sind nicht Menschen uns gegenüber, sondern zuerst einmal: Menschen in uns. Das Kind, das wir waren, hat mitbestimmt über unsere Haltung zu Kindern heute. Die Eltern, die dieses Kind hatte, haben mitbestimmt. Wer Kinder bekämpft, gleichviel wie subtil er das tut, der bekämpft sich selbst. Wer ihrem Eintritt in die eigene Welt widerspricht, der widerspricht sich selbst. Wer Kinder abwehrt, weil sie ganz andere Fragen an das Leben haben, der verleugnet sich selbst.

Weil wir das ahnen, müssen wir so viele Haken schlagen in der Kinderverlustdebatte. Der Verlust sind wir selbst. Es ist nicht einfach die Zukunft, die wir abwehren, wenn sie in Kindergestalt zu uns kommen will. Es ist die eigene Vergangenheit, von der wir nichts wissen wollen.

Ist es eine Folge der antiautoritären Vernachlässigung, daß so viele junge Menschen heute vor Kindern auf der Flucht sind? Ordnen sie die eigene Kindheit als so gründlich mißlungen ein, daß sie keine weitere mehr sehen wollen? Nirgends findet diese Vermutung Nahrung; niemand aus der Generation der Achtundsechzigerkinder begründet seine Verweigerung so.

In Wahrheit geht es um viel mehr als nur ums Teilen von Lebenschancen. Es geht auch um viel mehr als einen Konflikt der Karrieren. Den gewinnt immer der Stärkere; Elternkarrieren kosten Kinderkarrieren, das wissen alle Krabbelstubenplaner und Tagesstättenadvokaten nur zu gut. Sind es die etwas unterkühlt Herangewachsenen, die heute gegen Elternschaft entscheiden, weil ihre Eltern sich, genaugenommen, gegen sie entschieden haben?

Sie stecken tief in uns, die ungeborenen und die geborenen Kinder. Sie stellen uns. Die geborenen Kinder stellen ihre Eltern und zwingen ihnen die Wahrheit auf. Welche Wahrheit? Die Wahrheit über sich selbst. Kinder sind das große Korrektiv, weil sie uns nicht im Kleinen, sondern im Großen fordern und erproben. Schon die Machtergreifung des Schwächsten, des Neugeborenen in einer Familie, schafft eine Dominanz des unterlegenen Lebens über das herrschende Leben der Großen, die Furcht und Schrecken auslöst, wie sie im Umfeld des Glücks entstehen. Ohnmachtsgefühle der Mutter wechseln mit Staunen und Stolz. Hin- und hergerissen von diesen starken Gefühlen, erschrocken vor der Macht, die ihr zufällt, begreift sie, wie ausschnitthaft ihre Konsumexistenz war. Triumphgefühle durchfluten sie: Jetzt hat sie alles, und sie verliert nichts, weil sie von nun an noch mehr weiß – zum Beispiel über die Rangfolge der Güter. Wer diese Erfahrungen durch triviale Karrierenachteile blockiert, wie es viele Arbeitgeber tun, gehört zur vordersten Reihe der Schuldigen für das deutsche Ausscheiden aus dem Wettbewerb der Besten. Der Skandal ist offenkundig, aber die Kläger fehlen. Leises Murren reicht nicht, wenn die Themen riesengroß sind. Kinder sind ein Verfassungsthema, eigentlich. Seit sie daraus schleichend vertrieben wurden, ist der ökonomische Verlust am wenigsten interessant. Gefährlich ist der Verlust an Zuversicht und Selbstvertrauen, den Erwachsene erleiden, die sich von Zukunft und Vergangenheit zugleich trennen.

Wer ohne Kinder lebt, sagt implizit auch: Von mir sollte niemand erzogen werden. Ich habe nichts Wertvolles weiterzugeben. Ich lege keinen Wert darauf, mich bei meinen Vorgängern für ihre Zuwendung und Sorgfalt zu bedanken. Ich erlebe mich nicht als Glied in einer Generationenkette. Kappen wir doch einfach diese Bindungen, scheinen Millionen Deutsche sagen zu wollen. Lassen wir's. Es lohnt nicht. Wer diese Haltung als Bescheidenheit verkaufen will, hat kaum noch gläubige Zuhörer. Es geht um das Ausschöpfen von Gegenwart. Dabei stören Rivalen. Das Kind ist der mächtigste Rivale, weil es durch biologische Programme Zuneigung erzwingt. Sein großer Kopf, seine ungeschickten Bewegungen und seine dominanten Augen zünden Schlüsselreize, die den Erwachsenen festhalten. Er hat kaum die Wahl, ob er das Kind beschützen will; es holt sich seinen Schutz. Kinder programmieren Eltern um. Das widerspricht den Idealen einer Welt, in der man Liebhabereien verfolgt und seinen Ehrgeiz befriedigt. Mutter und Vater sein, das spüren die unabhängigen Banker und Businessfrauen, heißt Opfer sein. Das kindliche Programm polt autarke Erwachsene um. Eine List der Natur, der stolze Erfolgsmenschen sich nicht ausliefern möchten. ›Delegieren‹ ist das Motto der gehobenen Mittelschicht für diese Zwangslage. Täter bleiben, nicht Opfer werden.

Kinder machen ihre Eltern tendenziell zu Opfern ihrer Unwiderstehlichkeit. Aber die meisten erfolgshungrigen Aufsteiger, männlich wie weiblich, möchten sich dieser Macht nicht aussetzen.

Das Programm läßt sich knacken. Gar nicht erst in die Abhängigkeit einsteigen, gleich Fremdbetreuung organisieren, um frei zu bleiben, auch emotional und psychisch. Das Kind, der große Lehrmeister für die Rangfolge der Güter, erhält keine Chance.

Die Zahl jener ›Eltern auf der Hut‹, die gleich delegieren können, ist gering. Alle andern, die mit Tätergarantie leben möchten, hüten sich vor Kindern. Der Säugling fährt ja auch ein schier unzumutbares Programm: Er will für viele Monate mit seiner Mutter symbiotisch leben. Als ein Teil von ihr nimmt er sich wahr. Total unfertig ist er auf die Welt gekommen, geboren und noch nicht geboren zugleich. Der Austausch von Tast- und Geruchsreizen, von Nahrung und Fürsorge versorgt ihn mit ›Urvertrauen‹. Lauter bedrohliche

Anforderungen für leichtfüßige, bindungsscheue Erfolgseltern. Keine ihrer Gefühlsbindungen hält so lange, wie dieses Kind sie jetzt beanspruchen will. Alles zieht schneller vorüber als so eine Kindheit – nein, es paßt nicht. Nichts paßt zusammen. Die Natur, die aus den Kindern zu uns spricht, hat den Schlagtakt unserer Welt nicht begriffen. Wer nicht begriffen hat, scheidet aus. Pech gehabt, ihr Kinder. Ihr seid schon als Programm zu alt. Niemand kann sich so lange verpflichten.

Liefern wir uns ihnen aus, dennoch und gegen alle diese Einwände, dann öffnet sich das gelobte Land. Zuerst in ihren Augen. Große Seen, über die kein Windhauch fährt. Augen, die nicht ausweichen. Die deinem Blick standhalten, wie es nur die großen Alphatiere können.

Das Kind beherrscht sie noch: die Dominanz. Nach den Dressurprogrammen unserer Kultur bleiben nur ein paar Alphatiere übrig, die diese Herrschaftsgeste nicht ablegen. Das Signal des Kinderblicks informiert uns: »Ich bin das Alphatier. Solange ich euch brauche, müßt ihr mir dienen. Ich verlasse mich ganz auf euch. Ja, ich bin euch auch ausgeliefert, das stimmt. Aber die Natur gibt mir Macht über euch. Ich halte euch bei mir fest, und ihr bleibt freiwillig. Daß ich euch brauche, weckt erstmals etwas in euch, was ihr noch nicht – nein nicht mehr, denn ihr wart ja ich – kanntet: daß jemand sich ganz auf euch verläßt. Daß jemand unverwandt, ohne Flackern und ohne Scheu, in eure Augen schaut, so daß ihr fast zu ertrinken meint in diesen klaren Blicken, und euch damit eine Rolle schenkt, die euch keiner von euren erwachsenen Freunden geben könnte: Ihr seid allmächtig. Das wird eine ganze Weile so bleiben, einige Jahre. Immer wieder werdet ihr erschrecken, wie mächtig ihr seid. Und diese Zeit der Überschätzung wird euch anspornen und besser machen. Denn auch das gehört in unser gemeinsames Programm: Ihr werdet mich nicht enttäuschen wollen. Wenn ich Glück habe, werdet ihr mich lieben. Wenn ihr mich liebt, werde ich euch lieben. – Und ihr werdet lange Zeit für mich sein, was ich eine kleine Weile für euch bin: Alphatiere.«

Weiß kein Politiker und kein Firmenchef von diesem imponierenden Programm, das Bürger und Mitarbeiter auf die

Das Alphatier im Tarnkleid der Ohnmacht:
Die Kleinsten werden die Größten sein.

Das Kind herrscht durch Hilflosigkeit. Es hat die Natur auf seiner Seite.
Es erzwingt Zuwendung.
Es macht die Eltern zu Opfern seiner Unwiderstehlichkeit.
Deshalb fürchten sie das Kind: Es holt sie zurück in das Urprogramm der Evolution.

Das Kind entlarvt die Vorläufigkeitskultur. Und es liefert, was verloren war: die Aufforderung, Schutz und Liebe zu geben, Versprechen zu halten, verläßlich zu sein.

Höhe ihrer Möglichkeiten führt? Wenn sie alle von diesen Zusammenhängen nichts wissen, warum hören sie nicht jemandem zu, der sie kennt? Glauben sie wirklich, Menschen in dieser mutlosen Republik könnten auf diese Kraftquellen dauerhaft verzichten?

Deutschland wird schlechter, auch im moralischen Sinne, wenn die Geringschätzung der kindlichen Macht anhält.

Die kindliche Macht hält Werte lebendig, die keine andere Macht der Welt uns aufzwingen könnte.

Der Auftritt des Kindes ist Start zu einem Langzeitprogramm, das quer liegt zu allen Kurzfristengagements, die seine Eltern eingehen. Weil sie jede andere Beziehung kündigen können, fürchten sie diese unkündbare, die das Kind eröffnet. Jeder Start in eine ›erwachsene‹ Beziehung steht unter Vorbehalt; immer können wir zurück. Der kleinste und hilfloseste Partner, das Kind, beginnt mit uns eine lebenslange Geschichte, aus der es kein Entkommen gibt.

Natürlich ist das ein Grund zur Flucht, vielleicht sogar der wichtigste, in einer Gesellschaft, die Endgültiges nicht mehr zulassen möchte. Kinder sind kein Schnelldurchgang. Sie sind die Generalattacke auf die Vorläufigkeitskultur, in der wir leben. Daß sie Rivalen der Konsum- und Karrierewünsche seien, nimmt sich dagegen harmlos aus. Ihr Angriff auf den Entwurf, die Endlichkeit der deutschen Gesellschaft konsequent zu planen, ist grundsätzlicher Natur. Er trifft die Gesellschaft in Kopf und Herz.

Die Macht der Kinder endet aber nicht mit ihrer Abwesenheit. Katastrophale Entwicklungen treffen die Erwachsenen, die sich eben freizuschwimmen beginnen im eigenen Langzeitprojekt. Es sollte die komfortable Variante zum Langzeitunternehmen ›Kind‹ werden, und es scheitert schon auf halbem Wege. Der Kollaps der Sozialsysteme, das ›demographische Problem‹, ist nur die Spitze des Eisbergs.

Was uns mit den Kindern verläßt, ist Heimkehr und Ausblick zugleich: Vergangenheit und Zukunft.

Mit ihnen verschwindet, was wir ihnen vorenthalten, weil wir glauben, wir könnten es dann für uns behalten. Wir wissen nicht, daß es sich dabei um Güter handelt, die im Echo erst ihre Kraft entfalten. Nur von Kindern, nicht von unseren erwachsenen Freunden bekommen wir die höchsten Güter. Was wir ihnen verweigern, fehlt am Ende uns selbst. In diesem Sinne verlieren wir:

- Geborgenheit
- Verläßlichkeit
- Großzügigkeit
- Offenheit
- Wahrhaftigkeit
- Optimismus
- Neugier
- die Kraft, Berge zu versetzen
- die Begeisterung, andere dabei mitzunehmen
- den Glauben an uns selbst
- die Gewißheit, geliebt zu werden
- die Sicherheit, daß es sich lohnt, alle Kräfte einzusetzen
- die Erfahrung, daß Teilen uns stärker macht
- Anerkennung
- das Glück, gebraucht zu werden
- Bewunderung
- Reue
- den aufrichtigen Wunsch, besser zu werden
- die Erlösung vom Egoismus
- eine nie gekannte Verteidigungsbereitschaft, die nicht uns selbst gilt
- die Leidenschaft, Schutz zu spenden
- die Lust, Stärke in Sanftmut umzuwandeln
- die Überraschung, soviel mehr zu können, als wir dachten

Was die ›auswandernden‹ Kinder mitnehmen, ist der Löwenanteil unseres Wertbesitzes. Nicht die silbernen Löffel, sondern die Tugenden, die Erwachsene nur von Kindern zu lernen bereit sind.

Mit den Kindern verlassen uns die erfolgreichsten Lehrmeister. Sie sind es, die uns mehr zutrauen als wir selbst. Sie liefern genau das, was dieser Republik fehlt: den Glauben an das Unmögliche.

Es trifft sich schlecht, daß wir diese Nebenwirkung der Langfrist-Störenfriede nicht rechtzeitig erkannt haben. Logisch ist es aber auch, denn wir üben uns ja gerade im Ausblenden all jener kindlichen Angriffe auf unsere sensiblen Zonen, die uns wehmütig stimmen und unsicher machen. ›Sind wir auf dem richtigen Weg?‹ heißt die Frage, die wir zum Schweigen bringen.

Aber sie pocht. Die größte Leistung der Kinder ist eben nicht jene, von der wir wortreich reden: am Produktionsprozeß teilzunehmen und in die Sozialkassen einzuzahlen. Brutale Verkürzungen wie diese nageln uns fest im Materialismus.

Das fast verlorene Glück

Wieso nehmen Kinder solche Riesenbrocken vom Besten und Wertvollsten einfach mit? Natürlich gibt es weiterhin großzügige und verläßliche Erwachsene. Aber ihre Großzügigkeit und Verläßlichkeit erreichen niemals jene Radikalität, die Kinder in uns wecken. Es ist eine evolutionäre List, die uns so bedingungslos bindet, daß wir dem kleinen Alphatier soviel mehr geben als unseren großen Partnern. Die List besorgt nicht nur dem Kind, was es zum Aufbau seines Weltvertrauens braucht; sie packt auch den Vater bei seiner Eitelkeit: So unumschränkt wie bei diesem kleinen Herrscher in seinem Männerleben war seine Macht noch nie. Er will die Aura der Omnipotenz, die ihm von seinen Leuten keiner mehr zugesteht, nicht so schnell verlieren. Er wird viel tun, um diese Phase zu verlängern. Und er wird deshalb dem Kind reichlich Selbstvertrauen geben – ohne dabei etwas ›opfern‹ zu müssen.

Was uns verwirrt: Das Kind besetzt dauernd Doppelrollen. Es ist unser Anwalt und Scharfrichter zugleich. Wer Kinder meidet, wird nie erleben, wie großmütig Kinder verzeihen. Wie nachsichtig sie mit unseren Schwächen sind. Und er wird nie vor dieser Instanz stehen, die keiner unserer Freunde oder

Feinde jemals mit unserer Zustimmung einnehmen könnte: dem Scharfrichter.

Das Kind spielt ihn nicht, sondern er steht auf in unserem Herzen und urteilt uns ab. Urteilsgrund ›Unzuverlässigkeit, Ausflüchte, Feigheit vor dem Kind‹.

Wir selbst setzen diesen Richter ein, der für das Wohl unseres Kindes kämpft. Der Kampf tobt in uns.

Wir wollen dieses Kind nicht enttäuschen. Jeden andern, nicht das Kind, das an uns glaubt. Wir wollen nicht, daß es uns diesen Glauben entzieht. Glauben dieser Qualität finden wir nirgends unter unsern Kollegen und Freunden. Er ist singulär. Wir sind zu großen Einsätzen bereit, um ihn nicht zu verspielen. So nimmt sie zu, unsere Verläßlichkeit, unsere Berechenbarkeit. Wir werden zuverlässig, weil das Kind sich auf uns verläßt.

Nach und nach begreifen wir, daß nichts, was wir dem Kind geben, uns ärmer oder schwächer macht. Die falschen Botschaften der Gier-*Community* werden entlarvt. Wir erleben, daß unser Besitz an Gewißheiten und Stärken wächst, wenn wir großzügig davon austeilen.*

Kinder sind darauf angewiesen, daß wir die Wahrheit sagen. Wie niemand anders sind sie abhängig von unserer Aufrichtigkeit. Und wir haben allen Grund, ihren Glauben an uns nicht zu erschüttern.

Das Kind ist durchaus kein Programm, das uns überfordert; beide Seiten profitieren und werden für ihre Anstrengung belohnt.

Kinder glauben an das Wohlwollen ihrer Umwelt, wenn sie Wohlwollen von ihren nächsten Menschen erfahren. Was wir Optimismus nennen, ist also das Ergebnis guter Erfahrungen. Wenn wir dabei erleben, wie mächtig wir sind, dann haben wir keine Lust mehr, den Menschen ›draußen‹ nachlässig oder gleichgültig zu begegnen.

Wir trauen uns mehr zu, weil Kinder uns soviel mehr zutrauen, als wir je ausprobiert haben: Berge versetzen. Mit dem Glauben unserer Kinder an uns ausgerüstet, sollten wir nahe

---

Siehe dazu Kapitel »Teilen, um zu gewinnen«, S. 162.

daran kommen. Was unsere Kollegen uns zutrauen, hat bei weitem nicht diese Macht. Kinder sind es ja auch, die das Unmögliche erwarten. Berge versetzen, um das Unmögliche in die Wirklichkeit zu zwingen, das ist das deutsche Projekt, wenn wir Abschied nehmen von dem jetzt laufenden, uns selbst wegzurationalisieren.

Mit Kindern wird alles erschreckend konkret. Sie sind es, die in den ganz großen Formaten denken und fühlen. Sie liefern und sind die Stunde der Wahrheit. Darum sind sie unerwünscht bei uns. Aber jene Impulse aus unserem Stammhirn, die uns so entschlossen und stark machen, daß wir das Größte leisten könnten, außerhalb der Skala unserer bekannten Fähigkeiten, sie alle übertreffend, jene Impulse lösen nur Kinder aus. Keine abstrakte Notlage, kein Staatsbankrott, kein Patriotismusaufruf kann uns so alarmieren, wie es der Chor aus unserem Reptilhirn kann, der nichts anderes vertritt als das evolutionäre Schutzprogramm für beider Überleben: Eltern und Kinder. Unter ›Nur-Erwachsenen‹ sind Bruchteile dieser Energie verfügbar. Die Lustlosigkeit der Deutschen, sich aus ihrer desolaten Lage zu befreien, hat natürlich mit dem Fehlen starker Überlebensgründe zu tun. Für wen soll man sich Mühe geben? Die Frage, was auf dem Spiel steht, kann nie solche Sprengkraft entwickeln wie jene wichtigere: Für wen setzen wir mehr ein, als wir je zu können, zu wollen, zu schaffen fähig waren? – Die frohgemute Antwort ›für uns selbst‹ zeigt Tag für Tag ihre Untauglichkeit. Unser Wohlstandsego ist zwar fett, aber nicht stark geworden in den letzten Jahrzehnten. Es hat keinen Zugriff auf jene Reserven, die nur die schutzbedürftigen Alphas mit dem klaren, erwartungsvollen Blick mobilisieren können. Das Kind ist der Herrscher über unsere Opferbereitschaft und unseren Mut, über unseren Freiheitswillen und unsere Fähigkeit, bedingungslos zu lieben. Das Kind ist der Anwalt unserer Schwächen und ihr Richter zugleich. Es ist in uns präsent, auch lange nach seiner Vertreibung noch.

Woher wollen wir den Sprengsatz an Rettungsmotiven nehmen, wenn wir ohne die Schwächsten unterwegs sind, die uns herausfordern, unsere Macht zu ihrem Schutz einzusetzen?

Kinder liefern die Energie für Reformen, die unsere Lebenszeit überschreiten. Kinder liefern Überlebensgründe, die das Wohlstands-Ego allein nicht liefert:

- Sie wecken unsere besten Kräfte, weil sie uns überschätzen.
- Sie verlangen Optimismus und den Glauben an uns selbst.
- Sie fördern Wahrhaftigkeit und Zuverlässigkeit.
- Sie glauben an unsere Kraft, Berge zu versetzen.
- Sie lehren uns, zu teilen.
- Sie bewundern uns und machen uns zuverlässiger.
- Sie führen uns an Grenzen, die wir allein nicht suchen würden: weil sie uns soviel mehr zutrauen als wir selbst.

Nur wenn wir mit ihren Augen sehen lernen, werden wir unser Scheitern heilen können.

Was sollten wir denn retten wollen? Den Stillstand? Den Niedergang? Wofür lohnt es sich, unser Bestes, die von unseren Kindern geliehenen Tugenden einzusetzen, wenn nicht wieder für sie, die Kinder?

Sie sind unter uns in vielerlei Gestalt. Die gesamte Zukunft ist Kinderwelt. Da, wo wir nicht mehr hinmüssen, werden sie sein. Als unsere Kinder, Enkel, Schüler oder Mitarbeiter. Als unsere Freunde, die uns durch ihren felsenfesten Glauben an uns so vieles gelehrt haben.

Wo immer weniger von ihnen sind, da sinkt das Anstrengungsniveau. Es fehlt der Richter, den wir wirklich respektieren, weil er uns bessert – durch sein Vertrauen in uns.

Alle, die noch nicht korrumpiert sind, bessern uns. Was sie korrumpiert, liegt in unserer Hand. Die ethischen Standards dieser von allen guten Geistern verlassenen Republik sind am sichersten unter dem Schutz der Jüngsten aufgehoben. Nur ihnen gelingt es, uns so unausweichlich zu verpflichten, daß es kein Entkommen gibt.

Kinder zeichnen eine Spur. Auch im Vorüberziehen, als Kinder anderer, ziehen sie ihre Spur aus Mut und Zuversicht parallel zu unserer müden, skeptischen Fährte.

Wenn immer weniger von ihnen unseren Weg kreuzen, verläßt uns auch die Erinnerung an das, was wir einmal waren.

Die Wohlstandslüge ist entlarvt. Wenn wir Ballast abwerfen wollen, dann am besten nicht den, der unsere Kraftreserven liefert: der ›Ballast Kind‹!

Deutschland war ein Alphatier unter den Nationen. Fünfzig Jahre nach dieser grandiosen Leistung hat es sich schon wieder verirrt. Die Mythen haben recht, wenn sie die Rettung immer in die Hand der Kinder legen. Nur mit ihnen verbindet uns noch evolutionäre Energie. Nur sie erreichen unseren ganzen Einsatz. Wir müssen lernen, mit ihren Augen zu sehen. Wie das geht? Indem wir ihrem Blick nicht ausweichen.

Kommen Sie mit in ein Land, von dem niemand spricht, in dem plötzlich klar wird: Die Kinder sind wir. Sie sind Teil unseres eigenen Lebens, das wir panisch vor ihrem Eindringen schützen wollen. Wer Kinder bekämpft, gleichviel wie subtil er das tut, der bekämpft sich selbst.

In Wahrheit geht es um viel mehr als nur ums Teilen von Lebenschancen und einen Konflikt der Karrieren.

Kinder sind das große Korrektiv, weil sie uns nicht im Kleinen, sondern im Großen fordern und erproben.

Das Kind ist der mächtigste Rivale, weil es durch biologische Programme Zuneigung erzwingt. Kinder programmieren Eltern um. Sie machen uns tendenziell zu Opfern ihrer Unwiderstehlichkeit. Das Signal des Kinderblicks, der unseren Blicken niemals ausweicht, informiert uns: »Ich bin das Alphatier. Solange ich euch brauche, müßt ihr mir dienen. Aber ihr seid zugleich allmächtig, weil ich, auch, machtlos bin. Ihr werdet mich nicht enttäuschen wollen. Wenn ich Glück habe, werdet ihr mich lieben. Wenn ihr mich liebt, werde ich euch lieben. Und ihr werdet lange Zeit für mich sein, was ich für euch bin: Alphatiere.«

Weiß kein Politiker und Firmenchef von diesem imponierenden Programm, das Bürger und Mitarbeiter auf die Höhe ihrer Möglichkeiten führt? Deutschland wird schlechter, auch im moralischen Sinne, wenn die Geringschätzung der kindlichen Macht anhält.

Kinder sind kein Schnelldurchgang. Sie sind die Generalattacke auf die Vorläufigkeitskultur, in der wir leben.

Was uns mit den Kindern verläßt, ist Heimkehr und Ausblick zugleich: Vergangenheit und Zukunft. Was die ›auswandernden‹ Kinder mitnehmen, ist der Löwenanteil unseres Wertbesitzes. Nicht die silbernen Löffel, sondern die Tugenden, die Erwachsene nur von Kindern zu lernen bereit sind. Sie sind es, die uns mehr zutrauen als wir selbst. Woher wollen wir den Sprengsatz an Rettungsmotiven nehmen, wenn wir ohne die Schwächsten unterwegs sind, die uns herausfordern, unsere Macht zu ihrem Schutz einzusetzen? Die Wohlstandslüge ist entlarvt. Die Mythen haben recht, wenn sie die Rettung immer wieder in die Hand der Kinder legen.

VII WUNDERKNABE, EINGESCHÜCHTERT: DEUTSCHLAND SUCHT SEINE STÄRKEN

Jeder für sich, keiner fürs Vaterland?

Die Welt der Verlierer hat ihren eigenen Charme. Auch hier gibt es Klugschwätzer und Angeber, auch hier gibt es Heldengeschichten. Und mehr Zeit zum Zuhören. Verlierer haben jede Chance – zum Beispiel die, wieder ganz nach vorn zu kommen. Sieger können ihre Chance, vorn zu bleiben, jeden Tag verspielen. Verlierer delegieren die Verantwortung für ihre Lage. Da hat ihnen einer ein Bein gestellt; und dann sind da die unglücklichen Umstände; die Weltlage, die Währungsverluste, die Asiaten. Verlierer sind nicht Täter, sondern Opfer. Sie verbitten sich jede Anklage. Jedenfalls kann ihnen keiner vorwerfen, sie hätten ihre *Loser*-Position mit unlauteren Mitteln angestrebt. Die *Winner* dagegen, die ganz oben auf den Spitzenplätzen, sollte man kritisch betrachten. Verdacht liegt nahe, Vermutungen müssen erlaubt sein, in diesen Zeiten: Halten sie den Spitzenplatz zu Recht? Wen haben sie geschädigt, wen entlassen, wen beraubt, um oben anzukommen? Im *Loser*-Lager ist man allen überlegen. Warum sollte man sich wieder nach oben arbeiten?

Die Versuchungen sind vielfältig, wenn man erst einmal unten ist: sich freizusprechen von Verantwortung; sich rauszureden, wenn es um Aufstiegspläne geht; Leistungskonzepte abzuwehren. Verliererpositionen sind komfortabel: Sie halten sich von selbst. Man muß nichts tun, um nicht noch weiter zurückzufallen.

Unauffällig schwinden auch Stolz und Selbstwertgefühl. Das gilt für Verliererfirmen wie für ganze Völker auf der *Lo-*

ser-Straße. Noch während sie die Schuld am eigenen Mißlingen auf andere verteilen, wachsen die Fragezeichen in ihren Köpfen. Wer soll uns hier rausholen, wenn das staunende Publikum sich zerstreut hat? Niemand wird länger Lust haben, an unsere verflossenen Siege zu erinnern. Besonders diese Siege von gestern sind es, die niemanden glauben lassen, unser Absturz sei fremdverschuldet. »Die sind stark genug, um selbst abzustürzen; dafür brauchen die keinen Helfer«, sagt ein Beobachter. Sind sie auch stark genug, wieder hinauszuklettern aus ihrem Loch? Das fragt eine gemischte Schar von Zuschauern sich beim Anblick nicht so mancher stolzen Company, sondern beim Anblick Deutschlands. Nicht viele fühlen Mitleid, wie es der selbstverliebte Klassenprimus Germany zu verdienen glaubt. Erinnerungen kommen hoch. Leben die Deutschen von selbstgemachten Katastrophen? Brauchen sie das? Oder holt sie regelmäßig ein irrationaler Schub ein? Und schon läuft *Loser*-Germany in die nächste Falle. Zeitungen titeln: ›Darf man uns mögen?‹ – ›Kann man uns trauen?‹ – Trauen wir uns schon wieder selbst nicht mehr? Der häßliche Deutsche – entsteht sein Bild zuerst in deutschen Köpfen? Vorauseilender Gehorsam? Noch ehe die andern uns abschreiben, schreiben wir uns selbst ab. Sicherheitshalber. Um neuen Enttäuschungen zuvorzukommen.

Schon schwindet der Mut, auf deutsche Stärken zu setzen. Die Firma Deutschland wagt nicht, ihre historischen Stärken zu benennen – weil sie sofort auf historische Schwächen stößt. So geht es jeder Erfolgsfirma mit düsterer Vergangenheit: Wenn sie abstürzt, darf sie nicht mit Nachsicht rechnen.

Das einzige, was sie einsetzen kann, sind ihre Stärken. Ob Firma oder Nation: Auf Stärken können wir nur setzen, wenn wir aufhören, alle Energie in die Therapie unserer Schwächen zu stecken. Diese Therapie ist aussichtslos.

Es ist gar nicht leicht, die eigenen Stärken zu erkennen. Das gilt für die Erlösten aus dem Käfig der Gier genauso wie für Unternehmen und Staat. Die Wohlstandspartner haben auf unsere Schwächen gesetzt: Begehrlichkeit, Unersättlichkeit, Neid. Nicht die Stärken des Konsumenten wurden kultiviert, sondern seine Schwächen stimuliert. Schon die Reduktion auf die Verbraucherrolle verrät, wie der kleine, bedrängte ›König Kunde‹ im listigen Kopf der Verführer dastand: als ein Opfer, das man bei seinen Schwächen packt. Auch die Politik warb um unsere Sympathie mit Geschenken. ›Wahlversprechen‹ heißen solche Bewerbungen um die Bürgergunst. Verführbar und für Schmeicheleien empfänglich, entkamen die Wohlstandskinder dennoch nicht der Reue, die sich regelmäßig an die geglückten Überredungskünste ihrer Werber anschloß. Sie begriffen schon: durch ihre Schwächen, nicht durch ihre Stärken waren sie begehrte Partner. Das kränkt und macht mißtrauisch.

Wird man dann plötzlich aufgefordert, auf die eigenen Stärken zu setzen, fängt die Selbsterkundung an: Wer bin ich, was kann ich, was will ich?

Für Firmenchefs heißt das: Wo liegen die Stärken meiner Leute? Habe ich je darauf geachtet? Waren wir nicht überwiegend mit dem Wegtrainieren von Schwächen beschäftigt? Ganze Seminarsequenzen wurden besucht, um aus Schwächen das zu machen, was niemals geht: Stärken. Statt nach den realen Stärken in der eigenen Mannschaft zu suchen. Nur: Wie findet man die? Mitarbeiter schweigen scheu, wenn diese ungewohnte Frage plötzlich auftaucht: »Was glauben Sie, sind Ihre Stärken? – Was ist Ihrer Meinung nach die Stärke unserer Firma? Unserer Teams? Paßt das alles zusammen oder setzen wir uns gegenseitig matt, weil Schwächen auf Schwächen prallen und Stärken nicht gefragt oder falsch plaziert sind?«

Regierungen sind diese Frage ebensowenig gewohnt: Wo liegt eure Stärke, ihr Kabinettsmitglieder? Wie kombiniert ihr eure Stärken, um möglichst viel Synergie zu produzieren? – Dumme Frage? – Vielleicht dumm, daß diese Frage bei euch fehlt? Klar, jeder ist mit seiner eigenen Karriere beschäftigt. Das gilt auch für den destruktiven Dialog zwischen Regierung und Opposition. Jeder macht seine Karriereplanung. Schade, daß das zur Stärkenplanung für Deutschland so wenig paßt. Jeder für sich, keiner fürs Vaterland, ist die Erfolgsformel, der wir den Tiefstand unseres Stärkenmanagements verdanken.

Unser ›Bestes‹ geben wir natürlich nur, wenn wir aus unseren Stärken schöpfen. Auch die brauchen Pflege, sie müssen kultiviert werden. Doch ehe wir damit beginnen können, müssen wir unsere Stärken erkennen lernen.

Wer in Deutschland Erfolg sucht, erfährt bald, daß er in einem kleinmütigen Land unterwegs ist. Einem Land, das zwischen Selbstanklage, Selbstmitleid und Schuldzuweisung an andere hin- und herschwankt. Dieses Klima von Mutlosigkeit und Zweifel schmälert den Erfolg mutiger und entschlossener Menschen. Zumindest senkt es deren Stimmungspegel. Leistung von Stimmung abzukoppeln ist aber fast unmöglich.

Wenn Deutschland als Standort so gründlich Einfluß nimmt auf das Stärkenmanagement der Menschen, die hier arbeiten, dann muß uns das deutsche Stärkenprofil interessieren. Am Schwächenprofil arbeiten die Deutschen freiwillig, doch neuer Erfolg wird nicht von der Pflege unserer Schwächen ausgehen.

Wenn es nur mit Stärken möglich ist zu siegen: Hatte Deutschland seine soeben verlorene Spitzenposition aber tatsächlich durch seine Stärken erreicht? Oder war es doch komplizierter? War die Antriebskraft dieses Aufstiegs, der als Wunder erschien, die wilde Entschlossenheit, das Versagen der eigenen Nation und ihre Schuld mit einer Leistung zuzuschütten, die keinen Widerspruch duldete? Wäre also eine Schwäche der Auslöser für den imponierenden Auftritt in den Nachkriegsjahrzehnten? Die Deutschen, so meinen ausländische Beobachter, haben sich nicht einmal das Recht zugestanden, ihr Leiden zu betrauern. Sie haben es begraben unter der Selbstanklage für das Leiden anderer, das sie verursacht haben.

War der Wiederaufstieg Deutschlands ein einziger Großversuch, das eigene Versagen durch Höchstleistungen vergessen zu machen? Oder war die Rastlosigkeit der Millionen Aufbauhelfer als der Aktionismus Schuldiger und Verstrickter zu verstehen, die ihr schlagendes Gewissen übertönen wollten?

Stärke aus Schwäche – ist das ein deutsches Spezialrezept für Höchstleistung? Wäre dann die ganze konventionelle Liste deutscher Vorzüge – Fleiß, Gewissenhaftigkeit, Pünktlichkeit – eine Liste von Knechtstugenden, deren unheimliche Variante Hitlerdeutschland möglich gemacht hatte?

Deutschland auf der *Loser*-Straße:
Auch letzte Plätze haben ihren Charme.

Niemand hat soviel Spielraum besser zu werden, wie die Spieler auf den letzten Plätzen.

Wer nicht ganz vorn unter Druck steht, hat Zeit, die eigenen Stärken zu erkennen.
Stärken kultivieren statt Schwächen zu therapieren, ist das Motto.

Die Versuchung in der Krise: jeder für sich, keiner fürs Vaterland.

Wir sind leicht einzuschüchtern, das zeigt sich auch in der Megakrise, die uns an der Schwelle des 21. Jahrhunderts lähmt. Es ist dieses fatale *Déjà-vu,* das uns einschüchtert. »Wieder gescheitert«, geht es durch Tausende von Köpfen. »Wieder ganz unten, ganz hinten, Verlierer.« Das trotzige Dennoch fehlt heute. Die Deutschen wissen nicht mehr, was sie sich zutrauen können. Sie sind Gefangene ihrer Verlierergefühle, nicht der wirklichen Verluste. Es sind nicht mehr ›Siegermächte‹, die uns umgeben und gängeln, sondern Wohlwollen und ungläubiges Staunen. »Was ist mit den Deutschen los?« Unser Siegerprofil steht allen Nachbarn klarer vor Augen als uns selbst.

Heute können wir nur noch ungenau beschreiben, welchen Stärken wir unseren Wirtschaftsaufstieg verdanken. Sind wir deshalb außerstande, uns aus der *Loser*-Ecke herauszuarbeiten? Oder können wir das gar nicht in Freiheit und eigener Verantwortung? Können wir Höchstleistung nur als Befehlsempfänger abliefern?

Und wenn es sie doch gab, wo sind unsere Stärken geblieben? Warum können wir uns nicht einigen, wo sie liegen?

- Wenn die deutsche Stärke die Selbstkritik ist: Wie kann man sie umsetzen in erfolgreiches Business?
- Wenn wir einen Gerechtigkeitstick haben und Mitbestimmungsweltmeister sind: Wie läßt sich daraus ein erfolgreiches Unternehmen machen?
- Wenn wir globale Öko-Stars sein wollen: Was bringt das für die Arbeit, den Wohlstand, das Wachstum in Deutschland?
- Wenn wir, ganz raffiniert getarnt, doch wieder dem Primustraum nachhängen, welches Geschäft läßt sich daraus machen?
- Wenn wir die deutsche Vereinslust zum Produkt machen: Welche Profite können wir erwarten?
- Wenn unsere Systemverliebtheit und Paragraphenakrobatik zum Export in weniger entwickelte Länder bereitstünden: Welchen Nutzen könnte Deutschlands Volkswirtschaft daraus ziehen?

- Wir sind Weltmeister im Steuerrecht. Nicht was die Bürgerfreundlichkeit angeht, sondern bei der Dichte der Fangnetze. Wer würde dieses System kaufen wollen? Was würde er bezahlen?

Selbstkritik: Sie könnte zum Qualitätsmanagement beitragen. Tatsächlich sind wir zertifikatsverliebte Leute. Geld kann das nur bringen, wenn Arbeit und Produkte nicht im ganzen zuviel kosten.

Gerechtigkeit: Da müssen wir ein großes und bequemes Mißverständnis ablegen. ›Jedem das Seine‹, das Motto der Gerechtigkeit, meint den verdienten Lohn, nicht den erstrittenen.

Öko-Star Germany: Das ist Primusgebaren, gleichviel was es ökonomisch kostet. Windräder und Dosenpfand sind Schildbürgerstreiche, die sich ökologisch kostümieren.

Clubmanagement: Das wäre zumindest in Deutschland ein gut verkäuflicher Ausbildungsgang.

Systemverliebtheit: Wir müssen uns nur einigen, daß diese deutsche Stärke nicht der Verfeindung zwischen Bürgern und Behörden dienen soll. Also exportieren; wir haben schon zuviel davon.

Rechtsordnungen in Entwicklungsländern wären ein lohnendes Betätigungsfeld deutscher Entwicklungspolitik. Freilich mit deutschem Geld – aber vielleicht zur Begründung neuen Völkervertrauens.

Steuerrecht: Die es gebrauchen könnten, wollen es nicht haben. Auch davon haben wir zuviel. Aber ausgerechnet hier ist ein Ende des Wachstums nicht abzusehen.

Wir produzieren Wachstum auf den Gebieten, die den Bürger immer ärmer und leistungsfeindlicher machen. Weil er von einem Staat gejagt wird, der Leistung bestraft.

Wer die Gleichung, die unsern Wiederaufstieg verhindert, so einfach schreibt, der möchte kapitulieren, anstatt Deutschlands Stärkenprofil zu suchen.

Die Deutschen selbst sagen aufrichtig: Wir kennen unsere Stärken nicht. Für die Vergangenheit können wir einige Tüchtigkeiten beschreiben. Wir wissen aber nicht, ob sie unter heutigen Bedingungen abrufbar wären. Und wir rufen immerhin schon eine Weile; fast nichts bewegt sich aufwärts, fast alles abwärts.

Deutschland im Stillstand: So sehen wir es an besseren Tagen. Deutschland im Abstieg: so an schlechteren.

So viele Schwächen kann dieses zuvor so erfolgreiche Land gar nicht haben, daß es sich nicht befreien könnte. – Es sei denn, es will sich nicht befreien.

Darum geht es beim Stärkenmanagement: Kräfte entfesseln, die in Fesseln liegen, aus Gründen, die wir – noch – nicht verstehen. Wer in Deutschland Erfolg sucht, fühlt das deutsche Handicap – vor allem, wenn er Deutscher ist. Ausländer nutzen oder kritisieren den Standort; aber sie bleiben frei. Als Deutscher in Deutschland ist man niemals frei. Auch Engländer, Franzosen, Italiener fühlen die Bindung an ihr Land; ihre Zustimmung zu dieser Herkunft ist jedoch nicht von schweren Schatten überlagert, wie sie viele Deutsche begleiten. Deutscher sein, sagen viele von uns, ist ein Schicksal, das man nur angestrengt annimmt. Im Ausland gönnt man sich gern ein paar unerkannte Stunden.

Das deutsche Handicap – ein Trauma, das uns Kraft kostet. Stärken managen – das ist hier schwieriger als anderswo, weil der selbstverständliche Stolz, gerade hier seine Kraft einzusetzen, nicht einfach mitläuft. Man muß ihn inszenieren, und nicht jeder Chef hat Zeit und Lust dazu. Noch weniger sind es, die das Handicap nicht nur fühlen, sondern erklären können. Erst dann kann Stärkenmanagement beginnen. Was wir verstehen, können wir zähmen. Was wir gezähmt haben, können wir verwandeln: Schwäche in Stärke, Kleinmut in Mut.

Anders als die andern – Das deutsche Handicap als Erfolgsmelodie

Um zu verstehen, müssen wir die großen Linien suchen. Wir müssen vereinfachen, statt auf die Komplexität zu verweisen, die uns lähmt.

Das deutsche Handicap läßt sich beherrschen, wenn wir seine Anatomie in großen Zügen beschrieben haben:

- Das Trauma unserer Schuld begleitet uns, was auch immer wir unternehmen, um es an die Kette zu legen. Im sozialen Organismus einer Nation folgt es denselben Gesetzen wie in der Seele des Individuums: Die kollektive *Brainware* der Deutschen hat Narben, wie sie der Hirnphysiologe bei Menschen findet, die im Feuer überlebt haben oder einer Gewalttat entronnen sind. Gleichviel, wie sich dieses Trauma auf die Generationen verteilt; es liefert allen Deutschen die wehmütige Gewißheit, nicht zu sein wie die andern.
  Im Zusammenspiel der Völker sind wir deshalb mit dem Gefühl unterwegs, mehr liefern zu müssen, eilfertiger umarmen zu müssen, wo andere Nationen differenzieren. Wir werben um Sympathie durch Vorleistungen. Wir eilen voraus mit ökologischen Weltrekorden, die sich nicht rechnen.
- Im Wiedergutmachungsfieber legten wir uns das perfekteste und teuerste Sozialsystem in Europa zu. Da wir ›anders als die andern‹ waren, galten die Lehren, die andere vor uns für ihren sozialpolitischen Idealismus bezogen, nicht für uns. Schweden reformierte, während Deutschland weiter expandierte.
  Wir wollten uns nicht vergleichen. Wir fühlten uns auch nicht geliebt. Also blieb nur eines: die andern nicht brauchen. Tüchtiger sein als sie. Der tüchtige Deutsche war der häßliche Deutsche in vielen ausländischen Köpfen.
  Der Widerspruch war schwer zu managen: Wunderknaben in der Kritik. Um diesen Kontrast zu beherrschen, gewöhnten wir uns an vorauseilende Selbstkritik.
  Sonderrollen mobilisieren Kräfte; das haben wir bewiesen. Aber sie kosten auch Kraft. Kraft, die uns heute fehlt.
- Deutsche Tüchtigkeit gehört ins deutsche Handicap, weil sie hart erkämpft wurde gegen das Mißtrauen der Kriegsgegner und Opfer. Das soziale Netz immer enger zu knüpfen bot sich auch als Nachweis unseres *goodwill* an: nicht als Konsum-Barbaren unsere Spur zu zeichnen, sondern als

Gerechtigkeits-Champions. Flankierender Beweis war die deutsche Mitbestimmung. Das deutsche Handicap von heute setzt sich aus lauter Bemühungen zusammen, nach dem Absturz in die Barbarei den höchsten Rang in Rechtschaffenheit zu erreichen.

›Ohne das Soziale wären die Deutschen auf das Deutsche zurückgeworfen‹, schreibt Alexander Gauland, ›das hat sich schon einmal als nicht rutschfest erwiesen.‹*

- Darauf beruht das deutsche Handicap: Die großen Leistungen der Nachkriegsgeschichte folgten nicht einer leuchtenden Idee, sondern waren ›Gegenbeweise‹. Die große deutsche Kraftanstrengung diente immer auch dem Nachweis, daß man uns wieder zulassen sollte auf den Spielplätzen der freien Welt. Formell geschah das ja; aber das deutsche Trauma läßt weder uns noch die andern los. Darum ist jede der politischen Freundesbegegnungen, sei es mit dem Franzosen Chirac, sei es mit dem Russen Putin, auf der deutschen Seite von einem surrealen Überschwang begleitet, den man nicht gleich versteht. Es ist das deutsche Handicap, das in Lachsalven ertränkt wird, und es ist ebendieses Handicap, das eine souveräne Beziehung zu unseren Rettern jenseits des Atlantiks verhindert.
- Es gibt keinen *German way of life*. Damit beanspruchen wir einen privilegierten Platz in Europa, bindungslos im Auftreten, aber in Wahrheit beschwert von den schwersten Ketten der jüngeren Geschichte.

  Wir werden ganz sicher nicht durch Bindungslosigkeit wettmachen können, was wir in den Bündnissen der freien Welt im zwanzigsten Jahrhundert verspielt haben. Berechenbar wird Deutschland nicht, indem es ökonomisches Kalkül an die Stelle wertorientierter Rückfragen an die neuen Bündnispartner setzt. Vorleistung als deutsches Handicap. Daß beides sich mühelos verbinden läßt, zeigen uns andere Nationen.
- Wir sollten wachsam sein, daß sie nicht zum Löwenanteil

---

* Frankfurter Allgemeine Sonntagszeitung, Nr. 51 vom 19.12.2004, S.13.

›Anders als die andern‹ – das deutsche Handicap als Erfolgsmelodie.

Das deutsche Trauma wirkt als Leistungsanreiz: Mehr liefern, um die Katastrophe abzuwenden.

Deutsche Tüchtigkeit: die Kette der Gegenbeweise, um wieder dazuzugehören.

Es gibt keinen *German way of life*.
Nach der Westbindung kam die Bindungslosigkeit.

Das gestörte Stärkenmanagement wirkt fort: Deutschland fühlt sich immer noch ›anders als die andern‹.

des deutschen Handicaps wird: die Bindungslosigkeit. Die steigende Frequenz der politischen Zärtlichkeiten mit ausgewählten Partnern kann nicht darüber hinwegtäuschen, daß wir immer noch in der Welt des Entweder-Oder verharren, die Entwurzelung als den Preis für globale Mitspieltickets ansieht. Die Werte der abendländischen Geschichte, die stark genug waren, um von der antiken in die christliche Welt zu wechseln, ›getaufte‹ Mythen der Menschheitserfahrung, stehen offiziell zur Disposition. Die europäische Krankheit hat im deutschen Handicap ihre spezielle Variante.

Frei von Bindungen werden wir nicht stärker. Unsere Stärken sind verankert in der abendländischen Geschichte, ohne die wir auf diesem Globus heimatlos wären.

Die Füße im Staub, den Kopf in den Sternen, sagt der Franzose Denis Tillinac, das war Europas Stärke in der Geschichte.* Diese Stärke reicht viel weiter zurück als das deutsche Handicap. Sie macht auch die deutsche Logik des Mißlingens, in der wir gefangen scheinen, zu einem überwindbaren Kapitel.

Stärken pflegen in einem starken Land. Auf einem Boden, der trägt. Mit Partnern, die uns etwas zutrauen. Mit Partnern, denen wir etwas zutrauen. Stärken pflegen mit Selbstvertrauen, das wir gegenseitig stärken. Das ist die ideale Konstellation.

Stärkenmanagement hat in Politik und Wirtschaft die gleichen Bedingungen. Sie gelten auch für den Umgang des einzelnen mit seinen Stärken. Um diese Stärken kennenzulernen, braucht jeder die andern. Wir sind, wenn wir besser werden wollen, nie allein. Stärken managen heißt Beziehungen managen. Jedes Team ist ein Beziehungsnetzwerk, und der Markt wiederholt dieses Muster.

Stärken pflegen in einem Land, das mit seinen Schwächen beschäftigt ist, heißt einfach: die Rückseite der Schwächen betrachten, wie man die Rückseite einer Münze anschaut: Kopf oder Zahl. Die Zahlen, das sind die Schwächen. Die Köpfe sind das Potential. Drehen wir die Münze, setzen wir auf die Köpfe. Leistung oder Lähmung eines Landes setzt sich aus

---

* Vgl. *Le Figaro*, 10./11.4.2004, S. 12.

Millionen von Köpfen zusammen, die, die ihr Bestes geben oder sich verweigern.

Wir haben begriffen: Die Folgen der Verweigerung treffen uns selbst. Wir, nicht ›die Politiker‹ oder ›die Manager‹ leben schlechter, wenn wir unsere Kraft dem Ganzen vorenthalten.

Tu es für dich! lautet das Motto. Mach aus deinem Leben, was die Betreuer von gestern versäumt haben! Zeig's ihnen: Bürger ohne Fesseln können mehr!

Dann wird klar: Die Stärken eines Landes sind die Stärken seiner Bürger. Wenn jeder für sich ein besseres Leben will, werden alle ein besseres Leben haben. Dies gilt, weil wir uns endlich darauf einigen: Nicht was ich andern wegnehme, macht mein Leben besser, sondern das, was ich mit andern teile. Meine Energie, mein Selbstvertrauen und meine Zuversicht geben andern Energie, Vertrauen und Zuversicht. Es geht nicht ohne die andern. Die Verteilungskämpfe sind zu Ende. Das Bündnis für Stärkenmanagement gilt.

Betrachten wir die Rückseite der Münze, deren Zahlenseite uns ängstigt. Das deutsche Handicap, so wird plötzlich klar, war immer Ausgangspunkt der deutschen Stärken.

Unser Schwächenprofil verbirgt unsere Stärken. Wir müssen zeigen, was wir längst konnten, und dies unter leichteren Bedingungen als 1945. Die neue deutsche Krise ist nicht ein Weltenbrand, wie damals, sondern, wieder einmal, selbstgemacht, glücklicherweise begrenzt und deshalb heilbar.

Wieder ist nichts weiter verlangt als Höchstleistung. Aber diesmal mit einem dicken Bonus: Alle befreundeten Völker wünschen uns Erfolg, weil ihr eigener auch von uns abhängt. Wir können uns nicht mit mangelnder ›Motivation‹ entschuldigen, das Erwartungsklima ist optimal.

Die neue ›Wiedergutmachung‹ ist also von Wohlwollen und Zustimmung unserer Bündnispartner getragen. Keiner erwartet, daß wir Unmögliches vollbringen. Wir müssen uns nur von unseren Übertreibungen trennen. Es interessiert auch niemanden mehr, warum sie zustande kamen. Wir wissen es. Starren wir nicht auf die Zahlen, wenden wir die Münze. Deutschlands *Brainpower* sollte ausreichen, im Schlaraffenland der Sozialsysteme aufzuräumen. Stopp dem Selbstmitleid! Wir sind besser als wir zugeben.

Wir können mehr Freiheit erreichen als andere Völker, eben weil es keinen *German way of life* gibt. Was wünschen wir uns? Was tut uns gut? Fragen, die niemand mehr stellt. Nur sie öffnen den Weg für Höchstleistungen. Wie wollen wir leben? Wir wissen es doch: mit viel Bewegungsfreiheit, ohne erdrückende Konsumzwänge, in glücklichen Beziehungen, unter dem Schutz eines berechenbaren Staates. Wir wollen unsere Kräfte mit andern messen und unsere Grenzen erproben – nichts anderes ist Stärkenmanagement. Wir werden großzügig und hilfsbereit sein, wenn wir so leben dürfen. Wir werden nicht mehr zulassen, daß das Gute, das wir erreicht haben, verspielt wird, nur weil wir zu eitel sind, unsere Fehler zuzugeben.

Stärkenmanagement heißt auf Leistung setzen. Wir müssen uns trennen vom Trotz und der Bequemlichkeit, die aus Verlierern Verweigerer machen. Es gibt keine Entschuldigung, wenn wir weiter auf unserem speziellen Zeitlupenreformtempo bestehen. Es geht nicht um ›Globalisierung‹, sondern um unsere Lebensqualität.

Wenn wir auf unsere Stärken setzen, dann reicht das, um auch international mitzuspielen. Wir werden kein spezielles Einlaßticket erwarten können, weil wir es längst haben: Alle Augen sind auf uns gerichtet, erwartungsvoll, in ungläubiger Enttäuschung. Eile ist geboten. Noch traut man uns ›draußen‹ eine Menge zu.

Wir brauchen Lob! Schon deshalb müssen wir jetzt liefern. Sobald die ersten Rücklieferungen an Lob kommen, werden wir besser werden. Extraeinladungen, im Weltkonzert der Besten mitzuspielen, werden wir nicht erhalten. Für Selbstmitleid gibt es keine Prämie. Ein deutscher Sonderweg kann nur ins Aus führen.

Aufwachen! heißt die Devise. Wir wollen doch im Licht unserer Leistungen bewundert werden, wie die letzten fünfzig Jahre. Wo ist also die Leistung? Nachreichen, schnellstens!

Wir können dankbar sein, daß alle staunenden Nachbarn sie uns immer noch zutrauen.

Stärkenmanagement in Deutschland mit Partnern, die unsere Werte mit uns teilen, die uns mehr zutrauen als wir selbst, die mit uns die Zukunft teilen wollen.

Die Stärken eines Landes sind die Stärken seiner Bürger. Wenn jeder für sich ein besseres Leben will, werden alle ein besseres Leben haben. Besser leben heißt, unser Bestes dafür zu geben.

Stärkenmanagement heißt auf Leistung setzen. Das deutsche Handicap hat uns stark gemacht.

Heute, nach der neuen Niederlage, sind wir von Freunden umgeben, die uns Erfolg wünschen – weil sie davon profitieren. Ihre Erwartung verpflichtet uns zum Erfolg.

Verlierer haben jede Chance – zum Beispiel die, wieder ganz nach vorn zu kommen. Verliererpositionen sind auch die große Versuchung: Man muß nichts tun, um nicht noch weiter zurückzufallen. Verlierer leben gefährlich: Stolz und Selbstwertgefühl schwinden. *Loser*-Germany stellt schon wieder die falschen Fragen. »Darf man uns mögen?«, »Kann man uns trauen?«

Die Firma Deutschland wagt nicht, auf deutsche Stärken zu setzen. Wer Schwächen therapiert, wird nicht zu den Stärken vordringen. Die Wohlstandspartner haben auf unsere Schwächen gesetzt: Begehrlichkeit und Unersättlichkeit, Gier, Neid.

Unser Bestes geben – das heißt Stärken erkennen und pflegen. Als wir ganz oben waren – haben da unsere Stärken triumphiert, die wir nicht kennen? Wir sind leicht einzuschüchtern. Am Ende waren es wirklich unsere Schwächen, die uns den Sieg nach 1945 gebracht haben; oder verkennen wir, daß fatale Schwächen wie Stärken gewirkt haben, als wir aufstiegen? Primusgebaren gegen schlechtes Gewissen. Unbändiger Fleiß, um wieder anerkannt zu werden. Gerechtigkeitstick, um nie mehr dem Bösen eine Chance zu geben; Perfektion und Pedanterie; Paragraphenakrobatik; die dichtesten Fangschaltungen im Steuerrecht weltweit; Ökoweltmeister. Alle diese vorauseilenden Leistungen sprechen eine klare Sprache. Da fleht ein Volk um Vergebung und Anerkennung. Die Synergie der Unterwerfungsgesten brachte den ganz großen Erfolg. Die Summe der Schwächen wirkte wie ein Stärkenkonzept.

Mit dem Erfolg kamen die Versuchungen. Heute müssen wir unser Stärkenprofil neu schreiben. Wir fühlen uns immer noch nicht geliebt. Das deutsche Handicap begleitet uns. Der häßliche Deutsche lebt in unseren Köpfen, daher treffen wir ihn überall draußen an. Die deutsche Politik erprobt das Modell Bindungslosigkeit; das macht die Umarmungen stürmischer. Deutschlands neue Stärken kommen nicht von der politischen Führung. Die Bürger selbst schreiben ihre Lebenskonzepte um und pflegen ihren Vorsprung. Stärken pflegen in einem Land, das mit seinen Schwächen beschäftigt ist, heißt überall agieren, wo der Staat seine Hand mangels Mitteln abzieht. Die weißen Flecken werden immer größer. Eben weil es keinen *German way of life* gibt, können wir mehr Freiheit erreichen. Stärkenmanagement ist ein Puzzlespiel, in dem Tausende Einzelne ihre Stärken ausspielen, weil sie besser leben wollen. Nur dann wird möglich, was der Staat nicht leistet: ein besseres Leben für alle.

VIII Die Wiederentdeckung: Leistungsglück

Kranker Staat, gesunde Bürger: Die neue Lust zur Verantwortung für uns selbst

Der größte Konzern im Lande ist ein riesiger Reparaturbetrieb. Er behebt die Schäden der Wohlstandsgesellschaft, soweit sie reparabel sind. Er steht immer dicht vor der Pleite; er ist überwiegend staatlich geführt. Der Konzern trägt einen irreführenden Namen: Er heißt ›Gesundheitswesen‹, aber Gesunde sind gar nicht seine Kunden. Die Abwesenheit von Gesundheit ist Voraussetzung, um hier Kunde zu werden.

Daß eine Firma, die Krankheit verwaltet, sich ›Gesundheit‹ nennt, könnte eine Selbstermunterung sein, das eigentliche Ziel nicht aus dem Auge zu verlieren.

Aber der Konzern ist selbst schwerkrank. Ein krankes Unternehmen, das Kranke gesund machen soll, ist ein Widerspruch in sich. Schon tummeln sich private Wettbewerber, hochvital und gesund, auf dem Terrain des Großkonzerns Gesundheit. Die Rivalen warten nicht, bis ihre Kunden krank sind; sie versprachen den Gesunden, daß sie ihnen helfen, den Kontakt mit dem kranken staatlichen ›Gesundheitswesen‹ zu vermeiden.

Nicht der Schaden steht am Anfang dieser Kundenbeziehung, sondern der störungsfreie Lauf der gesunden Funktionen ist Ausgangspunkt und Ziel der Angebote. Viele Branchen spielen hier erfolgreich und optimistisch mit dem Reparaturbetrieb traditioneller Prägung um die Wette. Nicht der Kranke, sondern der noch nicht Kranke, der Gesundheitsbewußte und der Gesundheitsinteressierte sind ihre idealen Kunden: Die Leute, die wissen wollen, wie man gut mit sich umgeht, was man tun muß und was unterlassen, was essen und was trinken, welche Schuhe und welche Fasern tragen, um Bewegung und Ernährung in ein System umfassenden Wohlbefindens zu verwandeln. Lust auf Wohlbefinden muß kein Anbieter den Kunden machen. Wieviel davon in ihrer Hand liegt, müssen ihnen die Marktpartner kaum noch erklären: Hier läuft eine Riesenlektion mit wißbegierigen Schülern jeden Alters.

Der hochverschuldete Konzern ›Gesundheit‹ beklagt sich und bedient sich derweil bei Gesunden und Kranken. Er hat viele Verbündete, die am Schadensfall ›Krankheit‹ verdienen. Die mehr oder weniger Kranken aus den Praxen fernzuhalten, indem man schon für den Platz im Wartezimmer Geld abfordert, zeugt von der Geringschätzung des Staates gegen seine Bürger.

Kranker Staat, gesunde Bürger, das ist eine Gleichung, die niemals aufgehen kann. Aber die Bürger sind sich selbst näher als dem Staat, und sie haben längst begonnen, das für sich zu tun, was der Staat ihnen vorenthält. Sie futtern große Portionen Gesundheits- und Ernährungswissen, um dann die richtigen Mengen an Ernährung und Bewegung zu konsumieren. Die Bürger sind angekommen in der konsumberuhigten Welt; ihr staatliches Gesundheitswesen aber geht mit ihnen immer noch so um, als wären sie die unmündigen Ziehkinder der Wohlstandsära, die man gängelt, damit die Kasse stimmt – nicht unbedingt die Gesundheit.

Wer sich aufs Reparieren konzentriert, setzt auf kaputte Autos, defekte Kühlschränke, verfettete und immobile Menschen. Wer bei der Krankheit erst einsteigt in den Bürgerkontakt, täuscht eine Unausweichlichkeit vor, die so nicht existiert. Hätte das staatliche Gesundheitswesen eine verantwortliche Führung, dann müßte es alle Kräfte darauf richten, Gesunde gesund zu erhalten. Denn die Entgleisung von Gesundheit, eine Wohlstandsfolge, bezahlen auch die Bürger, die sich gesundheitsbewußt verhalten. ›Vorsorge‹, die Defekte aufsucht, ›Früherkennung‹, die Krankheiten aufspüren will, ehe jemand sich krank fühlt, sind nichts anderes als ein Zweigbetrieb der Reperaturwerkstatt – solange dort nicht gleichzeitig Seminare über Ernährung und Bewegung angeboten werden.

Die Ermunterung, besser mit sich umzugehen, liefern nicht die Überbetreuer aus den kollabierenden Systemen, sondern Ärzte und Lebensmittelproduzenten, Sportmediziner und Sportler, Ernährungswissenschaftler und Psychologen.

Ein Staat, der keine von diesen innovativen Bewegungen begreift und mitgestaltet, kann auch seine eigene Genesung nur als eine freudlose Reparatur ins Auge fassen. Einfallslos und bequem greift er dem Bürger in die Tasche; in der Sache hat er nichts beizutragen als Zahlen und leere, lieblose Versprechungen über Beitragssätze. Nirgends ist die Inkompetenz und Innovationsunfähigkeit des Sozialstaates so eindrucksvoll greifbar wie im Gesundheitswesen.

Und die Menschen versuchen ihr Glück auf eigene Faust zu finden. Immer mehr Helfer gesellen sich dabei zu ihnen. Die Weltkonzerne McDonald's, Nestlé, Coca Cola, Procter & Gamble, Unilever und viele andere verändern ganz offiziell ihr Profil und ihre Zielrichtung: nicht einfach Nahrungs- und Genußmittel wollen sie liefern, sondern Gesundheitsfürsorge als Genuß.

Ein weiteres Glied in der Kette der Innovationen, die nicht ›von oben‹, sondern von den Bürgern kommen. Sie sind inzwischen viel mehr als nur Konsumenten.

Die Menschen haben schnell beobachtet, daß die Systeme, deren Kollaps sie miterleben, nicht lernfähig sind. Menschen aber sind lernfähig, und sie finden Bundesgenossen in den Märkten. So werden Innovationsprozesse angestoßen, von denen Politiker ziemlich verspätet erfahren, da sie an ihre Systemzwänge gefesselt sind.

Während die Gesundheitspolitik weiter auf Wohlstandsschäden fixiert ist, um ihre Reparaturplanung bis 2020 fortzuschreiben, als änderte sich bis dahin nichts im Verhalten des ›Schadensfalls Mensch‹, sind die Reparaturobjekte längst unterwegs zu bereinigten Lebenskonzepten, die es ihnen erlauben, dem ›System Krankheit‹, das sich im staatlichen Gesundheitswesen versteckt, immer häufiger auszuweichen.

Und dieser Aufbruch in ein neues Selbstbewußtsein ist von Stolz und Vergnügen begleitet. Das gilt für Anbieter und Kunden, denn beide feiern ihre neue Stärke – die Anbieter mit hohen Profiten und die Abnehmer mit einem Preisbewußtsein neuer Art: Gesundheit darf mehr kosten, vor allem dann, wenn sie nicht von bitterer Medizin abhängt, deren Nebenwirkungen man fürchtet. Ganz ohne Zögern ändern die McDonald's-Gäste ihre Vorlieben. Wer früher Kalorienbomben mit viel Mehl und Fleisch vertilgte, ordert jetzt lustvoll Salate. Über Nacht sprang McDonald's unter die größten Salatanbieter in der Gastronomie. Das Stichwort ›Armut‹ triumphiert: Fettarme Speisen machen plötzlich zehn Prozent des Umsatzes aus. Die Armut muß einfach am richtigen Platz praktiziert werden: bei den Kalorien, bei den Kohlehydraten, beim Fett. Arm, arm, arm, verspricht der Gastronom.

Was treibt einen so schnellen Wandel in einem Land, das neuerdings mit Generalabonnement auf Langsamkeit unterwegs ist? Wir legen den langsamsten Wandel aller Wohlstandsnationen hin, aber fast unbemerkt sprinten die Menschen an der schläfrigen Karawane vorbei in eine Richtung, die genau das zur höchsten Lust macht, was die Systemwächter gar nicht vorzuschlagen wagen, weil sie noch den gierigen Schlaraffen von vorgestern vor Augen haben. Während das Ministerium für Krankheit die Praxisgebühr verordnet, weil auch Ministeriale nur in einer Kategorie denken können, und die heißt Geld, legen ihre entlaufenen Beutetiere, die Bürger, reichlich Geld für weniger reichliche Speisen hin, weil sie endlich an Betreuer gelangt sind, die es auf ganz neue und nachvollziehbare Weise gut mit ihnen meinen: die sie gesund wollen statt als kranke Zahler in Arztpraxen.

Ganz neue Marktallianzen kommen so zustande. Die Gier ist verdampft, der Geiz war eine kurze Rache. Nun bahnen sich neue Freundschaften an, weil die Lebensmittelkonzerne den gewandelten Konsumenten begleiten wollen. Wer Schwächenmanagement betreibt, den Verführer gibt, der Sünden beschönigt und Entgleisungen im Eßverhalten empfiehlt, steht auf der Verliererliste. *Functional food* ist das Siegerstichwort. Nicht mehr einfach konsumieren, sondern via Konsum die Ziele ansteuern, die endlich als ein Duo begriffen werden: Schönheit und Gesundheit. Was die Politik gar nicht erst versucht: die Gesundheitsverantwortung des einzelnen zu stär-

Die neue Lust an eigener Verantwortung:
Für uns selbst tun, was der Staat uns nicht mehr gibt – Motto: ›Geh gut mit dir um!‹

Die Therapie der Wohlstandskranken läuft unter Bürger-Regie:

– Gesundheitswissen,

– Ernährungs-*Know-how,*

– Bewegungskultur: Gesunde Bürger eilen dem kranken Staat voraus in eine bewußtere Zukunft.

ken, das erreichen die Nahrungsmittelkonzerne im Handumdrehen. Weil sie den Wunsch der Kunden als Befehl verstehen: ›schön und gesund sein, gut mit mir umgehen, belastbar und glücklich sein.‹ Die Politik kuriert derweil an Symptomen herum und verliert in dramatischem Ausmaß das Vertrauen ihrer Kunden, der Bürger. Keiner von ihnen hat Lust, zur Sanierung des kranken Gesundheitssystems mit Opfern beizutragen – weil keiner an die Sanierung glaubt. Und keiner zögert, mit einem vertrauenswürdigen Verbündeten wie Nestlé, Unilever oder McDonald's selbst etwas für seine Gesundheit zu tun. Gesund muß es sein, sagen die Franzosen inzwischen, egal wie es schmeckt. Auswahlkriterium Nummer eins in Frankreich: Gesundheit.

Mit den Produkten wird Know-how geliefert, das nichts mehr mit den Attacken auf die Begehrlichkeit des Kunden in der Gierzeit zu tun hat.

Schon das Vokabular ist ohne jeden verführerischen Glanz: Folsäure, Magnesium, Omega-Plus für Senioren (das ist Milch mit zwei ungesättigten Fettsäuren). Für das lerneifrige Publikum der Lebensmittelhändler sind diese Botschaften ihrer Qualitätspartner reine Poesie. Endlich werden sie aufgefordert, so liebevoll und zartfühlend mit sich selbst umzugehen, wie ihr Vormund, die Politik, es nicht einmal in der Wohlfühlphase des Konsumbooms getan hat. Der Markt ist schneller als die Politik. Er liefert ›arme‹ Kost an aufgeklärte Kunden, die ihre neue Souveränität genießen. Innovation, nach der die Politiker und Verbandschefs in Festversammlungen rufen, ist hier, wo kein Amtsträger genauer hinschaut – weil keiner von ihnen mehr selbst einkauft, seit er nur noch eines ist: eben Amtsträger.

Innovation kommt aus den Nischen, heißt die Regel. Die angeblich abhängigen Bürger sind in diesen Nischen unterwegs; sie sind es, die das Kontrastprogramm leben. Hier gilt Tun statt Haben, Bewegung statt Abwarten, Fürsorge für sich selbst statt Ansprüche an andere. Wir sind diese Bürger. Wir erneuern unser Lebensgefühl und unsere Stimmung an den amtlichen Meldungen über karge Zeiten vorbei. Wir haben, anders als Ämter und Behörden, nur ein einziges Leben, und wir sind entschlossen, nicht dreißig Jahre auf eine neue Republik zu warten. Auch unsere Kinder haben dafür keine Zeit. Nicht einmal unsere Enkel wollen wir in diese Warteschleife schicken. Was wir nicht mehr brauchen, wissen wir genau, und das zu wissen ist der Anfang vom Glück. Wir brauchen keinen Konsumdruck mehr, der ohne Begründung das ›Mehr‹ propagiert. Wir brauchen nicht mehr die Ablenkung und Zerstreuung, die uns zur Zeitvergeudung ermuntern. Wir haben Lust auf etwas ganz Neues: sorgsam mit uns selbst umzugehen. Leichter zu werden auch in unseren Gefühlen und Gedanken. Beweglich im Kopf zu werden, um Neues zu denken. Die Machtbesitzer seien vor uns gewarnt: Wir sind freier geworden durch den Schock, den sie uns zugefügt haben. Die betreuende Hand abrupt zurückzuziehen, das hat Macht und Glaubwürdigkeit auch für die Zukunft gekostet. Nie mehr wird man uns zu Konsumknechten machen können. Nie mehr werden wir an der kurzen Leine gehen.

Wir werden anspruchsvolle Partner für die Politik, weil wir uns künftig um uns selbst kümmern, noch ehe die Politik begriffen hat, was läuft. Es spricht für die Marktferne der Politiker, daß sie mitten in der Krise eine Kriegserklärung gegen die mächtigsten Marktpartner vom Zaun brechen. Sie haben die wichtigste Lehre nicht gelernt: Konzerne können den Politikanbieter wechseln – die Politik aber nicht ihr Volk.

Endlich in eigener Regie das Richtige zu essen statt möglichst viel; den Geschmack auf Platz 2 zu setzen hinter das Argument ›gesund‹, das spült alle Opfergefühle weg, mit denen die meisten Wohlstandsbürger vor der Entdeckung der Krise ihren täglichen Einkauf abgeschlossen haben. Obwohl es die ›du darfst‹-Versprechen und die LC1-Joghurts oder Actimel schon eine Weile gibt: zur stolzen Alternative für die Fleischbrocken früherer Jahrzehnte werden sie erst jetzt. Für Gesundheit, Fitness, reuelosen Genuß geben wir von unserem schmaleren Budget mit reinstem Gewissen dicke Batzen weg. Auf Umwegen finanzieren wir damit den Einstieg in eine gesündere und diszipliniertere Gesellschaft. Keiner redet davon, aber wen stört das? Unter dem Vortrupp derer zu sein, die es besser wissen, tut vor allem in Zeiten gut, in denen niemand von den professionellen Besserwissern mehr irgend etwas durchschaut. Hunderttausende Bürger haben sich bereits entschieden: Sie fangen bei ihrem eigenen Leben an. Sie lernen und wenden an, in einem Atemzug.

Sie räumen in ihren Köpfen auf und gewinnen Gelassenheit, um den langsamen Aufräumungsarbeiten in ihrem Staat mit Überlegenheitsgefühlen zuzusehen. Der Ohnmacht ein neues Gesicht geben, das war der Antrieb. Neue Bürgermacht ist das Ergebnis. Nun wird es richtig schwierig, uns mit verlogenen Angeboten einzufangen – im Markt und in der Politik. Wir haben uns kundig gemacht. Wir haben keine Lust mehr auf Zuviel und keine Lust mehr auf das Falsche. Das ist ein neuer Auftritt des *homo oeconomicus,* und jeder, der ihn zum Freund will, sollte sich die Mühe machen, seine Bewegungen nachzuzeichnen. Wie verbringt er seinen Tag? Wie frühstücken diese Frauen und Männer, wann joggen sie, welche Fitnessgeräte lieben sie? Wo kaufen sie ein und was? Was tun, wenn sie immer seltener Ärzte aufsuchen? Immer weniger überzuckerte Getränke wünschen, auch weniger Alkohol? Ganz einfach, wissen die Hersteller mit ihren *Scouts* für Lebensstile. Liefern, was die Menschen wollen. Früh genug begreifen. Aber die Politik läuft immer wieder auf mit ihren Tricks. Und entlarvt sich als verantwortungsloser Marktteilnehmer, der weit hinter den Anbietern zurücksteht, wenn sie empört auf die Einschränkung des Zigarettenkonsums reagiert, nachdem sie die Tabaksteuer erhöht hat. Verlogen die Hinweise auf den Zigarettenpackungen, die den Kick steigern sollen, genau wie die Steuererhöhung. Ein so schillernder Mitspieler wird nur verachtet – zu Recht.

Lebensmittelhersteller verkaufen Gesundheitswissen anderer Art als die Politik. *Functional food* paßt zur Stimmung der abgeklärten, der ›gewendeten‹ Konsumenten. Als Danone den Joghurtstamm von Actimel mit dem poetischen Namen *L-Casei Defensis* auf die Reise in die Kundenherzen schickte, wurde die Firma reich belohnt. Actimel hat in Deutschland einen Marktanteil von zweiundsechzig Prozent.

Das Schlagwort ›gesund‹ reicht für die geschulten Kunden nicht mehr aus. *Functional food* liefert gezielten Nutzen. Es wird angeboten wie Medizin. Man zahlt das komplette Produkt und braucht sich weder über Zuzahlungen noch über

Praxisgebühren zu ärgern. Der Nutzen bleibt nicht irgendwo in den Organen hängen, sondern dringt nach außen. Iß dich schön, könnte der Slogan zu *Beauty-up Candies* heißen, die Nestlé für den japanischen Markt herstellt. Kosmetische Effekte von Nahrungsmitteln, wie etwa die versprochene Hautstraffung durch *Innéov*-Tabletten, werden mit Kosmetikkonzernen, hier L'Oréal, gemeinsam entwickelt. Der Nestlé-Chef Brabeck findet eine Gewinnmarge von künftig 25 Prozent, wie sie sonst nur Pharmakonzerne erreichen, für High-Tech-Nahrungsmittel legitim.

Globalisierte Gewohnheiten und Schönheitsideale begünstigen die Profitaussichten zusätzlich, weil die *Newcomer* sich den Idealen der entfalteten Märkte anschließen.

Lebensmittelkonzerne als Gesundheitsunternehmen: Die großen Wettbewerber sind alle auf dieser Erfolgsspur unterwegs. Danone will ›mehr gesunde Freuden‹ liefern, und Unilever verspricht: ›gut aussehen, sich gut fühlen und mehr vom Leben haben‹. 28 Milliarden Euro, so errechnet das Fraunhofer-Institut in Karlsruhe, ist der realisierbare Umsatz für Nahrungsmittel mit Gesundheitsversprechen. Nestlé wird im Herbst 2005 ein ›Ernährungsstudio‹ einrichten, das Gesundheitswissen vermittelt – auch jenseits von Essen und Trinken; die Mahnung ›beweg dich!‹ wird darin einen prominenten Platz haben. Wer weiß, vielleicht können wir sogar auch Produkte kaufen, die nur in Bewegung zur Gesundheitsdroge werden. Wasser, eines der Erfolgsprodukte von Nestlé, ist heute schon mobiler Begleiter jedes Läufers, Radfahrers und Wanderers.

So entstehen neue Partnerschaften in den Märkten, die von wechselseitigem Vertrauen und Wissensfortschritten beider Seiten genährt werden. Die Menschen im Markt freunden sich mit ihren Konsumverführern von gestern an; sie honorieren deren Bemühung, nicht nur verführerischen Geschmack zu liefern, der Lust auf mehr macht, sondern vertretbaren Wohlgeschmack, der den Kopf klarer und die Kondition besser macht. Eine kaum zu überschätzende gemeinsame Leistung von Kunden und Industrie, die damit eine Kooperation voller Vorurteile und Verdächtigungen kurzerhand für erledigt erklären.

Wer sich zum Wohltäter erklärt, erfährt augenblicklich eine schärfere Kontrolle. So stehen die Lebensmittelkonzerne unter Beschuß wegen ihres leichtfertigen Umgangs mit der wehrlosesten Konsumentengruppe, den Kindern. Wenn es um Kinder geht, werden auch Eltern gezielt wehrlos gemacht. Das bettelnde Kind vor der bunten Werbung für Kinderschokolade, Fruchtzwerge-Joghurt und andere Köstlichkeiten bricht mühelos den Widerstand der klugen Mutter. Kauft sie Danones ›gesunde Erfrischung für Kids‹, so gibt sie ihrem Kind in einem einzigen Joghurtbecher den Gegenwert von acht Stück Würfelzucker, ohne es zu wissen.

Solange es keine ›gesetzlichen Vorschriften‹ für Kindernahrung gebe, sehen die Nahrungsmittelkonzerne keinen Anlaß, ihre Sorgfalt gegenüber Erwachsenen auf Kinder zu übertragen.

Es wäre ein ›Kinderspiel‹ für die gesundheitsbewußten Erwachsenen, diese Verhaltensänderung zu erzwingen. Auf die Politik werden sie auch hier nicht warten können. Noch finden die Anbieter viele gedankenlose und bequeme Partner unter den Eltern, die ihren Kindern anbieten, was sie selbst schon lange nicht mehr konsumieren – aus Gesundheitsgründen. Als hätte das Kind eine unzerstörbare Gesundheit. Zucker ist die treibende Kraft bei kindlichem Übergewicht. Und die Irreführungen wuchern: Die von Ferrero als Schulbrot angepriesene ›Milchschnitte‹ zum Beispiel wirbt mit hohem Milchanteil. Aber das Kind müßte ungefähr sechs Stück essen, um den Kalziumgehalt eines einzigen Glases Milch zu erreichen.

Wo Kinder sind, ist alte Welt. Hier scheint alles erlaubt, was die Begehrlichkeit stimuliert. Und die große Lobby von Anbietern und Eltern funktioniert: Kinder ruhigstellen durch Megaladungen von Zucker scheint im beiderseitigen Interesse. Die Krankheitsbilder führen die Unschuldigen dann zurück in die Welt der Krankheitsindustrie, der ihre Eltern soeben durch gesundheitsbewußtes Verhalten entronnen sind.

Das gestörte Verhältnis zu unseren Kindern hat hier einen weiteren, verstörenden Beweis.*

---

* Siehe dazu Kapitel »Endlich allein«, S. 173.

Der Markt ist schneller als die Politik. Die Bürger sind schneller als ihr Staat.

Wir wollen nicht 30 Jahre auf eine reformierte Republik warten: Wir haben nämlich, im Gegensatz zu den Staatsapparaten, jeder nur ein einziges Leben.
Auch unsere Kinder wollen nicht in die Warteschleife. Auch sie haben Lust auf etwas Neues: sorgsam mit sich selbst umzugehen.

Uns fängt keiner mehr mit verlogenen Angeboten. Nicht im Markt und nicht in der Politik.

Wo es um die Kinder geht, werden die aufgeklärten Gesundheitskunden bei einer – sagen wir es wohlwollend – Verspätung erwischt. Sie kümmern sich zuerst um sich selbst. Ihre Flucht aus dem Prestigekonsum von gestern, der das Luxuriöse, das Überflüssige belohnte und die Kalorienfrage kleinkariert fand – Konsumsünden brachten viel Prestige –, war vielleicht zu überstürzt, um die Kinder mitzunehmen. Auch beim Joggen läßt man sie meistens zu Hause – als sei ihr Bewegungsbedürfnis nicht um ein Vielfaches größer als das eigene. Die Erwachsenen sind ›wohlstandstherapeutisch‹ mit sich beschäftigt und vergessen die Kinder, die dieselbe Therapie nötig haben. Wer sich bewegt, kann nicht gleichzeitig futtern. Immobil vor dem TV-Gerät, stehen Kinder am häufigsten auf, um jene Speisen aus dem Kühlschrank zu holen, die ihre Fernsehidole gerade verzehren.

Wer sich nicht bewegt, kann das nicht durch Gesundheitskost ausgleichen. Scheinbar selbstlos erforschen die Nahrungsmittel-Hersteller die Wirkung ihrer ›Energie-Riegel‹ (Nestlé), die ganz wie ein Medikament ihre Wirkstoffe über Zeit abgeben. Probanden auf dem Laufband sollen beweisen, daß die versprochene Leistungssteigerung tatsächlich eintritt. Wissenschaftliche Auftritte dieser Qualität sollen Vertrauen binden, sie beweisen die ernste Bemühung des Anbieters um das Wohl seines Kunden. Konsequent bietet Nestlé seine Fitnessprodukte der Marke ›Nutrel‹ nicht in Lebensmittelgeschäften, sondern nur in Drogerien an.

Im Bündnis mit den gesundheitshungrigen Kunden ist die Nahrungsmittelindustrie so zum Konkurrenten des todkranken Gesundheitssystems geworden. So entsteht Innovationsdruck, den die Marktgestalter gemeinsam verstärken. Irgendwann wird er bei der Politik ankommen.

Kranker Staat, gesunde Bürger: eine Gleichung, die niemals aufgehen kann. Und die Bürger haben längst begonnen, das für sich zu tun, was der Staat ihnen vorenthält. Sie futtern Gesundheits- und Ernährungswissen – und wenden es an.

Immer mehr Menschen entdecken, daß das ›Gesundheitswesen‹ sich nur für Kranke interessiert. Der Name ist also keineswegs Programm. Und: immer mehr Helfer gesellen sich zu uns, während wir unser Glück auf eigene Faust suchen. Weltkonzerne investieren in unsere Gesundheit, während der Staat auf unsere Erkrankung wartet, um – zu kassieren. Das Stichwort ›Armut‹ triumphiert, wenn die geschulten Kunden für ihr Wohl unterwegs sind. Ganz neue Marktallianzen kommen zustande, das Gierkomplott von gestern scheint vergessen. *Functional food* ist das Siegerstichwort. Als liefe da eine gemeinsame Wiedergutmachung, werden Bündnisse für Schönheit und Gesundheit geschlossen, die den Konsumversucher von gestern mit seinen geläuterten Opfern vereinen.

Der Markt ist schneller als die Politik. Innovative Lebensstile verbinden immer mehr Menschen, die ihrem Staat vorauseilen und das schwerkranke Gesundheitssystem ganz nebenbei entlasten. Wir werden anspruchsvolle Partner für die Politik, weil wir uns künftig selbst um unser Wohl kümmern. Auf Umwegen finanzieren wir damit den Einstieg in eine gesündere und disziplinierte Gesellschaft. Nur wo Kinder sind, ist alte Welt. Hier scheint alles erlaubt, was die Begehrlichkeit stimuliert. Kindsein ist in unserer Gesellschaft immer noch ein Verliererpart. Welcher Anbieter rettet unsere Kinder vor Megaladungen von Zucker und vor Bewegungsmangel? Was Unilever und Procter & Gamble den Eltern liefern, brächte im Kinderformat noch mehr Profit und Reputation: Kinder würden bald nichts anderes wollen als *Functional food,* und sie würden lernen, daß man rennen und springen muß, um stark und. schön zu werden.

Geh gut mit dir um: Die einfacheren Wege zum Glück

Der ›*Vitality*-Trend‹ hält an. Nicht nur heute und morgen, sondern die nächsten dreißig bis vierzig Jahre, sagen die Forscher.

Wellness und Fitness waren die harmlosen Vorboten, die man noch mißverstehen konnte als Spaßinseln für Hyperaktive. Ist das Fitnessinteresse einmal erwacht, kommt keiner am Ernährungswissen vorbei. Die zwei Antriebe sind Schönheit und Leistung. Wer zuviel Gewicht schleppt, läuft nicht lustvoll, und wer überfettet im Fitnesstudio trainiert, erfährt spöttische Blicke. Schlimmer noch: Er gerät schnell außer Atem, andere sind besser. Das muß schnellstens geändert werden.

Motivatoren für den disziplinierten Umgang mit sich selbst sind – die andern. Im Fitness- und Ernährungsverhalten entschädigen wir uns für einen lauen Berufsalltag, wo neuerdings bereits vierundsiebzig Prozent von uns nicht mehr den Eindruck haben, daß ihr Erscheinen – von Arbeitsbeiträgen ist da noch gar nicht die Rede – wichtig sei.

Die Menschen wählen ihre Therapie. Sie entscheiden sich für die Selbstbehandlung unter fachmännischer Anleitung. Sie wollen sich kontrolliert und gesundheitsfördernd verhalten. Sie wollen leistungsfähig und belastbar werden und bleiben. Im Beruf fehlt vielen dafür der Anreiz. Aber was sie lernen, während sie ihre Nahrung entschiedener auswählen als früher, während sie belastende Speisen meiden und ihr Gesundheitswissen im gleichen Takt erweitern wie ihr Selbstvertrauen, das begleitet sie auch in den Arbeitsstunden. Arbeitgeber profitieren unmittelbar von der neuen Sorgfalt, die immer mehr von ihren Mitarbeitern ›privat‹ inszenieren. Und immer mehr Arbeitgeber realisieren diese Vorteile: Sie bieten sorgfältig kontrolliertes Kantinenessen mit Kalorienangaben, und sie liefern Freikarten für Fitnesstudios. Die Kultur der Arbeitswelt verändert sich, weil die Lebensführung der Arbeitnehmer sich in Eigenregie verändert hat.

Daß es noch nicht alle sind, ist kein Anlaß zur Sorge. Immer mehr Menschen legen großen Wert darauf, als Mitspieler zu **erscheinen**; vom Mitreden zum Mitmachen ist ein kleiner Schritt. Das bewußtere Konsum- und Bewegungsverhalten sammelt Prestige. Damit ist der Durchbruch in immer größere Gruppen unaufhaltsam.

Ohne programmatische Angeberei arbeiten sich Hunderttausende von Deutschen aus der Krise heraus; sie sammeln Kraft und Stolz, weil sie sich stark und stolz verhalten: diszipliniert im Umgang mit ihrer Physis, auswählend und von neuer Selbstliebe gesteuert im Umgang mit ihren Gefühlen. Sie haben von selbst begriffen, daß Krisenangst ihre Seele beschädigt und ihren Geist blockiert. Sie sind nicht bereit, ihre Bedürfnisse nach innerer Ruhe, nach weniger Ablenkung und nach dem Luxus des Einfachen in Reformaktionismus erstikken zu lassen. Sie sind sicher, daß unversehrte Köpfe und Seelen, daß leistungsfähige Mitspieler für die ›Zeit danach‹, auch nach den neuen Irrtümern, die den Namen ›Reform‹ tragen, unentbehrlich sein werden.

Der Innovationstrupp macht sich weiter fit. Bewußte Esser sind in aller Regel auch bewußte Läufer, Ruderer, Jogger oder Schwimmer. Wer einmal angefangen hat, sein Lebenspackage ›Gesundheit‹ ernst zu nehmen, seine Kondition zu verstehen, seine Kräfte da zu steigern, wo es Sinn macht, der wird wissen wollen, was er wann essen und trinken sollte, um dieses kostbare Gut möglichst lange zu erhalten. Bald kann ein so auf die richtige Spur Geratener Bewegung und Ernährung nicht mehr getrennt sehen; er muß sich also entschließen, beides so gut wie nur möglich zu verstehen und richtig zu machen.

Tut er das, so bleibt die Erfahrung nicht aus, daß seine Gedanken und Gefühle, seine emotionalen, geistigen und psychischen Erfahrungen sich verändern, seit er sorgsamer mit sich umgeht. Er lernt Glückshormone kennen und genießen, spürt die Gelassenheit und Überlegenheit, die der Belastung auf dem Fuße folgen. Er gewinnt den Zugriff auf Kraftquellen, die nur dem Leistungsbereiten zugänglich sind.

Was die ›heimlichen Innovatoren‹ tun, ist die einzig passende Antwort auf die Krise: Sie suchen die einfacheren Wege zum Glück. Sie lernen dabei, was die Wohlstandsgesellschaft ihren Bewohnern abgewöhnt hatte: daß Anstrengung und Wohlbefinden zusammengehören; daß Disziplin und der Sieg über den Mißmut untrennbar sind. Die wachsende Gruppe der Eroberer dieses Neulands liefert den Mut für die Zaghaften. Die leise Revolution läuft neben der Politik, sie läuft ohne diese. Wieder einmal verspäten sich die offiziellen Spender von Lebensqualität, und diesmal besonders gründlich. Sie machen sich so unattraktiv wie möglich, um unbeobachtet managen zu können, was sich ohne die Bürger längst nicht mehr managen läßt – den Mangel. Zugleich wachsen die unbesiedelten Freiräume. Während Politiker den Mangel versprechen, entdecken die verlassenen Bürger neue Quellen der Fülle. Dafür waren Politiker ohnehin nie zuständig; sie versprachen Menge, also das Materielle. Fülle ist mehr; sie ist Souveränität und Ichstärke. Anders als der bloße Besitz liefert sie belastbares Glück und ein Prestige, das sich ganz an die Person, nicht an ihren Besitz bindet.

Der Vortrupp wächst; immer mehr bewußte Esser, immer mehr Bewegungsliebhaber bevölkern diese Republik. Immer häufiger kreisen die Pausengespräche in Firmen um die sportlichen Aktivitäten. In der deutschen Hauptstadt sagen bereits siebzig Prozent der Menschen, ihre liebste Freizeitbetätigung sei der Sport. Mag sein, daß er bei vielen erst im Kopf die wichtigste Aktivität ist; der Aufbruch in einen neuen Lebensstil läuft nur über den Kopf. Hier, in der Chef-Etage des Organismus, wird entschieden, was wir mit uns anfangen wollen. Und hier, im Kopf, werden die Belohnungen ausgeschenkt, die jeder Jogger und Sportler kennt: Endorphine, Rauschdrogen aus der körpereigenen Dealerwerkstatt. Wer sich belastet, wird belohnt, entscheidet der Profiteur dieser Belastung, das Gehirn. Auch hier herrscht wieder klare Sicht, weil die heimlichsten aller Fette, die im Gehirn gelagert werden, in den Abbau gehen.

Immer mehr klare Köpfe in Deutschland, die den Lebensstil der Zukunft vorüben. Unmittelbare Folgen messen die Lebensmittelkonzerne schon jetzt; das Krisengebiet ›Gesundheitswesen‹ ist auf Krankheit spezialisiert und nimmt deshalb seine Entlastung noch nicht wahr.

Deutschland bewegt sich. Seit 1977 ist die Zahl der Nutzer von Fitnesszentren von 35 000 auf 4,5 Millionen gestiegen. Die Menschen haben also begriffen, daß sie anders mit sich umgehen sollten. Unzählige, die es nur einmal probieren wollten, wurden festgehalten in dem wunderbaren Spiel aus Belastung und Euphorie, das so in den meisten Berufen nicht zu haben ist. Immer mehr Menschen bessern ihr Selbstbewußtsein auf, indem sie sich freiwillig viel mehr zumuten, als ihnen ihre Firma auferlegen dürfte. Sie erproben die Grenzen ihrer

Ausdauer, die Konsequenz ihres Willens; sie kämpfen gegen sich selbst. Alles, was sie unter arbeitsrechtlichen Gesichtspunkten verweigern würden, inszenieren sie schmerz- und lustvoll beim Waldlauf, auf der Rudermaschine, beim Krafttraining.

Das bleibt nicht ohne Folgen für die allgemeine Lebensstimmung und für die Leistungshaltung bei der täglichen Arbeit. Wer seine Kräfte kennt, möchte sie einsetzen. Wer an seinen Leistungsgrenzen unterwegs war, möchte wieder dorthin. Wer die Gelassenheit nach der Belastung geschmeckt hat, möchte sie immer wieder genießen. So entwickeln sich die konspirativen Dialoge in den Arbeitspausen. Was machst du mit dir? Wie erprobst du dich? Was erlebst du dabei? Das sind Gespräche, bei denen die Gesichter leuchten; es sind Gespräche über Lebenserfolg, der nicht fremdgesteuert ist.

Vielleicht hat der Gesundheitsminister Geheimstudien in der Schublade, wieviel Kostendämpfung von dieser Woge der Selbständigkeit ausgeht. Während Politiker uns immer noch in der Hängematte liegen sehen, sind wir millionenfach in Bewegung, um dem Staat zuvorzukommen, der uns nicht mehr auffängt, wenn wir im Schlaf aus der Hängematte fallen. Und der Staat sollte es besser wissen: 63 000 Sportvereine gibt es in Deutschland; junge und erwachsene Menschen melden zugleich ihren Wunsch nach mehr Trainingsfreiheit; sie wollen nicht gegängelt Sport treiben, sondern in eigener Regie. Immer mehr Wissen über Leistungssteigerung, über Muskeln, Sehnen und Knochen, Gelenke und Blutzusammensetzung, Pulsfrequenzen und Belastungsgrenzen lagert sich in interessierten Köpfen an. Richtig mit sich umgehen, Erfolg organisieren, das Beste aus sich herausholen: Traumziele aller Managementfibeln; hier faszinieren sie jeden. Und immer noch zögern wir, die Fitnesswelten von Kopf und Körper endlich nicht nur als benachbarte Planeten, sondern als integriertes System zu begreifen, wie es schon unsere antiken Vorfahren in Griechenland und Rom verstanden haben.

Es wird noch eine Weile dauern, bis selbst die Behördenfans erkennen, daß Deutschland nicht gerettet werden kann, wenn wir die neue, von Bürgern ins Werk gesetzte Ernährungs- und

Bewegungskultur als Randgeschehen abtun. Innovation in Bürgerhand zeigt die Richtung, in der die Rettung liegt. Kein Gesetz für Bewegung und Ernährung, kein Paragraphenwerk für Eigenregie im Bürgerleben würde auch nur einen Zentimeter jener Straße gebahnt haben, auf der wir ohne offizielle Anerkennung längst unterwegs sind. So kann es passieren, daß bald Millionen Bürger besser gelaunt sind als ihre Politiker. Dann spaltet sich die Sicht auf das deutsche Drama, und die Politiker sind allein mit ihrem Krisenstoff.

Sportliche Nationen sind erfolgreicher – das ist ein internationales Forschungsergebnis. Falls Deutschland sich nicht nur zum Krisenmanagement, sondern zum Erfolg entschließt, wird der Vortrupp der Eingeweihten unentbehrlich. Es sind jene bewegungserfahrenen Menschen, die den Zusammenhang von Leistung und Erfolgsglück auf eigene Faust erproben und allen andern begeisternd davon erzählen können: Es lohnt sich, daß du dich anstrengst. Es macht noch mehr Sinn, wenn du mit deinem täglichen Futterverbrauch deiner Leistung zuarbeitest. Nicht irgend jemand profitiert davon, sondern du zuerst; die Belohnung geht an dich. Sie heißt Selbstvertrauen, Gesundheit, Belastbarkeit und ein Vorsprung an Wissen. Anschließend profitieren andere, und schließlich in hohem Maße die öffentlichen Gesundheitssysteme, die immer noch in der alten Welt, mit Hin- und Herschieben von Geld das deutsche Dilemma lösen wollen. Deutschland wird sich nur bewegen, wenn die Regierenden endlich die Innovatoren ernst nehmen, die diesem Land zeigen, daß man Erneuerung bescheidener angehen muß, wenn sie gelingen soll: Nicht die Rotation der Regierungsapparate, sondern das Glücksverlangen der Menschen gibt den Takt vor. ›Weniger Staat‹ heißt ja vor allem: ein aufmerksamer Staat, der seinen Bürgern zusieht und von ihnen zu lernen bereit ist. Wer dem Glücksverlangen der Menschen eine Generalpause verordnet, wird scheitern.

Es ist völlig verfehlt, an die Selbstlosigkeit der Menschen zu appellieren. Zumal machtversessene Polit-Egomanen werden damit keinen Erfolg haben. Wer Leistung steigern will, muß an die Selbstliebe der Menschen appellieren. Nur so erreichen

Die einfacheren Wege zum Glück: Bewußte Esser machen sich als bewußte Läufer auf den Weg. Die ›heimlichen Innovatoren‹ setzen auf Leistung und Disziplin, um mehr Glück zu erreichen. Was viele öffentlich verweigern, erproben sie privat: Training, Askese, Leistungsglück.

Immer mehr klare Köpfe gibt es in Deutschland, die den Lebensstil der Zukunft vorüben. Immer mehr Menschen muten sich mehr zu, als ihre Firma ihnen zumuten dürfte.

Deutschland erneuert sich. Immer mehr Menschen eilen voraus in eine bessere, einfachere Zukunft.

wir unseren Leistungsgipfel. Nur so auch lockt uns vielleicht der nächste Gipfel, den wir erst sehen, wenn wir den ersten erklommen haben. Erfolgsentscheidend für ein ganzes Land ist nicht die einsame Härte, mit der Führungsfiguren die Dürftigkeit verordnen. Entscheidend ist die Führungsleistung, die auf millionenfachen Leistungswillen setzt, den jeder der Millionen für sein eigenes Glück einzusetzen bereit ist. Wer glaubt, der Aufstiegswille der Chinesen sei Ergebnis autoritärer Führung, der irrt gründlich. Chinas Sturmlauf an die Spitze der Weltwirtschaft ist im Kopf des einzelnen Chinesen mit einer ganz individuellen Glücksgewißheit verbunden. ›Noch in meinem Leben‹, sagen Milliarden Chinesen, ›wird es viel besser werden in China.‹ Deshalb geben sie ihr Bestes. Sie geben es für sich.

Weil Deutschlands Führung von der Mitwirkung der Bürger nur wenig hält, haben seine Bürger angefangen, ihr Spiel um das Glück von morgen selbst planvoll voranzutreiben. Die große Revision, die zur machtvollen Innovation wird, setzt auf dem Boden an, nicht, wie 1968, in den Wolken. Diese Innovation ist unideologisch, das garantiert ihre Macht. Die neue Bewegungskultur ist nichts Äußerliches; sie ist ein geistig-psychisches Glücksprogramm. Täglich etwas von sich fordern, was kein anderer fordert, um täglich so belohnt zu werden, wie es ebenfalls keiner von außen tut. Die Spielregeln dieser neuen *Community* der bewegten Menschen zu kennen, heißt schon fast, zu ihnen zu gehören.

Warum, so fragen sich manche Beobachter ja immer noch, ist das so ein wunderbares Spiel, bei dem immer mehr Menschen mitspielen wollen? Es muß eine Droge sein. Ja, es ist eine Droge.

Eine Droge, die uns aus der Depression holt. Ein Rauschmittel, das angriffsstark macht. Ohne himmelstürmendes Selbstvertrauen, wie es die körperliche Belastung liefert, werden wir den deutschen Aufstieg nicht schaffen. Warum die körperliche Belastung? Die geistige ist doch sicher erfolgsentscheidend. Gewiß; aber immer mehr Menschen sind von den Chancen eines geistigen Beitrags zu unserem Erfolg ausgeschlossen. Sie mischen sich ohne Ämterehrfurcht ein, wenn sie über die Erfahrung mit ihrer Kondition ihr Selbstbewußtsein stärken.

Homo sapiens ist ein Läufer. Als Dauerläufer entkam er den überlegenen Raubtieren; als ausdauernder Verfolgungsläufer wurde er zum Jäger. Seine Anatomie paßte sich dem Laufpensum an; die langen Sehnen sparen Energie, und die Gelenkflächen vergrößerten sich, um die hohe Belastung besser zu verteilen. Wer das Gehirn immer noch für eine autark funktionierende Kommandozentrale halten möchte, die durch körperliche Bewegung eher aus dem Konzept gebracht als gefördert wird, der erfährt von den Evolutionsbiologen, daß die eiweißreiche Nahrung der körperlich sehr aktiven Jäger die rasante Gehirnentwicklung antrieb; Eiweiß ist das beste Futter für die Intelligenz.*

Laufmuskeln für Managementkarrieren? Das ist doch wohl abwegig, meinen manche. Das Jagdziel hat sich geändert, wiewohl die Lust auf Beute und die Flucht- oder Kampfimpulse immer noch mit steinzeitlicher Wucht den Herzschlag von Managern hochtreiben, die Durchblutung ihrer Laufmuskeln und ihrer Hände zum Rennen und Zupacken steigern** – wiewohl die Pupille des Spähers im Manager sich immer noch weitet, wenn ein mögliches Beutestück am Horizont erscheint. Das Jagdziel hat sich geändert: Heute setzen wir das Laufen und die systematische Bewegung ein, um Schaden zu begrenzen und Schaden zu vermeiden.

Die immobile Gesellschaft kombiniert die bewegungsarmen Arbeitsformen mit Bewegungsprogrammen, die alles das liefern, was die reine Kopfarbeit nicht hergibt. Dazu gehören auch und besonders jene Arten von Erfolgsglück, auf die viele Menschen im Beruf oft monatelang warten müssen.

Wir wollen nicht warten, bis die nächste Mutation aus dem laufenden *homo sapiens* einen immobilen Dummkopf macht. Tatsächlich ist unsere Intelligenz so untrennbar mit dem

---

* Vgl. *Nature* Bd. 432, S. 345.

** Vgl. Höhler; Herzschlag der Sieger, Econ 1997, S. 78.

Steinzeitprogramm ›Bewegung‹ verbunden, daß wir das Laufen nicht lassen können, ohne auch an Intelligenz zu verlieren. Läufer bauen nicht nur das Fett im Gehirn ab, sondern gleichzeitig mehr neuronale Schaltungen auf; ihr *Brain*-Netzwerk wird dichter; sie kombinieren besser und schneller, sie holen Vorsprünge. Wer uns sagt: ›Laufen macht intelligenter‹, der spricht die Wahrheit.

Bewegung verhindert und heilt Krankheiten. Wir kennen die Beweise aus der krankheitsfixierten Perspektive unseres ›Gesundheitswesens‹, das seinen Namen zu Unrecht trägt: Zivilisationskrankheiten beruhen auf Fehlernährung, Überernährung und Bewegungsmangel.

Was die Bewegung leistet, ist schnell aufgezählt, und es macht neugierig auf ein paar Probeläufe:

Unsere Muskeln haben einiges verlernt, seit ihr Besitzer kein Läufer mehr ist, zum Beispiel das Verbrennen von Fett. Stattdessen haben sie sich ans Verbrennen von Zucker gewöhnt. Fett verbrennen, einfach wegschaffen, das ist für jeden eine faszinierende Idee.

Laufen ist der Lehrmeister, der den Muskeln wieder beibringt, was sie vergessen haben. Für die paar Schritte, die der immobile Kopfarbeiter zwischen Haustür und Auto, zwischen Garage und Büro zurücklegt, braucht er das eingelagerte Fett aus seinem Müsli nicht. Alles raus, was überflüssig ist, sagt zwar der Organismus, killt aber die kostbaren Enzyme, die das Fett vernichten könnten – wenn die Muskeln benutzt würden, die ihr Arbeitsfeld sind.

Müsli ohne Bewegung taugt also nichts. Müsli kann Bewegung nicht ersetzen. Der immobile Gesundheitsfutterer wird also nicht belohnt.

Laufen verändert alles. Laufen ist obendrein das Einfachste. Es geht überall, und jeder glaubt, er kann es. Daß man dann doch noch eine Menge lernen kann, ist die freudige Überraschung. Damit das Laufen nicht langweilig wird, kann man sich vollstopfen mit Läuferphilosophie und Expertenwissen. Beim Laufen stellt sich der Chemiehaushalt des Körpers um.

›Weniger Staat‹ – das ist ein aufmerksamer Staat, der seinen Bürgern zusieht und von ihnen lernt.

Millionenfacher Leistungswille läuft – noch – an den staatlichen Systemen vorbei. Die Versprechen müssen stimmen: Tu es für dich! Dann geschieht es für dein Land.

Homo sapiens löste sich als Läufer aus der Geschichte der Primaten. Er lief um sein Leben, als Beute. Er wurde zum Jäger, um Herr des Geschehens zu sein.

Die Bürolandschaften der Wohlstandsära machen aus dem mobilen, kopfstarken *homo sapiens* einen immobilen Dummkopf. Deutschland muß wieder laufen lernen, um das Fett seiner Verwaltungsgehirne abzubauen.

Die Muskeln lernen. Sie fordern das Fett an und verbrennen es. Der Hochofen brennt bald an vielen Stellen, und er brennt weiter, während der Mensch schläft; die Muskeln haben begriffen, daß sie endlich wieder ihr altes, evolutionäres Programm fahren dürfen. Und der Organismus wird entlastet.

Laufen ist buchstäblich das, was auch dieses Land wieder lernen muß: nicht *stop and go,* nicht stoßweise und verbissen, sondern locker, damit der Sauerstoff zur Fettverbrennung angeliefert werden kann.

Verfettet sind die großen Behörden und ihre Apparate; Fett verlangsamt die Denkprozesse und blockiert die einfachsten Kombinationen: Welche Abteilung sollte mit welcher kommunizieren, um das Problem schnellstens zu lösen? Wenn wir uns die Regierung und ihre Hyperbürokratie als das Gehirn dieser Republik vorstellen, dann wird klar, warum Deutschland zu langsam ist. Die Kanäle im menschlichen Gehirn, die schnelles Kombinieren und Konzentration auf das Wesentliche erlauben, sind die Dienstwege im Gehirn der Republik. In jahrzehntelanger Arbeit haben die Regierungen sie mit ihren Ablagerungen blockiert; Paragraphen und Zusätze, Gewohnheiten und Entscheidungsscheu ›verfetten‹ das Gehirn dieser Republik. Deutschland braucht Gehirnjogging, um schneller zu werden. Ob auch ganze Behörden für die Beschleunigung ihres Verwaltungsgehirns mit Rauschdrogen belohnt würden? Das könnten sie buchstäblich erreichen, wenn sie im Sinne des Projektes ›Deutschland schneller machen‹ ihren Mitarbeitern ein paar Joggingrunden in der Arbeitszeit verordnen würden. Natürlich würden die *high* in die Büros zurückkehrenden Mitarbeiter ihre endorphingesteuerte Euphorie in die Verwaltungsarbeit abstrahlen. Ganz selbstverständlich würden Qualität und Tempo der Arbeit davon profitieren.

Seit wir wissen, daß unser Körper sogar Morphium selbst produzieren kann*, wird es in Zukunft kaum möglich sein, den Mitarbeitern diese Motivationsquellen vorzuenthalten. Man stelle sich vor, die früher grau und angepaßt in ihre Bü-

* *Frankfurter Allgemeine Zeitung* vom 24.09.2004

ros trottenden Staatsangestellten würden plötzlich wie eine Herde Herrentiere, serotoninbeschwingt, durch die Gänge der Agentur für Arbeit tänzeln, nicht mehr im Sklavengang, und hocherhobenen Hauptes die Arbeit eines ganzen Tages in zwei Stunden erledigen: Das wäre schon ein Stück ganz neues Deutschland.

Millionen Läufer und Fitnessfreunde in Deutschland haben die einfachen Wege zum täglichen Drogengenuß gefunden: Sie organisieren ihren Lohn, indem sie sich anstrengen. Sie üben Verzicht auf verlockende Speisen, weil sie wissen: Das Leistungsglück wird kleiner ausfallen, wenn sie mit schweren Gliedern auf die Strecke gehen. Millionen Deutsche kennen den Zusammenhang von Einsatz und Erfolg. Sie wissen, daß Belohnungen nicht ohne Engagement fließen.

Die innovative Vorhut für die Gesundung des wohlstandskranken Landes ist meilenweit vor ihren Politikern unterwegs in eine Zukunft, in der die Kausalitäten wieder stimmen: Leistung lohnt sich; Disziplin bringt Erfolgsglück. Gut mit sich selbst umzugehen, fördert nicht nur Gesundheit und Selbstvertrauen. Es macht fähig zu Spitzenleistungen.

Der Megatrend *Vitality* zieht immer mehr Menschen in seinen Bann. Arbeitgeber erleben mit Vergnügen, daß ihre Mitarbeiter besser mit sich umgehen. Wer einmal angefangen hat, seine Kondition ernst zu nehmen, muß und will immer mehr richtig machen.

Die ›heimlichen Innovatoren‹ praktizieren die einzig passende Antwort auf die Krise: Sie suchen die einfacheren Wege zum Glück. Sie lernen dabei, was die Wohlstandgesellschaft ihnen abgewöhnt hatte: daß Anstrengung und Wohlbefinden zusammengehören.

Immer mehr klare Köpfe in Deutschland, die den Lebensstil der Zukunft vorüben. Immer mehr Menschen bessern ihr Selbstbewußtsein auf, indem sie sich freiwillig mehr zumuten, als ihnen ihre Firma auferlegen dürfte. Während Politiker uns immer noch in der Hängematte vermuten, sind wir millionenfach in Bewegung. Wir erproben die Grenzen unserer Ausdauer und die Konsequenz unseres Willens. Wir kämpfen gegen uns selbst. Innovation in Bürgerhand zeigt die Richtung, in der die Rettung liegt. Wer Leistung will, muß an die Selbstliebe der Menschen appellieren. Wer dem Glücksverlangen der Menschen eine Generalpause verordnet, wird scheitern. Ohne himmelstürmendes Selbstvertrauen, wie es kein Politiker, aber jeder ausgiebige Waldlauf liefert, werden wir den deutschen Aufstieg nicht schaffen.

Wir werden nicht warten können, bis die nächste Mutation aus dem laufenden *homo sapiens* einen immobilen Dummkopf macht. Unsere Intelligenz ist untrennbar mit dem Steinzeitprogramm ›Bewegung‹ verbunden. Laufen verändert alles. Zum Beispiel den Energieverbrauch des Organismus. Und die Drogenproduktion in unserem Gehirn. Alphatiere brauchen Leistungsglück. Laufen ist auch das, was dieses Land wieder lernen muß. Nicht *stop and go*, nicht stoßweise und verbissen, sondern locker und voller Zuversicht. Erst dann lösen sich die Fettreserven im Gehirn dieser Republik in glanzvolle Konzepte auf. Deutschland braucht Gehirnjogging. Deutschland muß schneller werden. Immer mehr Menschen laufen ein höheres Tempo als dieses Land; es wird Zeit für die Politik, ihr Lauftempo den Bürgern anzupassen.

IX Die Logik des Gelingens: Strategien zum Glück

Glück als Powerplay:
What makes the human heart sing?

Die Politik hat ihre Glücksversprechen eingestellt. Um so dringlicher, daß wir darüber reden. Noch ein hohes Gut, das sie uns kampflos überlassen, während sie sich früher als dessen zuverlässige Lieferanten angepriesen haben: für Glück, Sorglosigkeit, Wohlstand, Freizeit hatten sie sich zuständig erklärt. Das Glück hat Pause, weil Krise ist, wollen die Politiker uns sagen. Nein, nicht einmal das wollen sie uns sagen. Sie hoffen, daß wir nicht mehr danach fragen.

Aber auch wenn wir nicht mehr danach fragen: Wir wollen es immer noch haben, das Glück. Und wir haben einige seiner Verstecke ja schon gefunden. Es hat sich aus dem Konsumlärm zurückgezogen und ist auch nicht wiedergekommen, als der Lärm leiser wurde und wir, die Kunden, nachdenklicher. Das kleine Glück, das wir jetzt unverhofft antreffen zwischen Löwenzahnblüten und jungem Gras, in dem zarten Wattewolkenband, das ein Fernflieger hinter sich herzieht, jenes Sekundenglück bewegt unser glückshungriges Herz vor allem deshalb, weil wir es wiedererkennen. Es kam öfter zu uns, früher. Und es war immer leise. Glitzernd lief es neben uns her, mit den zerschnittenen Strahlen der Abendsonne hinter der Hecke, als wir Kinder waren. Die schwarzweißen Schafe, von denen die Mutter sang, standen im Schatten auf der nächsten Wiese, und die Fledermäuse flatterten lautlos zwischen den Mücken. Vierzehn Engel bewachen deinen Schlaf, sage ich heute meiner Enkelin, und ihre kleinen Hände zählen, ob ich keinen vergesse: »... zwei, die dich decken, zwei, die dich wecken.« – Einschlafglück. Aufwachglück. Frühstücksglück. Weil alles, was sich wiederholt, Glück bedeutet. Konsumglück? – Ein Wortbrocken, der da gewaltsam einschlägt. »Daher kommen wir doch«, sagt einer. »War schon eine tolle Zeit. Alles sofort, keine Wartezeiten. Glück? Vielleicht am Anfang. Glücksversprechen, ja. Haufenweise. Zu viele. – Aber so ganz ohne Glücksaussicht möchte man eigentlich auch nicht leben.«

Aber sie sind brutal abgeräumt worden, die Glücksversprechen. Und plötzlich blüht die Glücksforschung. *Happiness*, was ist das, fragen vor allem die Leitwölfe der Konsumglücksära, die Ökonomen. »Glücksökonomie« nennen sie ihre Erkundungen und melden weltweit ernüchtert, was wir Innovatoren im Bürgerkleid schon länger wußten: »Reichtum schafft kaum noch Glücksgewinn.« Endlich ein handfester Grund, mit dem Wegzug unseres liebgewonnenen Freundes mit Namen Wohlstand in ferne Weltregionen, wo er noch ganz unbekannt ist, zufrieden zu sein. Ein begeisterter Empfang ist ihm sicher. Und vorerst ist er bei Millionen Chinesen, Koreanern und den vielen Indern, die ihn erst flüchtig kennen, ein Glücksbringer.

Er nutzt sich ab, meinen die neuen Glückskundler. Mehr haben, wenn das überhaupt mit Glück etwas zu tun hat (für Ökonomen keine Frage), ist überhaupt nur so lange reizvoll, wie es im Wettbewerb mit dem Nachbarn geschieht. Immerhin: um die Wette Wohlstand mehren, bei diesem großen *Game* haben sehr viele mitgemacht. Irgendwo ist da eine Schwelle, hinter der das Glücklichsein nicht mehr mit den Gütern Schritt hält. Wen wundert es wirklich? – Die Ökonomen, die uns an ihrer Überraschung teilnehmen lassen. Unter Philosophen war seit Menschengedenken bekannt, daß Glück sehr relativ ist, daß es scheu und verletzlich, weil ein Seelenbewohner, kein Vernunftprodukt ist.

Große Erleichterung müßte die Folge sein: Der materielle Abstieg ist kein Glücksverlust, lautet die schöne Botschaft. »Die Ökonomen haben den Seelenzustand mit der Kaufkraft verwechselt«, sagt Richard Layard.

Was aber, wenn sich das Lebensglück des Nigerianers, das er, so argwöhnt der Ökonom, mangels Verlockung empfindet, bei frisch entwöhnten Wohlstandskindern nicht einstellen will? Daß Glück nicht käuflich sei, ist in der Verlustwehmut der reichen Länder ein bestens verkäuflicher Gedanke. Wenn wir jetzt ärmer werden, so die neuen Gurus, dann verpassen wir jedenfalls nicht einen weiteren Anstieg des Glückspegels. Schade nur, daß diese Nachricht die Entzugsleiden nicht lindert, von denen Konsumtalente im Konsumverlust gequält werden. Sie rufen ja gar nicht nach verlorenem Glück, sondern nach dem verlorenen Spiel, dessen Spielregeln sie kannten. Die neuen kennen sie nicht. Nicht einmal das Spiel hat einen Namen – schlimmer noch: Der Verdacht wird mächtig, daß es sich gar nicht mehr um ein Spiel handelt.

Einen weiteren Befund liefern die Enthüller unserer Glücksverfehlung gleich mit ab: Reformen machen auch nicht glücklicher als Wohlstand. Einkommensverlust läßt Glücksreste zurück, man richtet sich ein. Arbeitsverlust aber zerstört das Lebensglück vollends. Die Politiker, lautet die herbe Folgerung des Yale-Professors Robert Shiller, sollten die Finger von Arbeitsmarktreformen lassen; sie machen ihre Wähler damit unglücklich. Notwendiges Unglück, würden die Politiker wohl antworten. Eben haben sie sich die Glücksversprechen abgewöhnt, da formieren sich schon die Kritiker, die sie als Glückszerstörer entlarven.

Also Stop für alle Reformen, wenn die mit dem Glück der Menschen zugleich deren Kraft zerstören, wieder aufwärts zu klettern? Aber vom Aufwärts redet ja niemand in Deutschland. Fast niemand glaubt daran.

Weil die meisten sich das Aufwärts von gestern vorstellen, nicht das von morgen. Darum aber geht es.

Wie gehen in nie gesehene Landschaften. Ein uralter, nein der kühnste Traum des schmächtigen *homo sapiens,* in Landschaften vorzudringen, in denen noch keiner vor ihm war. Genau das ist unser riesiges Versprechen. Nur: Es macht uns keiner dieses Versprechen. Aber das kennen wir doch schon: Die Kommandoebene reformiert. Sie verbreitet das Glück- und Freudlose, wofür sie sich zuständig fühlt. Sie versteht Glücksvernichtung als Heldenrolle. Der Spitzenpolitiker als negativer Held.

Am liebsten gleich als Märtyrer. Und wir, die glückssüchtigen Innovatorentrupps, allein unterwegs. In der Wohlstandswüste, nach dem Abzug der Glückstechniker, wunderbar allein und auf Abenteuer gestimmt. Nach dem Wohlstand ist nämlich nicht vor dem Wohlstand, sondern vor der großen Entdeckung. Der Entdeckung neuer Gesichter des Glücks. Dagegen ist die Wohlstandsmaske eine öde Fratze. Schon jetzt spüren wir das Glück das Aufschubs, jenen süßen Vorgeschmack, der uns anweht, wenn wir Wünsche lange offenhalten.

Weil alle überbeschäftigt sind und keiner stört, können wir die Hinwege genießen, die bei der Ankunft in der Erinnerung so verklärt werden, daß wir sie wiederholen möchten. Je länger wir unterwegs sind mit dem Rücken zu Geiz und Gier, desto klüger werden unsere Gefühle.

The new science of happiness wird von amerikanischen Denkern bereits entworfen, während die Europäer noch fassungslos über der Weltkarte brüten, auf der Glücksregionen plötzlich ins Niemandsland abdriften. Nach dem Wohlstandsverlust die nächste Kränkung, die die Tatkraft fesselt: daß wir selbst bei Fortsetzung des großen Futterns nicht glücklicher geworden wären.

Stay hungry, ist das Motto der *new science of happiness,* und es ist ein anderer Hunger gemeint als jener der Gierigen. Es ist ein Hunger, der zu Höchstleistungen beflügelt. Eine »hungrige Allianz« verbindet *body, mind and soul.* Der Krieg zwischen Ratio und Emotionen, den die Industriekultur entfesselt hatte, weicht einer dynamischen Einigung aller Kräfte. Im Business reden wir von Synergien, wenn der Effekt »zwei mal zwei gleich fünf« entsteht. Wenn das Ganze viel mächtiger wird als die Summe seiner Teile. Auf die Systeme konzentriert, haben wir den Menschen nur noch als ihren Diener begriffen; aber die wahre Gleichung ist umgekehrt: Die Systeme sollen Diener für die Menschen sein. Sie sollen an ihrer größten Sehnsucht mitwirken, um sie zu erfüllen. Es ist eben der *pursuit of happiness*, das Streben nach Glück, das die ameri-

Die Logik des Gelingens

Die gute Nachricht für Wohlstandsverlierer: ›Reichtum schafft kaum noch Glücksgewinn‹, sagen die Glücksökonomen.
Glück durch Reichtum nutzt sich schnell ab.
Das Glück ist weniger ein Zustand als ein *Powerplay,* meldet ein Forscherteam, das endlich Ernst macht mit der Frage: ›*What makes the human heart sing?*‹

›*The new science of happiness*‹ heißt ihr Forschungsziel. Mit dem Mißlingen beschäftigen sich bisher viel mehr Forscher als mit dem, was alle Menschen suchen: das Gelingen.

kanische Verfassung auf einen hohen Platz setzt und das unsere Kämpfe und Spiele antreibt.

Daß es Synergien sind, die auch im lebendigen Organismus zur Entfaltung der besten Möglichkeiten wirken, wurde in der Systembegeisterung vergessen. Anfang der neunziger Jahre überflutete die Entdeckung der emotionalen Intelligenz das maschinenverliebte Europa; von Synergien sprach niemand, aber genau das war gemeint, wenn Daniel Goleman das strategische Zusammenspiel von Intelligenz und emotionaler Stärke als Erfolgsbündnis vorstellte.

Der Innovatorentrupp, der aus dem materiellen Weniger ein virtuelles Mehr macht*, hat nahezu unbemerkt in dem seither abgelaufenen Jahrzehnt die Zahl der Mitspieler außen wie innen angereichert: Nicht nur die Biologen und Sportmediziner, sondern auch die Hormonforscher und Hirnphysiologen liefern ihre Puzzlestücke zu dem immer noch unerkannten Großthema: Menschen, so heißt der Kernsatz, kommen nicht durch Abspaltung einzelner Kraftreserven zu ungeahnten Höchstleistungen, sondern nur durch Allianzen aller Kräfte. Unter »Höchstleistungen« auch das Glück zu verstehen müssen wir erst noch lernen. Wieviel »Machbares« bei diesen Expeditionen ins vernachlässigte Gelände in unser *Powerplay* von Kopf und Herz gelangt, das allein ist schon ein Anlaß für *new happiness,* neues Glück.

Der Mensch als ein auf Synergien angelegtes Wesen. Wieso sind wir nicht früher darauf gekommen? War es der Eigennutz der Wissenschaften, der jede Disziplin mehr zur Abgrenzung ihrer Erkundungsräume bewogen hat als zum Teilen?**

Da haben wir sie, unsere Themen. Wenn wir die neue Glückseroberung verfolgen, kommen sie alle wieder. Während das Bild vom Menschen immer komplexer wurde, ließ sich keine Fachdisziplin ihre Perspektive nehmen: *Homo sapiens* blieb zerteilt, zerrissen. So wie er vor mehr als 80 000 Jahren auf die Reise gegangen ist. Sein Siegeszug durch die

---

* Siehe dazu Kapitel »Endlich mehr als Konsum«, S. 43.

** Siehe dazu Kapitel »Teilen, um zu gewinnen«, S. 162.

Evolution ist imponierend. Wie viele Mißerfolge hätte er sich erspart, wenn er von Anfang an auf Synergie gesetzt hätte? Synergie als Auflösung der Widersprüche – zwischen Selbstgefährdung und Sehnsucht nach Geborgenheit, zwischen männlichen Aufbrüchen und weiblichem Einspruch – entstand zwar immer wieder, aber sie als einen Weg zum Glück zu verstehen, das fiel niemandem ein. Siege wurden eher als Produkte von Kampf und Niederlage beschrieben.

Die Zusammenführung der streitenden Kräfte – Ratio mit den Emotionen, Aufbruchsneugier mit Zuflucht im Nest – verbuchte der unruhige *homo sapiens* eher unter Niederlage als unter Sieg. Inzwischen wissen wir, daß die wenigen, die wir bewundern und verehren, weil ihnen fast alles gelingt, in Synergien leben: strategisch emotional und sozial intelligent. Daß sie, gleichviel ob Männer oder Frauen, mehr als die Zehenspitzen im Terrain des andern Geschlechts haben: Synergie durch Empathie – und mehr: potenzierte Klarsicht »mit den Augen des andern«.

Hier treffen sie alle wieder aufeinander, die Linien, die dieses Buch in die Zukunft zeichnet: Es geht um mehr als die Summe der Kräfte. Es geht um Synergie.

Die Lust auf Weniger vom Falschen, der Luxus des Einfachen, die Landnahme durch Teilen, die Dominanz durch Geben – alle diese neuen Tüchtigkeiten gewinnen wir aus dem Mut, der dem Zorn folgt, dem Zorn, unter Wert gehandelt zu werden. Das wütende Wissen, daß wir Besseres verdienen als den phantasielosen Abschied von untauglichen ›Lösungen‹, hat uns zu Innovatoren gemacht. Hilf dir selbst, Bürger, wenn die Politik dir nicht mehr hilft, ist das Motto. Inzwischen sind wir nahe ans gelobte Land herangekommen: in die Nähe des neuen Glücks. Das ist viel mehr, als die politische Führung uns verspricht. Sie unterschätzt uns immer noch, ganz wie zur Zeit der Glücksgeschenke. Das gibt uns viel Spielraum für unsere Suche nach dem besseren Entwurf.

Der schlichteste aller Wünsche muß dabei besonders ernst genommen werden: das Anrecht auf Glück. Geben Menschen diesen Anspruch auf, sind sie verloren.

Die amerikanischen Forscher, die die *new science of happi-*

ness entworfen haben, glauben, eine neue Richtung der Psychologie sei zu entdecken. »*What makes the human heart sing?*« fragen sie scheinbar poetisch. Daß kein europäischer Forscher es wagen würde, so ›unwissenschaftlich‹ zu fragen, belegt die Depression, in der *Old Europe* dahintreibt auf dem Meer der Geschichte. Die Götter unserer Väter sind tot, sagt Denis Tillinac; Europa verliert seine Wurzeln. Nicht zuletzt, weil es nicht die richtigen Fragen stellt. »*What makes the human heart sing?*« ist so eine Frage. Jeder, der Erfolg sucht, müßte die Antwort wissen wollen – Manager und Professoren, Lehrer und Ärzte, Pfarrer und, vor allem, Politiker. Aber eben auch die Wissenschaft müßte es lernen, solche Fragen ernst zu nehmen. Die Soziologen, Politologen und Philosophen müßten hungern nach der Anwort auf diese Fragen. »*Stay hungry*« als Ratschlag am Start in wissenschaftliches Neuland ist als doppelte Aufforderung zu verstehen – an die Forscher und an ihre Objekte gerichtet. Ein Fazit gleich am Anfang der Entdeckungsreise: Sieh zu, daß du hungrig bleibst, sonst fehlt dir Energie. Europa war jahrzehntelang im Konsumentenwettlauf unterwegs, da hieß der Zuruf: Nimm mit, was du baggern kannst. Satt und einfallslos sind viele von uns, selbst heute noch nicht in der Lage, »*stay hungry*« als Erfolgsformel zu begreifen. Es geht um die Rangordnungen im Kopf, das wissen die Forscher im *Happiness*-Team. Was im Kopf nicht neu sortiert ist, das geht auch im Tun daneben.

Dem Größten, und das ist der Wunsch nach Glück, muß man sich mit Bescheidenheit nähern. »Die Lust, lebendig zu sein« ist es doch wohl, was den Weg zum Glück verkürzt. Und plötzlich finden wir wieder, was uns schon beim Blick auf das irreführend benannte »Gesundheitswesen« überrascht hat: Wie es dort nur um verlorene Gesundheit, also um Krankheit geht, so in der Psychologiegeschichte um verlorenes Glück. »Die Lust lebendig zu sein« ist kein Thema für Psychologen. Sie werden aktiv, wenn diese Lust verloren gemeldet wird. Angst und Depressionen sind ihr Thema, Neurosen, Obsessionen, Paranoia. Das klassische Ziel der Psychologie als Wissenschaft ist nicht der Höhenflug der geheilten Patienten in die Lust, lebendig zu sein, sondern *from*

Glück ist Synergie.

Das P*owerplay* von Kopf bis Herz muß gelingen. Wenn der Kopf das Herz verschleißt, wie in der entgleisten Wettbewerbskultur, scheitert das Glücksprojekt.

Die Straße zum Glück liegt klar vor uns: Lust auf Synergie heißt

– weniger vom Falschen, das uns knechtet,
– mehr vom Luxus des Einfachen,
– mehr Landnahme durch Teilen,
– Dominanz durch Geben,
– Zorn aufs Mißlingen und Mut gegen Feigheit,
– Freundlichkeit als scharfe, leise Waffe.

a minus five to zero, wie es Martin Seligman von der University of Pennsylvania nüchtern zusammenfaßt. Als Seligman am 1. Januar 1998 Präsident der Amerikanischen Psychologen-Vereinigung A. P. A. wurde, lud er seine Kollegen ein, um mit ihnen seine Vision zu debattieren: ein neues Ziel für die Psychologie. »Ich fühlte, daß unser Können ganz unvollständig war«, berichtet Seligman. »Wir durften uns doch nicht damit zufriedengeben, Menschen nur auf den Nullpunkt zu bringen! Wir mußten eine ganz andere Frage stellen: Was sind die Bedingungen, die Menschen stark machen, daß sie zu blühenden Wesen werden? Kurz gesagt: Wie kommen wir *von null auf plus fünf*?«

Jeder Präsident des Psychologenverbandes muß ein Thema für seine einjährige Präsidentschaft wählen. Seligman hatte begriffen, worum es gehen mußte:

Think big, ganz einfach. Er würde wichtige Mitglieder der Psychologen-Community überreden, die unbekannten Regionen »nördlich von zero« zu erforschen. Sie sollten herausfinden, welche Kräfte es sind, die Menschen das Gefühl von Erfüllung geben; was Menschen bewegt, sich einzusetzen, und was schließlich sie zu der Gewißheit führt, glücklich zu sein und ein sinnvolles Leben zu haben. Seligman machte ernst mit der Poetenfrage: »*What makes the human heart sing?*«

Mentale Gesundheit, das war ihm wichtig, mußte mehr sein als die Abwesenheit psychischer Krankheiten.

Sie müsse etwas sein, so vermutete Seligman, das wie ein geistiges Pendant zur muskulären Fitness verstanden werden konnte. Die richtigen Fragen zu stellen heißt offenbar wirklich, den richtigen Antworten schneller näherzukommen.

Einige Forscher in den USA hatten immer einmal das düstere Land der seelischen Erkrankungen verlassen und sich im sonnigen Terrain der Heilen und Gesunden umgeschaut. Seligman selbst hatte schon früh sein Forschungsinteresse dem Optimismus zugewandt und unter den optimistisch gestimmten Menschen mehr körperlich und geistig Gesunde gefunden. Die Lebenserwartung der Optimisten war höher und – sie lebten glücklicher. Trivialitäten? Daß es so etwas gibt wie ein Talent zum Glücklichsein, reichte weder Seligman noch seinen Kollegen als Erklärung aus. Auch ihre objektive »Gesundheit« ist für unzählige Unglückliche kein Widerspruch zu ihrer finsteren Lebensstimmung.

Seligman rief Glücksforscher aus vielen Nationen für sein Traumprojekt zusammen, eine ›positive Psychologie‹ zu begründen. Das Gelingen in den Mittelpunkt zu stellen und nicht das Mißlingen, den Glückserfolg statt der Defizite und Defekte, wurde nicht nur für die gewonnenen Forscher, sondern für viele ihrer Kollegen weltweit zur stimulierenden Entdeckung. Die Psychologie der positiven Empfindungen wuchs als Forschungsfeld explosiv. Offenbar hatten viele Forscher genau auf diese optimistische Wendung ihres Fachgebietes gewartet.

Neue Spielplätze des Glücks: Für Ziele arbeiten, die größer sind als wir selbst

Ins alte Europa schwappte nur eine matte, flache Welle des neuen Forscherglücks. Ein Ungar gehörte zur Gruppe um Seligman, aber seine Begeisterung strahlte nicht sichtbar aus auf seine europäischen Kollegen. Kein Glücksbedarf? Kein Glaube an die Macht des Optimismus? Keine wirkliche Sehnsucht nach *singing hearts,* weil der Konsumlärm jedes Singen der *Happiness* übertönt hätte.

Glück, soviel hatten alle Forscher des Teams um Seligman schon für sich erfahren, ist eine von jenen positiven Summen, die höher liegen, als jeder Rechner zeigt. Glück ist Synergie in Aktion. Glück ist Zusammenspiel, das mehr erreicht als die Addition seiner Teile. Seligman war auf der heißen Spur, als er Parallelen suchte zwischen körperlicher und geistiger, emotionaler und seelischer Fitness. Glück ist auch bei Ausfällen in der gerechneten Summe der Faktoren möglich. Der Erfolg der dominanten Alphatiere aber, die Bewunderung und Verehrung auf sich ziehen, die Loyalität nicht erbitten müssen, sondern geschenkt bekommen, beruht auf der Synergie aller Kräfte, die sich sonst sehr verteilt bei andern Menschen finden. Höchstleistung, die andere mitnimmt, ist immer angetrieben von Optimismus: die besten Möglichkeiten für die wahrscheinlichsten halten. Der gebrechliche Papst Woityla hat mit seinem Satz »Ich bin froh. Seid ihr es auch« *Happiness* zur wichtigsten Botschaft in der Todesnähe erhoben. Fröhlichkeit, Freundlichkeit* und unerschütterlicher Mut zum Optimismus sind auch strategische Mittel, um den weniger starken Menschen Sicherheit zu geben.

Der Glaube ist, in diesem Licht betrachtet, durchaus eine Glücksstrategie. Das Forscherbündnis für eine positive Psychologie fand aus vielen Blickwinkeln den strategischen Kern von »authentischem Glück«, wie Seligman es nennt. Drei Elemente sind es, die das Glücksgeheimnis plötzlich ganz konkret machen: erstens *pleasure, Freude – »the smiley-face piece«*, sagt Seligman mit Augenzwinkern. »Dieses Element ist das am wenigsten verläßliche«, fügt er hinzu; »und das ist wirklich eine wichtige Nachricht, weil so viele Menschen sich nur damit beschäftigen, ihr Leben rund um flüchtige Freuden auszubauen – als könnten sie Freude in einen Käfig setzen.« Was Seligman damit beschreibt, ist der Wohlstandsirrtum. Nur acht Prozent des Lebensglücks, so fanden seine Kollegen, beruhen auf materiellen Vorsprüngen, wenn Menschen über einen durchschnittlichen Lebensstandard verfügen. Wer höher hinauf klettert, holt mehr Glück höchstens durch mehr Leistung, nicht durch mehr Konsumsymbole. Das zweite Element für ein Leben in *Happiness* ist *engagement,* Einsatz und Anteilnahme. »Die Tiefe unserer Bindungen an unsere Familie, unsere Arbeit, an unsere Träume und Liebhabereien« liefert Glücksenergie, so Seligman. Drittens ist es der Sinn, *meaning*, an dem wir mitwirken, um alles, was wir erleben, einem größeren Ziel zuzuordnen. »Wir müssen unsere Stärken einsetzen, um für das zu arbeiten, was größer ist als wir selbst«, sagt Seligman.

Nicht das Füllhorn der Fortuna, sondern das Glück des Tüchtigen fanden die Psychologen bei ihrer Expedition in eine neue, optimistische Psychologie.

---

* Siehe dazu Kapitel »Das leise Lächeln der Sieger«, S. 103.

Das deutsche Handicap überschattet die eigentlich fällige Freude über den Hauptbefund: Du kannst etwas tun für dein Glück! Dein Rückzug auf die Opferrolle erscheint eher als bequem und feige, wenn wir sicher wissen, was die Forscher hier ausgraben:

Jeder ist Manager seines Glücks. »*Fortes fortuna adiuvat*«, sagten die Römer; das Glück kommt zu den Tüchtigen. Ruut Veenhoven, Professor in der globalen *Community* von Glücksforschern, die Seligman auf die Strecke schickte, Psychologe an der Erasmus Universität in Rotterdam, beweist anhand der drei Elemente des Glücks, daß es in unserer Hand liegt, den Glückspegel anzuheben.

»Du solltest mehr emotionale Erfahrungen sammeln«, rät Veenhoven, »du kannst wirklich arbeiten an deiner Sensibilität für Freuden, die dir bisher entgangen sind. – Setz dich mehr ein an den Quellen deines Glücks, bei deinen liebsten Menschen; und laß alles weg, was deinem Leben nicht mehr, sondern weniger Sinn gibt.« Gute Ratschläge für Wohlstandswüstenkinder. Den Glückslevel heben heißt nichts anderes als das, was alle Kapitel dieses Buches anregen wollen.

- Verstehen, was uns bedroht und was wir verlassen wollen.
- Entscheiden, was wichtig ist. Auswählen und tun.
- Großzügig geben. Die wertvollen Güter werden mehr, wenn wir sie teilen.
- Die großen Gefühle nicht mit Nichtigkeiten verletzen. Sie gehören unseren Liebsten und den größten Augenblicken.
- Unser Bestes geben. Unsere Stärken für andere verfügbar halten.
- Das Ende bedenken. Auch bei kleinen Projekten. Damit dir der Sinn des Ganzen nicht entgleitet.
- Gut mit dir selbst umgehen. Du gehörst nicht nur dir selbst.
- Täglich die Anlässe für Dankbarkeit zählen.
- Zu verzeihen üben.
- Freundlichkeit kultivieren – für dich, für deine Leute und für Fremde.

Jede Liste bleibt ein Bruchstück. »Schreib auf, was dir gelingt, schreib nieder, was dich beglückt«, sagt Seligman. Begreife, daß die andern die Partner deines Glückes sind und du der Partner des ihrigen. Glück ist fließende Energie, und wir haben viel mehr Einfluß auf ihren ungestörten Fluß, als wir zugeben. Wenn wir zugeben, daß wir buchstäblich Architekten unseres Glücks sind, dann wächst unsere Verantwortung. Dann ist jede Nörgelei ein Fluchtversuch aus eben dieser Verantwortung. Wenn wir negative Signale aussenden, dann sinkt der Glückspegel aller Menschen, die mit uns umgehen.

Es gibt so etwas wie Entschlossenheit zum Glück. Sie überflutet uns, wenn ein junger Mensch uns Guten Morgen sagt und seiner Frage »Wie geht's Ihnen?« atemlos ein überrumpelndes »Ich seh schon, fabelhaft geht's Ihnen« nachschickt. In dieser Woge von Glückslust werden wir nicht den Spielverderber spielen. Im Gegenteil: »Ihnen aber auch«, geben wir zurück. – So beginnt ein guter Tag.

Glücksmanagement ist in grauen deutschen Landen noch nicht einmal als Wort geboren. Als Strategie hat es gegenwärtig nur bei uns, den freien Innovatoren, eine Chance. Wir probieren die bessere Zukunft aus, während die Politik versucht, die Vergangenheit wegzumanagen. Wir setzen auf das *Trickling-down* der neuen Stärken und der neuen Zuversicht, die nicht aus Träumen, sondern aus Wissen kommt. Glücksmanagement ist Arbeit am Erfolgswillen der Hungrigen, die, mit *singing hearts* unterwegs, keinen Tag vergessen, daß sie nur **ein** Leben haben. Glück brauchen sie nicht von der Füllhorn-Fortuna, sondern von jener, die starke Leute noch stärker macht, weil Erfolg Flügel verleiht – jene Flügel, mit denen die Göttin des Glücks durch die Geschichte rauscht. Uns interessiert, wieviel stärker wir werden, wenn wir das Glück in unseren Taten einfangen und mit anderen teilen können. Glück als *Powerplay,* nicht als Gemütszustand, wie es die Faulen wünschen, ist unser Jagdziel. Wie heißen die Spielregeln des Glücksmanagements? *Homo sapiens* will das Risiko. Er will Täter sein, nicht Opfer. Er will seine Grenzen überschreiten. Er setzt sein Leben ein, um soviel als möglich aus diesem Leben zu machen. Sein Erfolgsgeheimnis: Er wird niemals satt. Seine größte Gefährdung: genau dies. Eine schwere Niederlage hat er soeben hinter sich gebracht: Das Zeitalter der Gier hat ihn berauscht. Seine heimliche Sehnsucht, sich anzuvertrauen und auszuruhen, muß wieder einmal ihre Erfüllung aufschieben.

Er will herrschen. Auch über sich selbst. Und er kann länger dauernde Glücksverluste nicht dulden, weil sie Energie kosten, Selbstvertrauen verzehren, das er zum Ausstieg aus der Krise braucht.

Wenn von außen keine Gründe für Zuversicht nachgeliefert werden, ist sie gekommen: die Stunde der kleinen, leistungsstarken Minderheit im Kern jeder Gesellschaft, die aus der Bedrohung eine Kraftquelle macht. Es sind die Leute mit intakten Verbindungen zu ihrem Steinzeitgehirn, die jetzt durch archaische Impulse gestärkt werden: *fight or flight* ist das Steinzeitmotiv, das tief im Innern unter Ratio und Emotionen auf seinen Einsatz wartet. Fliehen aus der Krise kommt nicht in Frage. Also kämpfen. Kampfstark sind vor allem jene Menschen, deren Zorn* über das Mißlungene groß genug ist und deren Glücksverlangen so elementar ist, daß sie alles einsetzen, um wieder Erfolge im Glücksmanagement zu holen – für sich und die andern.

Glück managen heißt nichts anderes als mentale Stärke zurückholen auf die Bühne, auf der wir gescheitert scheinen. Niemand fühlt sich so stark wie der Glückliche. Nichts kann ihn einschüchtern, nichts wird ihn in die Flucht schlagen. Angst, Zorn und das Verlangen nach Glück sind die Powermacher in unserem Gehirn. Wir kämpfen, um nicht länger unter unserem Wert beschäftigt zu sein. Wir müssen siegen über die erlittene Niederlage, die unser ärgster Feind ist, weil wir unser Selbstvertrauen zurückholen müssen. Das ist nicht irgendein Thema, sondern unseres; es ist das deutsche Thema. Und wir haben Glück, wir im Club der Entschlossenen. Wir erinnern uns.

Noch begleiten sie uns: die Erinnerungen an unser Steinzeitleben. Auch wenn wir die Kern-Emotionen Wut, Angst, Glück und Trauer an der kurzen Kette führen: Wir ahnen ihre

---

* Siehe Kapitel »Die Ketten der Feigheit sprengen«, S. 32.

vernichtende oder rettende Kraft. Seit unserer Kinderzeit haben wir trainiert, weil unsere Kultur es so will: nie wirklich wütend werden, niemals zittern vor Angst, schon gar nicht wegrennen, wenn andere uns beobachten; niemals übermütig jubeln vor Glück – und die Trauer tief innen einschließen, Tränen unterdrücken. Wir leben als Dompteure unserer besten Möglichkeiten. Von allem weniger, heißt das Zivilisationsmotto. Ausgerechnet hier ist das falsch: Wo die großen, zuverlässigen Emotionen uns steuern und treiben wollen, uns retten oder in den Kampf schicken, uns in übermütige Feste werfen wollen, wo unsere Entschlossenheit wächst für die nächste Etappe – ausgerechnet hier, wo die Entscheidung fällt, ob wir irgendein Leben führen oder das unverwechselbare, das unseren Talenten und Träumen entspricht, ausgerechnet hier lassen wir uns an die Leine der Feiglinge und Langweiler legen. Innovationskiller stellen die unauffällige Mehrheit in allen Kulturen. Sie lehren Anpassung – nicht an die Besten, sondern ans Mittelmaß, das sie selbst darstellen. Während sie Stabilität predigen, organisieren sie den Abstieg. Deutschland zum Beispiel ist nicht von finsteren Regelbrechern auf seinen Abwärtspfad geschoben worden, sondern von den Langweilern der Mitte.

Wer vom hohen Bildungsniveau der reichen Länder redet, ist nahe an der Wahrheit, die den Ausschlag gibt: Warum treibt uns das Bildungsniveau nicht automatisch an die Spitze? Weil Ausbildung und Bildung nur dann nach ganz oben führen, wenn man zugleich das Klettern lernt – besser noch das Fliegen. Und um das zu lernen, muß die Antriebslage stimmen, der Wille, die Disziplin, das Durchhaltevermögen. Nicht Besserwisserei, sondern die bessere Kondition führt nach ganz oben. Nicht das Abschlußzeugnis, das saubere Diplom, sondern die Entschlossenheit, aus diesen Papieren einen überragenden Erfolg zu machen. Gute Papiere haben andere auch, und immer mehr junge Leute, seit es heißt: Auf die Zeugnisse kommt es an. Genau besehen, kommt es also auf das an, was hinzukommt: mentale Stärke. Belastbarkeit. Emotionale Kondition. Ein guter IQ ist wertlos, wenn die Antriebslage nicht Überfliegerqualität hat.

Die Psychologie der positiven Empfindungen: ›*The new science of happiness*‹. ›*Stay hungry*‹, um die Dynamik des Glücks zu begreifen. Wer es einfangen will, verliert es.

Groß denken, ›*think big*‹, ist die Voraussetzung für große Erfahrungen und Gefühle. ›*Stay hungry*‹ bedeutet: Bleib in Bewegung.

Kultiviere jene Wünsche, die offen bleiben müssen, um das Unerwartete einzulassen.

Sieger werden nicht in Hochschulprädikaten gewogen; aber viele von ihnen erkennt das geschulte Auge schon im Kindesalter. Sieger sind die, die ihre eigenen Kräfte im Griff haben. Nur dann können sie Dominanz entwickeln, die ausreicht, um eine Gruppe zu begeistern, Projekte zu entwerfen und Loyalität an sich zu binden. Den Blicken länger standhalten als andere, das gelingt nur Menschen, die sich von Anfang an nicht den Kurze-Leine-Programmen gefügt haben. Die im Dschungel ihrer Gefühle jeden Wildpfad kennen; die kultivierte Wutausbrüche liefern, um den andern Sicherheit zu geben; die ihr Team lehren, anschleichende Ängste auf ihre Zuverlässigkeit zu prüfen: Ist es wirklich unser Reptilhirn, das uns vor einer Verlockung warnt? Dann müssen wir die Warnung ernst nehmen. Nur die Besten können das heute noch unterscheiden.

Verläßliche Sieger sind die, die nach einem Sieg niemals das Fest ausfallen lassen. Sie erklären ihrem Team: Das Fest ist ein Kraftgenerator. Hier holen wir uns wechselseitig die Gewißheit, daß wir morgen noch besser sein werden als bei diesem Erfolg, den wir heute feiern. Feste liefern mentale Stärke. Ist mentale Stärke lernbar? Kann man sie trainieren, wie wir Muskeln, Sehnen und Gelenke stark machen, um bessere Läufer, Ruderer oder Schwimmer zu werden? Oder sollten wir einfach die Nähe der Stärksten und Besten suchen, um von ihrem Antriebsüberschuß zu profitieren? Wer so fragt, der sollte das in der Tat tun.

Wer aber die Unruhe nicht loswird, die Lust auf Steigerung nicht abwerfen kann, der sollte das Abenteuer wagen, den Gipfel der eigenen Möglichkeiten zu erklimmen. Um das Glück zu erleben, das an der Leistungsspitze wartet, und um den andern zu geben, was wir ihnen schulden: unser Bestes.

In allen Gesellschaften lebt eine Mehrheit von Menschen, die sich anderen zuordnen wollen – am liebsten starken anderen, die ihnen etwas abgeben von ihrem Selbstvertrauen und ihrem Optimismus. Nur einer unter dreihundert Menschen läuft mit dem Überschußgefühl herum: Ich könnte vielen etwas abgeben von meiner Kraft, aber wie finde ich den Platz, auf dem ich das tun kann? – Überall, muß man ihm antworten. Dein Antriebsüberschuß verpflichtet dich geradezu, auszuteilen. Mach das in jeder Alltagssituation, strahle dein Lächeln in graue Gesichter auf dem Weg zur Arbeit; laß andern den Vortritt, gerade weil sie ihn dir lassen würden. Natürliche Dominanz schafft überall eine Gasse; darum beglückt es andere, wenn der Sieger im stillen Spiel der Blicke sie mit einer kaum merklichen Handbewegung und einem ganz leisen Lächeln als erste durch die Gasse gehen läßt. So sehen die Alltagsspiele der wirklichen Sieger aus: andere mitnehmen und gleich wieder freilassen. Die Kraftübertragung gelingt trotzdem. Was ihr folgt, ist Ermutigung, steigendes Selbstvertrauen – eine feine Dosis mentaler Stärke, die Lust auf mehr macht.

Konsum und Übersättigung markieren die Gegenwelt. Hungrig bleiben, wozu? Auf was? Der Wohlstand, zur Konsumorgie entartet, schaltet Hunger aus und verdirbt den Appetit. An produktive Hungerphasen kann sich kaum noch jemand erinnern, und wer kann, der schweigt. *Stay hungry* paßt jetzt nicht, fühlten viele, die gern von der Kunst erzählt hätten, sich nicht satt zu essen – und vom Gedanken- und Ideenstop, der die Satten ausbremst. Der Amerikaner Robert Wright wird noch genauer. *Stay hungry; don't stay happy* ist seine provozierende Empfehlung. Was er empfiehlt, ist die Kunst, Wünsche offenzuhalten. Glück entzieht sich, wenn du den Weg dahin verkürzen willst, sagt er. Tu das, was deine Talente zum Glück fördert: Gib andern deine Freundlichkeit, gib deinen nahen Menschen Zuwendung, laß dich von den großen, sinnspendenden Themen nicht durch kleine, feige Ersatzlösungen weglocken.

Wenn du hungrig bleibst, ist das Glück immer ganz nah, sagt Wright. Er wählt ein fast bestürzendes Beispiel, um die Verletzlichkeit des Glücks zu erklären: Immerwährendes Glück wäre wie der Drogenrausch, der uns täuscht über das, was wir brauchen, um erfolgreich und glücklich zu leben. Der Rausch endet, weil unser Gehirn uns wieder freisetzen will für einen neuen Versuch, der nicht Flucht, sondern Ankunft bei uns selbst ist. Wer immer wieder fliehen muß – und Drogen führen in diese Abhängigkeit –, der wird seinen Hunger nach

Anerkennung und Geborgenheit niemals stillen können. Im Gegenteil: Mit jeder Flucht in den Rausch verletzt er in seinem Gehirn die Witterung für Rückwege. »Hungrig auf mehr« wird dann zum falschen Signal, das den Abhängigen immer weiter vom Glück entfernt.

Es gibt viele gutgetarnte Drogen in den reichen Gesellschaften, die die kollektive Abkehr vom produktiven Hunger auf Tun zur Massenbewegung gemacht haben. Das war gestern. Für andere Völker ist es morgen.

Wir sind aus der Begehrlichkeitskultur entlassen, um unseren Hunger neu zu polen: als Kraftquelle für Visionen, die in keinem satten Kopf mehr Platz finden.

Die Visionen des zerrissenen Erfolgschampions *homo sapiens* sind das perfekte Konzept für *Happiness:* aktiv ins Abenteuer und in die Selbsterprobung gehen; Abstürze in Kauf nehmen, um höchste Gipfel zu erstürmen; sich ganz aufs Spiel setzen und als Held heimkehren. Hier dann geliebt werden über die Heldenrolle hinaus, bedingungslos. Immer wieder muß er seine Wurzeln fühlen, um zum Höhenflug ansetzen zu können. Und die Gewißheit, daß die weniger Mutigen auf ihn warten, begleitet ihn. So kann er austeilen von seinem Antriebsüberschuß, kann großzügig von seiner Kraft abgeben an andere. Seine Überlegenheit erscheint als Tugend, wenn er so mit ihr umgeht. Weil er keines seiner beiden Großprojekte aufgibt – Unbestimmtheitssuche und Geborgenheit –, ist *homo sapiens* der perfekte Akteur beim Erfolg durch Synergie. Immer hungrig auf Grenzüberschreitung, verbindet er die beiden Pole, die ihn anziehen, zu einem synergetischen Kraftpaket voller Explosivkraft. So wurde er zum Sieger der Evolution.

So bleibt er auch gefährdet durch Tollkühnheit und Feigheit – die beiden Versuchungen, die den schmalen Grat umlagern, der den Weg des Mutigen ausmacht.

Auch das Glückstalent ganzer Völker entscheidet sich an der Fähigkeit, zwischen Tollkühnheit und Feigheit immer wieder den Mut zu wählen. *Stay hungry* ist die schwer verkäufliche Ermunterung für Deutsche, solange sie nicht wissen, wonach sie hungern sollen.

Die Glücks-Strategie

Drei Elemente machen die Glücks-Strategie:

1) *pleasure*
Sei freundlich und dankbar, pflege deine Stärken und tu Dinge, die dir Freude machen. Geh gut mit dir um. ›*Pleasure*‹ nennen die Forscher dieses erste Element.

2) *engagement*
Einsatz und Anteilnahme. ›Die Tiefe unserer Bindungen an unsere Familie, unsere Arbeit, unsere Träume und Liebhabereien‹ liefert Glücksenergie, so Martin Seligman, der Initiator der *science of happiness*.

3) *meaning*
Sinn, würden wir Deutschen vielleicht sagen. Aber auch dabei handelt es sich nicht um ein Geschenk, sondern um Einsatz: Setze deine Stärken ein für etwas, das größer ist als du selbst.

Stay hungry.

Nach Führungsrollen? Das war gestern. Nach Wohlstand? So wie praktiziert, war er kein Erfolgsmodell. Nach Glück? Politik als *the new science of happiness*? Das klingt zwar nicht deutsch, aber vielversprechend. In alten Legenden begleitet die Helden immer der vielsagende Satz: »Er brach auf, um sein Glück zu machen.« Machen, erkämpfen, nicht geschenkt nehmen.

Ein glückliches Deutschland – das kommt in den Drohungen der Reformer nirgends vor. Deutsche, so scheint es, haben vorerst kein Recht auf Glück. *The pursuit of happiness* ist also nicht unser Projekt?

Stay hungry, Germany. Es ist der Hunger auf Glück, der Reformen erfolgreich macht. Und es ist das Glück der Tüchtigen, das wir gewinnen müssen, wenn die Abwärts-Spirale sich wenden soll. Glück ist ein Strategiethema für die Führenden. Solange sie Politik nicht als Glücksmanagement verstehen wollen, werden sie an den Bürgern vorbeiregieren.

Auch wenn wir nicht mehr danach fragen: Wir wollen es immer noch haben, das Glück. Die neue Zunft der ›Glücksökonomen‹ sagt uns, was wir längst wissen: ›Reichtum schafft kaum noch Glücksgewinn.‹ Eine gute Nachricht für Leute, denen ihr Wohlstand entgleitet.

Das Glück ist scheu. Ein Seelenbewohner, kein Vernunftprodukt. Es ist nicht käuflich, das haben wir erfahren.

Da wir längst auf eigene Faust unterwegs sind, wissen wir: Je länger wir auf neuen Wegen laufen, mit dem Rücken zu Geiz und Gier, desto klüger werden unsere Gefühle. ›*The new science of happiness*‹, von amerikanischen Forschern entworfen, erreicht das alte Europa vorerst nur auf Schleichwegen. ›*Stay hungry*‹, rufen die Kollegen über den Atlantik, und sie meinen den virtuellen Appetit, der weit über die Warenwelt hinausgreift.

Es geht um die Synergien aus dem Bündnis von Ratio und Emotionen. Alles, was gelingt und Erfolgsglück auslöst, ist dem Zusammenspiel von Kopf und Herz zu danken. Die Logik des Gelingens ist es, die der Glückliche feiert.

›*What makes the human heart sing?*‹, fragt der amerikanische Psychologe Martin Seligman. ›Die Lust, lebendig zu sein‹ möchte er zum Ziel jeder Therapie machen. Seligman entwarf eine ›optimistische Psychologie‹, die nicht mehr die Verfehlung des Glücks, sondern Glücksgewinne in den Mittelpunkt stellt. Nur acht Prozent unseres Glücks beruhen auf materiellen Vorsprüngen. Es zählen also andere Elemente. Sie heißen: aufmerksam und dankbar sein; Bindungen pflegen, auf unsere Liebsten achten, unsere Kräfte einsetzen für andere – und arbeiten für etwas, das größer ist als wir selbst. So einfach ist das. Oder?

Es liegt in unserer Hand, unser Glück zu steigern, sagt einer aus der Forschergruppe um Seligman. Sammle mehr emotionale Erfahrungen. Sei noch aufmerksamer. Kultiviere deine Dankbarkeit. Laß alles weg, was deinem Leben nicht mehr, sondern weniger Sinn gibt. Du lernst es, beides voneinander zu unterscheiden. Glücksmanagement: in Deutschland – noch – eine unverkäufliche Größe. Glück als *Powerplay:* die Erfolgsstrategie für ein starkes, glückliches Deutschland.

Finale

Das war gestern:
Die Gier räumt ab. Als begehrendes Wesen bist du begehrt. Die Sehnsucht nach Schönheit, Anerkennung und Glück wird durch Waren gelindert – erfüllt wird sie nicht.

Die Wohlstandsgötterdämmerung ist die große Gelegenheit zum Ausbruch aus dem Gefängnis der Gier.

Vortrupps erkennen die Freiheit am anderen Ufer. Aber das Ufer ist weit. Fast alles, so spüren die Kinder der Gier, müssen sie ändern.

Die Gier frißt Freiheit. Sie frißt Werte. Gier macht nicht satt, sondern süchtig.

Das gelobte Land entsteht in den Köpfen. Sein Treibsatz: die Vision. Der Aufbruch braucht Mut.

Kraftquelle für den Mut ist der Zorn über das entglittene Glück. Die Rauschdrogen der Mächtigen, Macht und Einfluß, verzehren den Mut und ersticken das Glücksverlangen.

Eine Gesellschaft, die nicht mehr zornig werden kann, verliert ihre Vision vom gemeinsamen Glück.

Die Genesung der Wohlstandskranken läuft als leise Revolution. Die ›Lust auf weniger‹ wächst: Sie macht den Kunden zum schwierigen Fall für seine Verführer von gestern.

Der Kunde führt. Er hält die Herren seiner abgelegten Süchte an der kurzen Leine.

Er findet neue Bündnispartner, die seinen neuen Hang zu ›armen‹ Labels fürsorglich begleiten: Weniger vom Falschen heißt weniger Fett, Zucker, Kalorien. Der geläuterte Kunde will mehr als nur Produkte. Er übt einen neuen, verantwortlichen Umgang mit sich selbst.

Während die Politik mit Reformdrohungen das Klima verdüstert, starten die Menschen im Markt den Aufbruch in Leistungslust und Askese: »Geh gut mit dir um!« ist ihr Motto. Das Selbstvertrauen steigt, das neue Bündnis mit den Konsumverführern von gestern hat nicht Überfluß, sondern Gesundheit und Wohlbefinden zum Ziel.

Der Himmel hinter den Produkten öffnet sich wieder. Der Wettkampf ums Haben wird vom großen Wettspiel um Tun und Sein abgelöst. Nun kann man Luxus neu buchstabieren, und das Einfache, früher ein unerfüllbarer Traum, wird zum höchsten Luxus: Kirschblütenblätter am Straßenrand, Platanenschatten, Sterne im Laub. Der Wettlauf der Gierigen um Konsumrekorde hat kaum noch Zuschauer – und verliert damit seinen Sinn. Denn die Neider waren es, die den Überfluß der Süchtigen süß machten.

Die Dominanz der Alphatiere können wir bei allem Zwiespalt, der die Mächtigen und ihre Bewunderer vereint und trennt, nun endlich neu beschreiben. Der *good winner* ist die Zielfigur im Wettstreit um höchste Plätze. Er gibt sein Bestes und glänzt durch Großzügigkeit. Er teilt mit seinen Leuten und gewinnt ihren Verstand durch seine Klugheit, ihre Herzen durch Freundlichkeit. Der freundliche Herrscher überwindet das Gefälle, das seine Leute von ihm trennt.

Wir wissen viel zu sagen über den *good loser*; der *good winner* ist die magische Gestalt, die wir in unser Gewinnspiel einsetzen müssen.

Die Innovation, von der die Mächtigen so gern reden, hatte selten so gute Startpositionen wie heute: Die Wohlstandssteppe beflügelt Ideen; sie ist das Idealszenario für kühne Erneuerung. Die Funktionsträger, die sich als Organisatoren anbieten, sind die Bremsertruppe, die endlich begreifen muß: Innovation ist nicht Chefsache. Innovation braucht Unordnung – die wir im Überfluß haben! –, da sie die neue Ordnung erst schafft. Gebt endlich den Weg frei für die Kreativen des Landes, schon heute verlassen sie uns in Scharen.

Was die Mächtigen dabei lernen: ihre Macht zu teilen.

Alle Erfolge der Geschichte wurden durch Teilen errungen.

Die Natur lehrt, daß Teilen Wachstum bringt. Jede Zelle beweist es.

Nur als teilendes Wesen ist der Mensch erfolgreich. Die Entlastung vom Konsumdruck zeigt uns, daß die höchsten Güter beim Teilen nicht weniger, sondern mehr werden: Treue und Verläßlichkeit, Zuneigung und Freundschaft, Vertrauen und Wahrhaftigkeit.

Wer das verstanden hat, wird Kinder nie mehr als Rivalen um das eigene Lebensglück sehen. Die folgenschwerste Entscheidung der deutschen Aufstiegsgesellschaft ist die Entscheidung gegen die Durchmischung der Generationen.

Konsum wird zum Kinderfeind, wenn Besitz zum wichtigsten Lieferanten von Anerkennung und Prestige wird. Kinder sind kein Besitz. Sie sind auch nicht, was die Vorläufigkeitsgesellschaft sich wünscht: ein Kurzfristprogramm mit Kündigungsrecht.

Kinder entlarven das entgleiste Wohlstandskonzept der gierigen Gesellschaft als einen tödlichen Irrtum.

In Wahrheit geht es um viel mehr als nur ums Teilen von Lebenschancen und einen Konflikt der Karrieren. Kinder haben die Natur auf ihrer Seite. Sie nehmen Erwachsene in Besitz, wie es keine andere Macht tun dürfte: Alphatiere durch Unterlegenheit, herrschen die Schwächsten und erschrecken die Sieger der Erfolgskultur so gründlich, dass diese die Flucht ergreifen.

Mit den Kindern verläßt uns die eigene Vergangenheit und die Zukunft. Deutschland betreibt konsequent seinen Abschied aus der Geschichte.

Hilft Stärkenmanagement, wenn ein Land seine Stärken nicht kennt? Wenn seine Menschen sich selbst mißtrauen? Wenn ein Handicap – das deutsche Handicap – der Erfolgsfaktor für das Wirtschaftswunder war, dann sollten wir dieses Handicap als Quelle unserer Stärke verstehen.

Nicht das neue Modell der Bindungslosigkeit wird uns zurückführen in die Geschichte. Eben weil es keinen *German way of life* gibt, sind wir freier als andere Völker, Anerkennung durch Leistung zu erreichen. Unser Selbstvertrauen wird durch Verliererdebatten weiter beschädigt.

Die Politik muß ausdrücklich auf die Mitwirkung ihrer Bürger setzen. Der Markt ist schneller als die Politik. Immer mehr Bürger suchen ihr Glück auf eigene Faust. Sie eilen ihrem Staat voraus und präsentieren eine neue Spielregel: kranker Staat, gesunde Bürger. Die Politik muß sich beeilen, um das neue Bild zu verstehen. Das kranke System Gesundheit muß sich eilends mit den Bürgern anfreunden und verbünden, die als Gesunde an Gesundheit interessiert sind, nicht erst als Kranke.

Der Megatrend ›*Vitality*‹ zieht immer mehr Menschen in seinen Bann. Immer mehr klare Köpfe in Deutschland, die den Lebensstil der Zukunft vorüben. Immer mehr Menschen, die sich freiwillig viel mehr zumuten, als ihre Firma ihnen abverlangen dürfte. Immer mehr Menschen erproben die Grenzen ihrer Ausdauer und die Konsequenz ihres Willens. Sie sammeln Wissen über Ernährung und Bewegung als Leistungsquellen. Sie kämpfen gegen sich selbst.

Innovation in Bürgerhand zeigt die Richtung, in der die Rettung liegt. Wer Leistung will, muß an die Selbstliebe der Menschen appellieren. Wer dem Glücksverlangen der Menschen eine Generalpause verordnet, wird scheitern.

Ohne himmelstürmendes Selbstvertrauen werden wir den deutschen Aufstieg nicht schaffen.

Deutschland muß schneller werden.

Immer mehr Menschen laufen ein höheres Tempo als dieses Land.

Es wird Zeit für die Politik, ihr Lauftempo dem Bürger anzupassen.

Register